中经"精品课程"系列

中级财务会计实务 Ⅱ

主　编：肖永军　　喻先婷　　孙铭英
副主编：邓　娜　　王田苏　　罗晓霞　　刘　一　　张　媛

·北京·

图书在版编目（CIP）数据

中级财务会计实务. Ⅱ / 肖永军，喻先婷，孙铭英主编. --北京：中国经济出版社：中国石化出版社，2025.8. -- ISBN 978-7-5136-8217-6

Ⅰ. F234.4

中国国家版本馆 CIP 数据核字第 2025HC7561 号

选题策划　雷　生
责任编辑　彭　欣
责任印制　李　伟
封面设计　任燕飞

出版发行	中国经济出版社
印 刷 者	北京科信印刷有限公司
经 销 者	各地新华书店
开　　本	889mm×1194mm　1/16
印　　张	11.25
字　　数	286 千字
版　　次	2025 年 8 月第 1 版
印　　次	2025 年 8 月第 1 次
定　　价	55.00 元

广告经营许可证　京西工商广字第 8179 号

中国经济出版社 网址 http://epc.sinopec.com/epc 社址 北京市东城区安定门外大街 58 号 邮编 100011
本版图书如存在印装质量问题，请与本社销售中心联系调换（联系电话：010－57512564）

版权所有　盗版必究（举报电话：010－57512600）
国家版权局反盗版举报中心（举报电话：12390）　　服务热线：010－57512564

CONTENTS 目录

第一章　资产减值　001

第一节　资产减值概述 …………………………………………… 001
第二节　资产可收回金额的计量和减值损失的确认 …………… 002
第三节　资产组减值的处理 ……………………………………… 008

第二章　借款费用　017

第一节　借款费用的范围 ………………………………………… 017
第二节　借款费用的确认 ………………………………………… 018
第三节　借款费用的计量 ………………………………………… 021

第三章　或有事项　031

第一节　或有事项概述 …………………………………………… 031
第二节　或有事项的确认与计量 ………………………………… 034
第三节　或有事项会计处理原则的应用 ………………………… 038

第四章　非货币性资产交换　049

第一节　非货币性资产交换事项的认定 ………………………… 049
第二节　非货币性资产交换事项的确认和计量 ………………… 050

第五章　债务重组　065

第一节　债务重组概述……065
第二节　债务重组的会计处理……067

第六章　政府补助　084

第一节　政府补助概述……084
第二节　政府补助的会计处理……086

第七章　所得税　099

第一节　所得税概述……099
第二节　递延所得税负债和递延所得税资产的确认与计量……107
第三节　所得税费用的确认和计量……112

第八章　会计政策、会计估计变更和差错更正　122

第一节　会计政策及其变更……122
第二节　会计估计及其变更……132
第三节　前期差错更正……135

第九章　资产负债表日后事项　145

第一节　资产负债表日后事项概述……145
第二节　资产负债表日后调整事项……148
第三节　资产负债表日后非调整事项……152

第十章　公允价值计量　160

第一节　公允价值计量概述……160
第二节　公允价值计量的基本概念及一般应用……161
第三节　非金融资产、负债和企业自身权益工具的公允价值计量……166

第一章 资产减值

第一节 资产减值概述

一、资产减值的概念

资产减值是指资产的可收回金额低于其账面价值。当企业资产的可收回金额低于其账面价值时，即表明资产发生了减值，企业应当确认资产减值损失，并把资产的账面价值减记至可收回金额。本章所说的资产，除特别规定外，包括单项资产和资产组。其中，资产组是指企业可以认定的最小资产组合，其产生的现金流入应当基本上独立于其他资产或者资产组产生的现金流入。

二、资产减值的范围

企业所有资产发生减值时，原则上都应及时确认和计量，但由于资产特性不同，其会计处理也有所差别，适用的企业会计准则也有所不同。例如，存货的减值适用《企业会计准则第 1 号——存货》、消耗性生物资产的减值适用《企业会计准则第 5 号——生物资产》、递延所得税资产的减值适用《企业会计准则第 18 号——所得税》、采用公允价值后续计量的投资性房地产的减值适用《企业会计准则第 3 号——投资性房地产》、金融资产的减值适用《企业会计准则第 22 号——金融工具确认和计量》，本章不涉及这些资产减值的会计处理。

本章所说"资产减值"中的"资产"涉及的主要是企业的非流动资产，具体包括：①对子公司、联营企业和合营企业的长期股权投资；②采用成本模式进行后续计量的投资性房地产；③固定资产；④生产性生物资产；⑤无形资产；⑥商誉；⑦探明石油天然气矿区权益和井及相关设施。

三、资产减值的迹象

企业在资产负债表日应当判断资产是否存在可能发生减值的迹象，主要可从外部信息来源和内部信息来源两方面加以判断。

从企业外部信息来源看，以下情况均属于资产可能发生减值的迹象：①资产的市价在当期大幅度下跌，其跌幅明显高于因时间的推移或者正常使用而预计的下跌；②企业经营所处的经济、技术或者法律等环境以及资产所处的市场在当期或者将在近期发生重大变化，从而对企业产生不利影响；③市场利率或者其他市场投资报酬率在当期已经提高，从而影响企业计算资产预计未来现金流量现值的折现率，导致资产可收回金额大幅度降低；④企业所有者权益（净资产）的账面价值远高于其市值等。

从企业内部信息来源看，以下情况均属于资产可能发生减值的迹象：①有证据表明资产已经陈旧过时或者其实体已经损坏；②资产已经或者将被闲置、终止使用或者计划提前处置；③企业内部报告的证据表明资产的经济绩效已经低于或者将低于预期，如资产所创造的净现金流量或者实现的营业利润远远低于原来的预算或者预计金额，资产发生的营业损失远远高于原来的预算或者预计金额，资产在建造或收购时所需的现金支出远远高于最初的预算，资产在经营或者维护中所需的现金支出远远高于最初的预算等。

当出现减值迹象时，企业需据此估计资产的可收回金额，决定是否需要确认减值损失。由于不能穷尽资产减值的所有迹象，企业应根据实际情况认定资产可能发生减值的迹象。

四、资产减值的测试

如果有确凿证据表明资产存在减值迹象，企业应在资产负债表日进行减值测试，估计资产的可收回金额。除因企业合并所形成的商誉、使用寿命不确定的无形资产和尚未达到预定可使用状态的无形资产外，资产存在减值迹象是资产需要进行减值测试的必要前提。由于企业合并所形成的商誉和使用寿命不确定的无形资产在后续计量中不再进行摊销，考虑到这两类资产的真实价值和带来的未来收益存在较大不确定性，为了避免资产价值被高估，如实反映资产的价值变动对企业财务状况和经营成果的影响，无论是否存在减值迹象，企业至少应当于每年年度终了对其进行减值测试。对于尚未达到可使用状态的无形资产，因其价值通常具有较大的不确定性，也至少应当于每年年度终了进行减值测试。

根据重要性原则，企业资产存在以下情形时，可以不估计其可收回金额：①以前报告期间的计算结果表明，资产可收回金额显著高于其账面价值，之后又没有发生消除这一差异的交易或者事项的，资产负债表日可以不重新估计该资产的可收回金额。②以前报告期间的计算与分析表明，资产可收回金额相对于某种减值迹象反应不敏感，在本报告期间又发生了该减值迹象的，可以不因该减值迹象的出现而重新估计该资产的可收回金额。比如，当期市场利率或市场投资报酬率上升，对计算资产未来现金流量现值采用的折现率影响不大的，可以不重新估计资产的可收回金额。

第二节 资产可收回金额的计量和减值损失的确认

一、估计资产可收回金额的基本方法

当资产存在减值迹象时，应当估计其可收回金额，将所估计的资产可收回金额与其账面价值相

比较，以确定资产是否发生减值。资产可收回金额的估计，应当根据资产的公允价值减去处置费用后的净额与资产预计未来现金流量的现值两者之间较高者确定。

在估计资产可收回金额时，原则上应以单项资产为基础，如果难以对单项资产可收回金额进行估计，应当以该资产所属的资产组为基础确定可收回金额。

在估计资产的可收回金额时，通常需要同时估计该资产的公允价值减去处置费用后的净额和资产预计未来现金流量的现值，但出现下列情况可做特殊考虑：

（1）资产的公允价值减去处置费用后的净额与资产预计未来现金流量的现值，只要有一项超过资产账面价值，就表明该资产未发生减值，无须再估计另一项的金额。

（2）没有确凿证据或理由表明，资产预计未来现金流量现值显著高于其公允价值减去处置费用后的净额的，可以将资产的公允价值减去处置费用后的净额视为资产的可收回金额。企业持有待售的资产往往属于这种情况，即该资产在处置前持有期间所产生的现金流量可能很少，其最终取得的未来现金流量往往就是资产的处置净收入，这种情况以资产的公允价值减去处置费用后的净额作为其可收回金额较为合适，因为资产未来现金流量现值不大会显著高于其公允价值减去处置费用后的净额。

（3）资产的公允价值减去处置费用后的净额无法可靠估计的，应当以该资产预计未来现金流量的现值作为其可收回金额。

二、资产的公允价值减去处置费用后的净额估计

资产的公允价值减去处置费用后的净额，通常反映的是资产被出售或者处置时可以收回的净现金流入。其中，资产的公允价值是指在公平交易中，熟悉情况的交易双方自愿进行资产交换的金额；处置费用是指可以直接归属于资产处置的增量成本，包括与资产处置有关的法律费用、相关税费、搬运费以及为使资产达到可销售状态所发生的直接费用等，但财务费用和所得税费用等不包括在内。

企业估计资产的公允价值减去处置费用后的净额时，可按以下顺序进行：

（1）以销售协议价作为公允价值。

通常情况下，应优先根据公平交易中资产的销售协议价格减去可直接归属于该资产处置费用的金额确定公允价值减去处置费用后的净额。

（2）以买方出价作为公允价值。

如果资产不存在销售协议但存在资产活跃市场，应当按照该资产的市场价格减去处置费用后的金额确定。资产的市场价格通常应当根据资产的买方出价确定。如果难以获得资产在估计日的买方出价，企业可以以最近的交易价格作为其公允价值减去处置费用后的净额的估计基础，前提是该资产交易日和估计日之间有关经济、市场环境等没有发生重大变化。

（3）以最佳信息的估计数作为公允价值。

如果既不存在销售协议又不存在资产活跃市场，企业应当以可获取的最佳信息为基础，估计资产的公允价值减去处置费用后的净额，即可以参考同行业类似资产的最近交易价格或者结果进行估计。

若企业按照上述方法仍无法可靠估计资产的公允价值减去处置费用后的净额的，应当以该资产

预计未来现金流量的现值作为其可收回金额。

三、资产预计未来现金流量现值的估计

资产预计未来现金流量的现值，应当按照资产在持续使用过程中和最终处置时所产生的预计未来现金流量，选择恰当的折现率对其进行折现后的金额加以确定，并综合考虑资产的预计未来现金流量、使用寿命和折现率等因素。其中，资产使用寿命的预计方法与固定资产、无形资产等准则规定的使用寿命预计方法相同。

以下重点阐述资产未来现金流量和折现率的预计方法。

（一）资产未来现金流量的预计

1. 预计资产未来现金流量的基础

在预计资产未来现金流量时，企业管理层应当在合理的有依据的基础上对资产剩余使用寿命内整个经济状况进行最佳估计，并将资产未来现金流量的预计建立在经企业管理层批准的最近财务预算或者预测数据的基础上。出于数据可靠性和便于操作等考虑，预计未来现金流量最多涵盖5年，若企业管理层能证明更长的期间合理，也可以涵盖更长的期间。

在对预算或者预测期之后年份的现金流量进行预计时，所使用的增长率除了企业能够证明更高的增长率是合理的之外，还不应当超过企业经营的产品、市场、所处的行业或者所在国家或地区的长期平均增长率，或者该资产所处市场的长期平均增长率。在恰当合理的情况下，该增长率可以是零或负数。

由于经济环境时常变化，资产的实际现金流量往往与预计数有出入，且预计资产未来现金流量时的假设条件也有可能变化。因此，企业管理层每次预计资产未来现金流量时，应当首先分析以前期间现金流量预计数与实际数出现差异的情况，评判当期现金流量预计数所依据的假设的合理性。通常情况下，管理层应确保当期现金流量预计所依据的假设与前期一致。

2. 预计资产未来现金流量的构成内容

（1）资产持续使用过程中预计产生的现金流入。

（2）为实现资产持续使用过程中产生的现金流入所必需的预计现金流出（包括为使资产达到预定可使用状态所发生的现金流出）。该现金流出应当是可直接归属于或者可通过合理和一致的基础分配到资产中的现金流出，后者通常指与资产直接相关的间接费用。对于在建工程、开发过程中的无形资产等，企业预计其未来现金流量时应当包括预期为使该类资产达到预定可使用状态（或者可销售状态）而发生的全部现金流出数。

（3）资产使用寿命结束时，处置资产所收到或者支付的净现金流量。该现金流量应当是在公平交易中，熟悉情况的交易双方自愿进行交易时，企业预期可从资产的处置中获取或者支付的、减去预计处置费用后的金额。

3. 预计资产未来现金流量应当考虑的因素

（1）以资产当前状况为基础预计资产未来现金流量。预计资产的未来现金流量，应当以资产的当前状况为基础，不应当包括与将来可能会发生的、尚未做出承诺的重组事项或者与资产改良有关的预计未来现金流量。具体包含以下两层理解：

①企业已经承诺重组的，在确定资产的未来现金流量的现值时，预计的未来现金流入和流出数，应当反映重组所能节约的费用和由重组所带来的其他利益，以及因重组而产生的估计未来现金流出数。其中，重组所能节约的费用和由重组所带来的其他利益，通常应当根据企业管理层批准的最近财务预算或者预测数据进行估计；因重组而产生的估计未来现金流出数应当根据《企业会计准则第13号——或有事项》所确认的因重组产生的预计负债金额进行估计。

②企业未来发生的现金流出如果是为了维持资产正常运转或者资产正常产出水平而发生的必要的支出或者属于资产维护的支出，应当在预计资产未来现金流量时将其考虑在内。

（2）预计资产的未来现金流量不应当包括筹资活动和所得税收付产生的现金流量。原因如下：一是筹集资金的货币时间价值已通过折现因素予以考虑；二是折现率以税前基础计算确定。现金流量的预计基础应当与其保持一致，从而保证计算的正确性。

（3）对通货膨胀因素的考虑应和折现率相一致。企业在预计资产未来现金流量和折现率时，如果折现率考虑了因一般通货膨胀而导致的物价上涨影响因素，预计资产未来现金流量也应当予以考虑；如果折现率没有考虑因一般通货膨胀而导致的物价上涨影响因素，预计资产未来现金流量也应当考虑剔除这一影响因素。总之，在考虑通货膨胀影响因素问题上，预计资产未来现金流量和确定折现率应当保持一致。

（4）内部转移价格应当予以调整。在一些企业和集团中存在内部转移价格的，为了如实估计资产的可收回金额，企业不应当以内部转移价格为基础预计资产未来现金流量，而应当采用在公平交易中企业管理层能够达成的最佳未来价格估计数进行估计。

4. 预计资产未来现金流量的方法

预计资产未来现金流量，通常根据资产未来每期最有可能产生的现金流量进行预测，有传统法和期望现金流量法两种。一般使用单一的未来每期预计现金流量和单一的折现率计算资产未来现金流量的现值，称为传统法。实务中，影响资产未来现金流量的因素较多，情况较为复杂，具有很大不确定性，使用单一的未来现金流量可能无法如实反映资产创造现金流量的实际情况，企业可以采用期望现金流量法预计资产未来现金流量。期望现金流量法下，资产未来现金流量应当根据每期现金流量期望值进行预计，每期现金流量期望值按照各种可能情况下的现金流量乘以相应的发生概率加权计算。

【例1-1】 2024年12月31日，甲公司持有的一项固定资产出现减值迹象，在对其进行减值测试的过程中，甲公司采用期望现金流量法估算其未来现金流量。该项固定资产2025年现金流量的相关预测如下：

（1）2025年市场行情好的可能性为30%，产生的现金流量为120万元；

（2）2025年市场行情一般的可能性为60%，产生的现金流量为90万元；

（3）2025年市场行情差的可能性为10%，产生的现金流量为60万元。

假定不考虑其他因素，期望现金流量法下，甲公司应按照各种可能情况下的现金流量乘以相应的发生概率加权计算该项固定资产在2025年的预计现金流量，即该项固定资产在2025年的预计现金流量 = $120 \times 30\% + 90 \times 60\% + 60 \times 10\% = 96$ 万元。

（二）折现率的预计

为达到资产减值测试的目的，计算资产未来现金流量现值时所使用的折现率应当是反映当前市场货币时间价值和资产特定风险的税前利率。该折现率是企业在购置或者投资资产时所要求的必要报酬率。如果企业在预计资产未来现金流量时已经对资产特定风险的影响做了调整，估计折现率时无须考虑这些特定风险；如果用于估计折现率的基础是所得税后的，应当将其调整为所得税前的折现率，以便与资产未来现金流量的估计基础一致。

折现率的确定通常应当以该资产的市场利率为依据。如果该资产的市场利率无法从市场获得，可以使用替代利率估计折现率。在估计替代利率时，可以根据企业的加权平均资金成本、增量借款利率或者其他相关市场借款利率做适当调整后确定。调整时，应当考虑与资产预计现金流量有关的特定风险以及其他有关货币风险和价格风险等。

估计资产未来现金流量现值时，通常应当使用单一的折现率。但如果资产未来现金流量的现值对未来不同期间的风险差异或者利率的期限结构反应敏感，企业应当在未来各个不同期间采用不同的折现率。

（三）资产未来现金流量现值的预计

在预计资产未来现金流量和折现率的基础上，只需将该资产的预计未来现金流量按预计的折现率在预计期限内予以折现后，即可得到该资产的未来现金流量的现值。计算公式如下：

$$资产未来现金流量现值(PV) = \sum \left[\frac{第t年预计资产未来现金流量NCF_t}{(1+折现率R)^t} \right]$$

【例 1-2】 2024 年末，甲公司对一项固定资产进行减值测试。相关资料如下：该固定资产的原价为 3 000 万元，累计折旧 1 200 万元，截至 2024 年末，账面价值为 1 800 万元，预计尚可使用年限为 6 年，采用直线法计提折旧。假定该固定资产公允价值减去处置费用后的净额难以确定，公司通过计算其未来现金流量的现值确定可收回金额。

甲公司考虑与该固定资产有关的货币时间价值和特定风险因素后，确定 10% 为该资产的最低必要报酬率，将其作为计算未来现金流量现值时使用的折现率。

甲公司经批准的财务预算中，该固定资产 2025—2030 年每年预计未来现金流量分别为 260 万元、240 万元、230 万元、350 万元、360 万元、360 万元。根据上述预计未来现金流量和折现率，该固定资产未来现金流量现值的计算如表 1-1 所示。

表 1-1 甲公司固定资产预计未来现金流量现值的计算　　　　　　　单位：万元

年份	预计未来现金流量	复利现值系数	预计未来现金流量现值
2025	260	0.909 1	236
2026	240	0.826 4	198
2027	230	0.751 3	173
2028	350	0.683 0	239
2029	360	0.620 9	224
2030	360	0.564 5	203
合计	1 800	—	1 273

由于 2024 年末，该项固定资产的账面价值为 1 800 万元，而其可收回金额为 1 273 万元，账面价值高于可收回金额，因此应当确认减值损失并计提减值准备，应当确认的减值损失为 527（1 800 - 1 273）万元。

(四) 外币未来现金流量及其现值的预计

如果预计资产的未来现金流量涉及外币,企业应当按照下列顺序确定资产未来现金流量的现值:

(1) 应当以该资产所产生的未来现金流量的结算货币为基础,预计其未来现金流量,并按照该货币适用的折现率计算资产预计未来现金流量的现值。

(2) 将该外币现值按照计算资产未来现金流量现值当日的即期汇率进行折算,从而折算成按照记账本位币表示的资产未来现金流量的现值。

(3) 在该现值的基础上,将其与资产公允价值减去处置费用后的净额相比较,确定其可收回金额,再将可收回金额与资产账面价值相比较,确定是否需要确认减值损失以及确认多少减值损失。

四、资产减值损失的确认及其会计处理

(一) 资产减值损失的确认

企业对资产进行减值测试并计算资产可收回金额后,如果资产可收回金额低于其账面价值,应将资产账面价值减记至可收回金额,将减记的金额确认为资产减值损失,计入当期损益,同时计提资产减值准备。企业当期确认的资产减值损失反映在利润表中,减少当期利润;计提的资产减值准备作为相关资产的备抵账户,反映在资产负债表中,减少期末资产价值,从而如实反映企业财务状况和经营成果。

资产减值损失确认后,减值资产的折旧或摊销费用应在未来期间进行调整,以使该资产在剩余使用寿命内,系统地分摊调整后的资产账面价值(扣除预计净残值)。固定资产、无形资产、商誉等发生减值后,资产减值损失一经确认,以后会计期间不得转回。以前期间计提的资产减值准备,需等到资产处置时才可转出。但如果遇到资产处置、出售、对外投资、以非货币性资产交换方式换出、在债务重组中抵偿债务等情况,同时符合资产终止确认条件的,企业应当将相关资产减值准备予以转销。

(二) 资产减值损失的会计处理

为核算资产减值损失及减值准备,企业应当设置"资产减值损失"等科目,发生资产减值时,借记"资产减值损失"科目,根据不同资产类别,贷记"固定资产减值准备""在建工程减值准备""投资性房地产减值准备""无形资产减值准备""商誉减值准备""长期股权投资减值准备"等科目。期末,应将"资产减值损失"科目余额转入"本年利润"科目,结转后"资产减值损失"科目无余额。

【例1-3】 承【例1-2】,根据固定资产减值测试的结果,甲公司应确认的固定资产减值损失为527万元,账务处理如下:

借:资产减值损失——固定资产减值损失　　　　　　　　　　　　　5 270 000
　　贷:固定资产减值准备　　　　　　　　　　　　　　　　　　　　　　5 270 000

第三节 资产组减值的处理

一、资产组的认定

我国会计准则规定，有迹象表明一项资产可能发生减值的，企业应当以单项资产为基础估计其可收回金额。但如果企业难以对单项资产的可收回金额进行估计，应当以该资产所属的资产组为基础确定资产组的可收回金额。

（一）资产组的定义

资产组是指企业可以认定的最小资产组合，其产生的现金流入应当基本上独立于其他资产或资产组。资产组应当由创造现金流入相关的资产组成。

资产组一经确定，各会计期间应当保持一致，不得随意变更。如果企业因重组、变更资产用途等导致资产组构成确需变更，企业管理层应当证明该变更是合理的，并在附注中做出说明。

（二）认定资产组应当考虑的因素

（1）资产组能否独立产生现金流入是认定资产组最关键的因素。认定资产组时，应当以资产组产生的主要现金流入是否独立于其他资产或者资产组的现金流入为依据。比如，企业某生产线、营业网点、业务部门等，如果能独立于其他部门或者单位等创造收入、产生现金流入，或者其创造的收入、产生的现金流入绝大部分独立于其他部门或单位，且属于可认定的最小资产组合，通常将该生产线、营业网点或业务部门等认定为一个资产组。

【例1-4】 甲企业是某餐饮连锁店的集团公司，旗下有A、B、C、D四家分店，每一家分店的所有材料均由甲企业集中采购，并且其定价、营销和广告等决策均由甲企业决定。A、B、C、D四家分店均处于不同地段，拥有不同客户群。

分析：在本例中，虽然A、B、C、D四家分店均由集团公司甲企业集中管理，不能单独做出经营决策，但由于这四家分店处于不同地段且拥有不同客户群，因此可以判断A、B、C、D四家分店产生的主要现金流入能够相互独立，应当将这四家分店单独认定为资产组。

资产组认定中，企业几项资产组合生产的产品（或者其他产出）存在活跃市场，无论这些产品（或者其他产出）是对外出售还是仅供企业内部使用，均表明这几项资产的组合能独立创造现金流入，在符合其他相关条件的情况下，应将这些资产的组合认定为资产组。

【例1-5】 甲公司拥有A、B、C三家工厂，且只生产某产品。A、B、C三家工厂分别位于三个不同的地区。A工厂生产一种组件，并由B工厂或C工厂进行组装，最终产品由B工厂或C工厂销往世界各地。B工厂生产的产品既可在本地销售，也可在C工厂所在地销售。B工厂和C工厂的生产能力合在一起尚有剩余，没有被完全利用。B工厂和C工厂生产能力的利用程度依赖于甲公司对所销售产品在两地间的分配。

分析：以下分别认定与A工厂、B工厂、C工厂有关的资产组。

①如果A工厂生产的产品（即组件）存在活跃市场。

A工厂很可能可以认定为单独的资产组。A工厂生产的产品尽管主要用于B工厂或C工厂组装销售，但该产品存在活跃市场，可产生独立现金流量，通常应认定为单独的资产组。确定其未来现金流量现值时，应调整其财务预算或预测，按照公平交易中对 A 工厂生产产品未来价格的最佳估计数，而非按照内部转移价格估计 A 工厂的预计未来现金流量。

对 B 工厂和 C 工厂而言，即使组装的产品存在活跃市场，B 工厂和 C 工厂的现金流入依赖产品在两地间的分配，B 工厂和 C 工厂的未来现金流入不可能单独确定。但 B 工厂和 C 工厂组合在一起是可认定、可产生基本独立于其他资产或资产组现金流入的资产组合，因此应将 B 工厂和 C 工厂认定为一个资产组。

②假定 A 工厂生产的产品（即组件）不存在活跃市场。

A 工厂的现金流入依赖 B 工厂或 C 工厂生产的最终产品的销售。A 工厂很可能难以单独产生现金流入，可收回金额很可能难以单独估计。

对 B 工厂和 C 工厂而言，其生产的产品虽存在活跃市场，但 B 工厂和 C 工厂的现金流入依赖产品在两个工厂间的分配，B 工厂和 C 工厂在产能和销售上的管理是统一的。B 工厂和 C 工厂难以单独产生现金流量，难以单独估计其可收回金额，只有 A、B、C 三家工厂组合在一起，才很可能被认定为能基本独立产生现金流入的最小资产组合，应将 A 工厂、B 工厂、C 工厂组合认定为一个资产组。

（2）资产组认定应当考虑企业管理层管理生产经营活动的方式（如是按照生产线、业务种类，还是按照地区或者区域等）和对资产的持续使用或者处置的决策方式等。比如，如果企业某些机器设备相互关联、相互依存，其使用和处置是一体化决策的，这些机器设备应当认定为一个资产组。

【例1-6】 甲公司拥有 A、B、C 三家工厂，每家工厂在生产、销售、核算、考核和管理等方面都相互独立。在这种情况下，每家工厂都应当认定为一个资产组。

【例1-7】 乙公司是一家玩具制造企业，有 A 和 B 两个生产车间，A 车间专门生产玩具零部件，生产完由 B 车间进行组装并对外销售，乙公司对 A 车间和 B 车间资产的使用和处置等决策是一体的。在这种情况下，A 车间和 B 车间通常应当认定为一个资产组。

二、资产组的减值测试

资产组的减值测试和单项资产一致，企业需要预计资产组的可收回金额并与其账面价值相比较，当可收回金额低于其账面价值，则应当确认资产组减值损失，且后期不得转回。

（一）资产组可收回金额和账面价值的确定

资产组的可收回金额应当按照该资产组的公允价值减去处置费用后的净额与其预计未来现金流量的现值两者之间较高者确定。

资产组的账面价值包括可直接归属于资产组与可以合理和一致地分摊至资产组的资产账面价值，通常不应当包括已确认负债的账面价值，但如不考虑该负债金额就无法确定资产组可收回金额的除外。

资产组在处置时如要求购买者承担一项负债（如环境恢复负债等），该负债金额已经确认并计入相关资产账面价值，而且企业只能取得包括上述资产和负债在内的单一公允价值减去处置费用后的净额，为了比较资产组的账面价值和可收回金额，在确定资产组的账面价值及其预计未来现金流量的现值时，应当将已确认的负债金额从中扣除。

【例 1-8】 甲公司是一家农药化工企业，该公司在某地建有一条剧毒农药产品生产线。根据有关规定，甲公司在该生产线使用寿命结束时，负有对该生产线附近土地进行无毒化处理的义务。因此，甲公司在该条生产线建成时，确认了一项金额为 2 000 万元的预计负债，并将其计入生产线成本。2024 年 12 月 31 日，该条生产线出现减值迹象，因此甲公司对该生产线进行了减值测试。考虑到生产线的现金流量状况，整条生产线被认定为一个资产组。甲公司已收到愿以 3 200 万元的价格收购该生产线的合同（包括土地无毒化处理成本，即已经扣减这一成本因素），预计处置费用为 200 万元；估计生产线的未来现金流量现值为 5 500 万元，该未来现金流量现值没有考虑弃置费用将产生的现金流出因素。该资产组在 2024 年末的账面价值为 5 000 万元（包括确认的土地无毒化处理的预计负债）。

根据上述资料，为了比较资产组的账面价值和可收回金额，在确定资产组的账面价值及其预计未来现金流量的现值时，应当将已确认的负债金额从中扣除。

首先，确定资产组的可收回金额。根据上述资料，资产组（生产线）的公允价值减去处置费用后的净额为 3 000（3 200 - 200）万元，该金额已经考虑了处理费用；预计未来现金流量的现值在考虑了处理费用后为 3 500（5 500 - 2 000）万元。因此该资产组的可收回金额为 3 500 万元。

其次，确定资产组的账面价值。资产组的账面价值在扣除了已确认的预计负债后的金额为 3 000（5 000 - 2 000）万元。

可以看到，资产组的可收回金额大于其账面价值，所以，资产组没有发生减值，不必确认减值损失。

（二）资产组减值的会计处理

在对某项资产组进行减值测试时，如果该资产组的可收回金额低于其账面价值，企业应当按照差额确认相应的减值损失。减值损失金额应当按照下列顺序进行分摊：①抵减分摊至资产组中商誉的账面价值；②根据资产组中除商誉之外的其他各项资产的账面价值所占比重，按比例抵减其他各项资产的账面价值。

以上资产账面价值的抵减，应当作为各单项资产（包括商誉）的减值损失处理，计入当期损益。抵减后的各资产的账面价值不得低于以下三者之中最高者：该资产的公允价值减去处置费用后的净额（如可确定）、该资产预计未来现金流量的现值（如可确定）和零。因此导致的未能分摊的减值损失金额，应当按照相关资产组中其他各项资产的账面价值所占比重继续进行分摊。

【例 1-9】 甲公司拥有一条生产线，生产某精密仪器，该生产线由 A、B、C 三台设备构成，成本分别为 1 200 000 元、1 400 000 元和 2 000 000 元。使用年限均为 10 年，预计净残值为零，采用直线法计提折旧。A、B、C 三台设备均无法单独产生现金流量，但整条生产线构成完整的产销单元，属于一个资产组。

2024 年，该生产线生产的产品受新产品冲击，导致甲公司产品销量锐减，因此，甲公司在 2024 年 12 月 31 日对该生产线进行减值测试，A、B、C 三台设备在 2024 年 12 月 31 日的账面价值分别为 400 000 元、600 000 元和 1 000 000 元。估计 A 设备在 2024 年 12 月 31 日的公允价值减去处置费用后的净额为 300 000 元，B 设备和 C 设备都无法合理估计其公允价值减去处置费用后的净额以及未来现金流量的现值。

整条生产线预计尚可使用 5 年。甲公司估计整条生产线未来 5 年的现金流量及其恰当的折现率后，得到该生产线预计未来现金流量现值为 1 200 000 元。由于无法合理估计整条生产线的公允价值减去处置费用后的净额，甲公司以该生产线预计未来现金流量现值作为其可收回金额。

不考虑其他因素，甲公司在 2024 年 12 月 31 日进行减值测试的相关处理如下：

2024 年 12 月 31 日，该生产线的资产减值损失为 800 000（2 000 000 - 1 200 000）元，甲公司应将该减值损失分摊到构成生产线的 A、B、C 三台设备中。由于 A 设备的公允价值减去处置费用后的净额为 300 000 元，因此，A 设备分摊减值损失后的账面价值不应低于 300 000 元。具体分摊过程见表 1-2。

表 1-2 资产组减值损失分摊表 单位：元

	A 设备	B 设备	C 设备	资产组
账面价值	400 000	600 000	1 000 000	2 000 000
可收回金额	—	—	—	1 200 000
减值损失	—	—	—	800 000
减值损失分摊比例	20%	30%	50%	—
分摊减值损失	100 000	240 000	400 000	740 000
分摊后账面价值	300 000*	360 000	600 000	—
尚未分摊的减值损失	—	—	—	60 000
二次分摊比例	—	37.5%	62.5%	—
二次分摊减值损失	—	22 500	37 500	60 000
二次分摊后应确认的减值损失总额	—	262 500	437 500	—
二次分摊后账面价值	300 000	337 500	562 500	—

表中 * 表示按照分摊比例，A 设备应当分摊减值损失 160 000（800 000×20%）元，但由于 A 设备的公允价值减去处置费用后的净额为 300 000 元，因此 A 设备最多只能确认减值损失 100 000（400 000 - 300 000）元，未能分摊的减值损失 60 000（160 000 - 100 000）元，应当在 B 设备和 C 设备之间进行再分摊。

根据计算后的分摊结果，对 A 设备、B 设备和 C 设备应当分别确认资产减值损失 100 000 元、262 500 元和 437 500 元。

甲公司应编制的相关会计分录如下：

借：资产减值损失——A 设备　　　　　　　　　　　　　　　　　　　　100 000
　　　　　　　　——B 设备　　　　　　　　　　　　　　　　　　　　262 500
　　　　　　　　——C 设备　　　　　　　　　　　　　　　　　　　　437 500
　　贷：固定资产减值准备——A 设备　　　　　　　　　　　　　　　　100 000
　　　　　　　　　　　　——B 设备　　　　　　　　　　　　　　　　262 500
　　　　　　　　　　　　——C 设备　　　　　　　　　　　　　　　　437 500

三、总部资产的减值测试

总部资产包括企业集团或其事业部的办公楼、电子数据处理设备、研发中心等资产。其显著特征是难以脱离其他资产或资产组产生独立的现金流入，且其账面价值难以完全归属于某一资产组。

因此，总部资产通常难以单独进行减值测试，需结合其他相关资产组或资产组组合进行。

资产组组合是指由若干个资产组组成的最小资产组组合，包括资产组或者资产组组合，以及按合理方法分摊的总部资产（不改）部分。

在资产负债表日，如果有迹象表明某项总部资产可能发生减值，应计算其所归属的资产组或资产组组合的可收回金额，然后将其与账面价值相比较，判断是否需确认减值损失。

企业对某一资产组进行减值测试时，应当先认定所有与该资产组相关的总部资产，再根据相关总部资产能否按照合理和一致的基础分摊至该资产组，分别按照下列情况处理：

（1）对总部资产能按照合理和一致的基础分摊至该资产组的部分，应将该部分总部资产的账面价值分摊至该资产组，再比较该资产组的账面价值（包括已分摊的总部资产的账面价值部分）和可收回金额，并按前述有关资产组减值测试的顺序和方法处理。

（2）总部资产中部分资产难以按合理和一致的基础分摊至该资产组的，应按照下列步骤处理：首先，在不考虑相关总部资产的情况下，估计和比较资产组账面价值和可收回金额，按前述资产组减值测试的顺序和方法处理。其次，认定由若干个资产组组成的最小资产组组合，应当包括所测试的资产组与可按合理和一致的基础将该部分总部资产账面价值分摊其上的部分。最后，比较认定的资产组组合的账面价值（包括已分摊的总部资产的账面价值部分）和可收回金额，按前述有关资产组减值测试的顺序和方法处理。

章节练习题

一、单项选择题

1. 资产减值是指资产的(　　)低于其账面价值。
   A. 公允价值　　　　　　　　　　B. 可收回金额
   C. 可变现净值　　　　　　　　　D. 预计未来现金流量现值

2. 下列资产发生减值时，应当遵循《企业会计准则第8号——资产减值》的是(　　)。
   A. 固定资产　　　　　　　　　　B. 存货
   C. 采用公允价值模式计量的投资性房地产　　D. 消耗性生物资产

3. 在下列资产项目中，至少于每年年末终了进行减值测试的是(　　)。
   A. 建造合同形成的资产　　　　　B. 使用寿命有限的无形资产
   C. 商誉　　　　　　　　　　　　D. 以成本模式进行后续计量的投资性房地产

4. 下列关于可收回金额的确定的说法正确的是(　　)。
   A. 应根据资产的公允价值减去处置费用后的净额与资产的可变现净值两者中的较高者确定
   B. 应根据资产的公允价值减去处置费用后的净额与资产的可变现净值两者中的较低者确定
   C. 应根据资产的公允价值减去处置费用后的净额与资产预计未来现金流量现值两者中的较高者确定
   D. 应根据资产的公允价值减去处置费用后的净额与资产预计未来现金流量现值两者中的较低者确定

5. 下列不能作为公允价值确定基础的是(　　)。
   A. 公平交易中的销售协议价格　　B. 活跃市场中的买方出价

C. 资产的账面价值　　　　　　　　　　D. 同行业类似资产的最近交易价格

6. 甲公司2024年末某项无形资产的账面原值为2 000万元，已计提摊销100万元，公允价值减去处置费用后的净额为1 800万元，预计未来现金流量的现值为1 700万元，则2024年末该项资产应计提减值准备的金额为（　　）万元。

　　A. 0　　　　　　B. 100　　　　　　C. 200　　　　　　D. 300

7. 假定某资产在市场行情好、一般和差的情况下，预计未来3年可能实现的现金流量和发生的概率分别为120万元（60%）、90万元（30%）、60万元（10%），则第3年的预计现金流量为（　　）万元。

　　A. 90　　　　　　B. 95　　　　　　C. 100　　　　　　D. 105

8. 2023年1月1日，甲公司以银行存款600万元购入一项无形资产，其预计使用年限为6年，采用直线法摊销。2023年和2024年末，甲公司预计该无形资产的可收回金额分别为450万元和380万元，假定该公司于每年年末对无形资产计提减值准备，计提减值准备后，原预计的使用年限保持不变，不考虑其他因素，2025年6月30日该无形资产的账面净值为（　　）万元。

　　A. 600　　　　　B. 365　　　　　C. 315　　　　　D. 320

9. 甲公司于2023年3月以银行存款6 000万元购入无须安装的生产用固定资产。该固定资产预计使用寿命为20年，预计净残值为0，按直线法计提折旧。2023年12月31日，该固定资产公允价值为5 475万元，假设该公司其他固定资产无减值迹象，则2024年1月1日甲公司固定资产减值准备账面余额为（　　）万元。

　　A. 300　　　　　B. 250　　　　　C. 150　　　　　D. 230

10. （　　）是认定资产组最关键的因素。

　　A. 该资产组能否独立产生现金流入

　　B. 该资产组是否可以独立产生现金流入和现金流出

　　C. 该企业的各项资产是否可以独立产生现金流入

　　D. 该资产组的各个组成资产是否都可以独立产生现金流入

二、多项选择题

1. 下列属于《企业会计准则第8号——资产减值》中所包括的资产有（　　）。

　　A. 递延所得税资产　　　　　　　　　B. 融资租赁中出租人未担保余值

　　C. 对联营企业的长期股权投资　　　　D. 商誉

2. 下列情况中有可能导致资产发生减值迹象的有（　　）。

　　A. 企业内部报告的证据表明资产的经济绩效已经低于或者将低于预期

　　B. 资产市价的下跌幅度明显高于因时间的推移或者正常使用而预计的下跌

　　C. 资产所创造的净现金流量或者实现的营业利润远低于原来的预算或者预计金额

　　D. 资产已经或者将被闲置、终止使用或者计划提前处置

3. 根据《企业会计准则第8号——资产减值》的规定，资产的可收回金额应当根据（　　）与（　　）两者之间的较高者确定。

　　A. 资产的公允价值　　　　　　　　　B. 资产的公允价值减去处置费用后的净额

　　C. 资产预计未来现金流量　　　　　　D. 资产预计未来现金流量的现值

4. 下列项目构成企业某项资产所产生的预计未来现金流量的有( )。

   A. 资产持续使用过程中预计产生的现金流入

   B. 资产使用寿命结束时,处置资产所收到或者支付的净现金流量

   C. 为实现资产持续使用过程中产生的现金流入所必需的预计现金流出

   D. 所得税费用

5. 以下可以作为资产的公允价值减去处置费用后的净额的有( )。

   A. 无其他相关处置费用时,资产的公允价值减去因处置而产生的所得税费用

   B. 根据公平交易中资产的销售协议价格减去可直接归属于该资产处置费用后的金额

   C. 资产的市场价格减去处置费用后的金额

   D. 如果不存在资产销售协议和资产活跃市场的,根据在资产负债表日处置资产,熟悉情况的交易双方自愿进行公平交易时愿意提供的交易价格减去处置费用后的金额

6. 企业确认的下列各项资产减值损失中,以后期间不得转回的有( )。

   A. 商誉减值损失　　　　　　　　B. 存货跌价损失

   C. 无形资产减值损失　　　　　　D. 以摊余成本计量的金融资产减值损失

7. 企业在确定资产预计未来现金流量的现值时应当考虑的因素包括( )。

   A. 预计资产的未来现金流量应当以资产的当前状况为基础

   B. 预计资产的未来现金流量不应当包括筹资活动和所得税收付产生的现金流量

   C. 对通货膨胀因素的考虑可以与折现率不一致

   D. 内部转移价格应当予以调整

8. 下列各项中,影响企业使用寿命有限的无形资产计提减值准备金额的因素有( )。

   A. 累计摊销额　　　　　　　　　B. 取得成本

   C. 公允价值减去处置费用后的净额　D. 预计未来现金流量的现值

9. 企业在计提了固定资产减值准备后,下列会计处理正确的有( )。

   A. 固定资产预计使用寿命变更的,应当改变固定资产折旧年限

   B. 固定资产所含经济利益预期实现方式变更的,应改变固定资产折旧方法

   C. 固定资产预计净残值变更的,应当改变固定资产的折旧方法

   D. 以后期间如果该固定资产的减值因素消失,那么可以按照不超过原来计提减值准备的金额予以转回

10. 下列有关资产组的表述中,正确的有( )。

    A. 企业的某生产线,如果能够独立于其他部门或者单位等形成收入、产生现金流入,或者其形成的收入、产生的现金流入绝大部分独立于其他部门或者单位,且属于可认定的最小资产组合的,通常应将该生产线认定为一个资产组

    B. 某企业有A、B两家工厂,每家工厂在核算、考核和管理等方面都相对独立,在这种情况下,两家工厂通常应认定为一个资产组

    C. 某制造企业有A和B两个车间,A车间专门生产零部件,该零部件不存在活跃市场,A车间生产完后由B车间负责组装产品并对外销售,该企业对A车间、B车间资产的使用和处置等决策是一体的,在这种情况下,A车间和B车间通常应当认定为一个资产组

D. 某公司有一条生产线，生产某精密仪器，该生产线由A、B两台机器构成，均无法单独产生现金流量，但整条生产线构成完整的产销单位，认定为一个资产组

三、判断题

1. 《企业会计准则第8号——资产减值》中所涉及的资产是指企业所有的资产。（　　）
2. 因企业合并所形成的商誉和使用寿命不确定的无形资产，无论是否存在减值迹象，都应当至少于每年年度终了进行减值测试。（　　）
3. 预计资产的未来现金流量应当以资产的未来状况为基础。（　　）
4. 折现率是反映当前市场货币时间价值和资产特定风险的税前利率。该折现率是企业在购置或者投资资产时所要求的必要报酬率。（　　）
5. 如果用于估计折现率的基础是税后的，不用将其再调整为税前的。（　　）
6. 如果资产未来现金流量还包括最近财务预算或预测期之后的现金流量，企业应当以该预算或预测期之后年份稳定的或者递减的增长率为基础进行估计，特殊情况下增长率可以为零甚至负数。（　　）
7. 固定资产在计提了减值准备后，未来计提固定资产折旧时，仍然按照原来的固定资产原值为基础计提每期的折旧，不用考虑所计提的固定资产减值准备金额。（　　）
8. 如果某些机器设备是相互关联、相互依存的，其使用和处置是一体化决策的，那么这些机器设备应当认定为一个资产组。（　　）
9. 资产组确定后，在以后的会计期间可以随意变更。（　　）
10. 对于相关总部资产中有部分资产难以按照合理和一致的基础分摊至该资产组的，应当将该部分总部资产的账面价值分摊至该资产组，比较该资产组的账面价值和可收回金额，再按照相关处理方法进行核算。（　　）

四、案例分析题

1. 2024年12月31日，甲公司发现其持有的一台生产设备存在减值迹象，遂对其进行减值测试。当日，该设备的原价为25 000万元，已累计计提折旧6 500万元，公允价值为8 400万元，直接归属于该设备的处置费用为400万元。该设备尚可使用3年，预计其在未来2年内产生的现金流量分别为4 000万元、3 000万元，第3年产生的现金流量以及使用寿命结束时处置形成的现金流量合计为2 000万元；在考虑相关因素的基础上，甲公司认定该设备适用的折现率为3%。其中，(P/F, 3%, 1) = 0.970 87，(P/F, 3%, 2) = 0.942 60，(P/F, 3%, 3) = 0.915 14。

要求：分别确定甲公司该设备的账面价值和可收回金额，判断该设备是否存在减值，并编制相关会计分录。

2. 甲公司拥有一条用于生产某产品的生产线，该生产线由A、B、C三台机器组成，这三台机器均无法单独产生现金流量，其使用和处置是一体化决策的，整条生产线可构成完整的产销单位。2024年，该生产线所生产产品的替代产品上市，致使甲公司该产品销量锐减。因此，甲公司于2024年末对该条生产线进行减值测试。2024年末，A机器的账面价值为80万元，B机器的账面价值为60万元，C机器的账面价值为120万元。A机器的公允价值减去处置费用后的净额为70万元，B机器和C机器都无法合理估计其公允价值减去处置费用后的净额以及未来现金流量的现值。整条生产线预计尚可使用5年，预计未来现金流量现值为140万元。

要求：

(1) 判断甲公司该生产线中的 A、B、C 三台机器是否构成一个资产组，并说明理由。

(2) 分别确定 A、B、C 三台机器应计提的资产减值损失，并编制相关会计分录。

3. 甲公司系增值税一般纳税人，2021—2024 年与固定资产业务相关的资料如下：

资料一：2021 年 12 月 8 日，甲公司购入一套无须安装的大型生产设备，其取得的增值税专用发票上注明的价款为 5 500 万元，增值税税额为 715 万元。

资料二：2021 年 12 月 31 日，该设备投入使用，预计使用年限为 5 年，净残值为 100 万元，采用直线法计提折旧。

资料三：2023 年 12 月 31 日，该设备出现减值迹象。预计未来现金流量的现值为 1 700 万元，公允价值减去处置费用后的净额为 2 000 万元。甲公司对该设备计提减值准备后，根据新获得的信息预计其剩余使用年限仍为 3 年，净残值为 50 万元，仍采用直线法计提折旧。

资料四：2024 年 12 月 31 日，甲公司售出该设备，开具的增值税专用发票上注明的价款为 1 000 万元，增值税税额为 130 万元，款项已收存银行，另以银行存款支付清理费用 3 万元。

假定不考虑其他因素。

要求：

(1) 编制甲公司 2021 年 12 月 8 日购入该设备的会计分录。

(2) 分别计算甲公司 2022 年度和 2023 年度对该设备应计提的折旧金额。

(3) 计算甲公司 2023 年 12 月 31 日对该设备计提减值准备的金额，并编制相关会计分录。

(4) 计算甲公司 2024 年度对该设备应计提的折旧金额，并编制相关会计分录。

(5) 编制甲公司 2024 年 12 月 31 日处置该设备的会计分录。

第二章 借款费用

第一节 借款费用的范围

一、借款费用的概念

借款费用是指企业因借款发生的利息及其他相关成本。对于企业发生的权益性融资费用，不应包括在借款费用中。

二、借款费用的范围

借款费用主要包括：

（一）借款利息

借款利息包括企业向银行或者其他金融机构等借入资金发生的利息、发行公司债券发生的利息，以及为购建或者生产符合资本化条件的资产而发生的带息债务（带息应付票据）所承担的利息等。

（二）折价或溢价的摊销

折价或溢价的摊销主要是指发行债券等所发生的折价或溢价，其实质是对债券票面利息的调整（即将债券票面利率调整为实际利率），属于借款费用的范畴。

（三）辅助费用

因借款而发生的辅助费用是指企业在借款过程中发生的诸如手续费、佣金等费用。

（四）外币借款的汇兑差额

外币借款的汇兑差额是指由于汇率变动导致市场汇率与账面汇率出现差异，从而对外币借款本金及其利息的记账本位币金额所产生的影响金额。

第二节 借款费用的确认

一、借款费用的确认原则

企业发生的借款费用可直接归属于符合资本化条件的资产购建或者生产的，应当予以资本化，计入相关资产成本；不符合资本化条件的，应当在发生时根据其发生额确认为费用，计入当期损益。

其中，符合资本化条件的资产，是指需要经过相当长时间（1年以上，含1年）的购建或者生产活动才能达到预定可使用或者可销售状态的固定资产、投资性房地产和存货等资产。建造合同成本、无形资产的开发支出等在符合条件的情况下，也可以认定为符合资本化条件的资产。需要说明的是，如果由于人为或故意等非正常因素导致资产的购建或者生产时间相当长的，则该资产不属于符合资本化条件的资产；此外，购入即可使用的资产，或者购入后需要安装但所需安装时间较短的资产，或者需要建造或生产但建造或生产时间较短的资产，均不属于符合资本化条件的资产。

【例2-1】 甲公司向银行借入资金分别用于生产A产品和B产品，其中，A产品的生产时间较短，为1个月；B产品属于大型发电设备，生产周期较长，为1年零6个月。

为存货生产而借入的借款费用在符合资本化条件的情况下应当予以资本化。本例中，由于A产品的生产时间较短，不属于需要经过相当长时间的生产才能达到预定可销售状态的资产，因此为A产品的生产而借入资金所发生的借款费用不应计入A产品的生产成本，而应当计入当期财务费用。而B产品的生产时间比较长，属于需要经过相当长时间的生产才能达到预定可销售状态的资产，因此为B产品的生产而借入资金所发生的借款费用符合资本化的条件，应当计入B产品的生产成本中。

二、借款费用应予资本化的借款范围

借款形式包括专门借款和一般借款。专门借款是指为购建或者生产符合资本化条件的资产而专门借入的款项。这类借款具有明确的专门用途，即用于购建或生产特定的资产，并通常受到与银行或其他金融机构签订的借款合同的限制。专门借款的使用目的明确，且其使用范围受到限制，以确保资金用于预定的资产购建或生产活动。一般借款是指除专门借款以外的借款。这类借款在借入时通常没有特指必须用于符合资本化条件的资产的购建或者生产。

借款费用应予资本化的借款范围，既包括专门借款，也包括一般借款。其中，对于一般借款，只有在购建或者生产某项符合资本化条件的资产占用了一般借款时，才应将与该部分一般借款相关的借款费用资本化；否则，所发生的借款费用应当计入当期损益。

三、借款费用资本化期间的确定

只有发生在资本化期间内的有关借款费用才允许资本化；资本化期间的确定是借款费用确认和计量的重要前提。借款费用资本化期间是指从借款费用开始资本化时点到停止资本化时点的期间，

但不包括借款费用暂停资本化的期间。

（一）借款费用开始资本化的时点

借款费用开始资本化必须同时满足三个条件，即：资产支出已经发生，借款费用已经发生，为使资产达到预定可使用状态或者可销售状态所必要的购建或生产活动已经开始。

1. 资产支出已经发生的判断

资产支出包括以支付现金、转移非现金资产和承担带息债务形式所发生的支出。

（1）支付现金，是指用货币资金支付符合资本化条件的资产的购建或者生产支出。

（2）转移非现金资产，是指企业将自己的非现金资产直接用于符合资本化条件的资产的购建或者生产。

（3）承担带息债务，是指企业为了购建或者生产符合资本化条件的资产所需用物资等而承担的带息应付款项。

①如果企业赊购物资承担的是不带息债务，就不应当将购买价款计入资产支出，因为该债务在偿付前不需要承担利息，也没有占用借款资金。

②如果企业赊购物资承担的是带息债务，则企业要为这笔债务付出代价，支付利息与企业向银行借入款项用以支付资产支出在性质上是一致的。企业为购建或者生产符合资本化条件的资产所需用物资等而承担的带息债务应当作为资产支出，当该带息债务发生时，视同资产支出已经发生。

2. 借款费用已经发生的判断

借款费用已经发生是指企业已经发生了因购建或者生产符合资本化条件的资产而专门借入款项的借款费用，或者占用一般借款的借款费用。

3. 为使资产达到预定可使用或者可销售状态所必要的购建或者生产活动已经开始的判断

为使资产达到预定可使用或者可销售状态所必要的购建或者生产活动已经开始是指符合资本化条件的资产的实体建造或者生产工作已经开始，它不包括仅仅持有资产但没有发生为改变资产形态而进行的实质上的建造或者生产活动。

企业只有在上述三个条件同时满足的情况下，有关借款费用才可以开始资本化；只要其中的任何一个条件没有满足，借款费用就不能资本化，而应计入当期损益。

【例2-2】 2024年3月18日，甲公司以自有资金支付了建造厂房的首期工程款，工程于2024年5月10日开始施工，2024年7月1日甲公司从银行借入于当日开始计息的专门借款，并于2024年7月26日使用该专门借款支付第二期工程款，则该专门借款利息开始资本化的时点为2024年7月1日。

甲公司借款费用同时满足下列条件，应予资本化：

（1）资产支出已经发生（2024年3月18日）；

（2）借款费用已经发生（2024年7月1日）；

（3）为使资产达到预定可使用或者可销售状态所必要的购建或者生产活动已经开始（2024年5月10日）。

（二）借款费用暂停资本化的时间

符合资本化条件的资产在购建或者生产过程中发生非正常中断且中断时间连续超过3个月的，

应当暂停借款费用的资本化。中断的原因必须是非正常中断，属于正常中断的，相关借款费用仍可资本化。非正常中断，通常是出于企业管理决策上的原因或者其他不可预见的原因等所导致的中断。例如，企业因与施工方发生了质量纠纷，或者工程、生产用料没有及时供应，或者资金周转发生了困难，或者施工、生产发生了安全事故，或者发生了与资产购建、生产有关的劳动纠纷等，导致资产购建或者生产活动发生中断，均属于非正常中断。

【例2-3】 甲公司2024年1月1日利用专门借款开工兴建一幢厂房，支出已经发生，因此借款费用从当日起开始资本化。工程预计于2025年3月完工。2024年5月22日，由于工程发生了安全事故，导致工程中断，直到9月20日才复工。

该中断属于非正常中断，因此，上述专门借款在2024年5月22日至9月20日期间所发生的借款费用不应资本化，而应作为财务费用计入当期损益。

【例2-4】 某企业在北方某地建设某工程期间，遇上冰冻季节（通常为6个月），工程施工因此中断，待冰冻季节过后方能继续施工。

由于该地区在施工期间出现较长时间的冰冻为正常情况，由此导致的施工中断是可预见的不可抗力因素导致的中断，属于正常中断。在正常中断期间所发生的借款费用可以继续资本化，计入相关资产的建造成本。

（三）借款费用停止资本化的时间

购建或者生产符合资本化条件的资产达到预定可使用或者可销售状态时，借款费用应当停止资本化。在符合资本化条件的资产达到预定可使用或者可销售状态之后所发生的借款费用，应当在发生时根据其发生额确认为费用，计入当期损益。

企业在确定借款费用停止资本化的时点时需要进行职业判断，应当遵循实质重于形式的原则，针对具体情况，依据经济实质判断所购建或者生产的符合资本化条件的资产达到预定可使用或者可销售状态的时点，具体可以从以下几方面进行判断：

（1）符合资本化条件的资产的实体建造（包括安装）或者生产活动已经全部完成或者实质上已经完成。

（2）所购建或者生产的符合资本化条件的资产与设计要求、合同规定或者生产要求相符或者基本相符，即使有极个别与设计、合同或者生产要求不相符的地方，也不影响其正常使用或者销售。

（3）继续发生在所购建或生产的符合资本化条件的资产上的支出金额很少或者几乎不再发生。

（4）购建或者生产符合资本化条件的资产需要试生产或者试运行的，在试生产结果表明资产能够正常生产出合格产品，或者试运行结果表明资产能够正常运转或者营业时，应当认为该资产已经达到预定可使用或者可销售状态。

【例2-5】 甲公司借入一笔款项，于2024年2月1日采用出包方式开工兴建一幢厂房。2025年4月10日工程全部完工，达到合同要求。4月30日工程验收合格，5月15日办理工程竣工结算，5月20日完成全部资产移交手续，6月1日厂房正式投入使用。

在本例中，甲公司应当将2025年4月10日确定为工程达到预定可使用状态的时点，作为借款费用停止资本化的时点。后续的工程验收日、竣工结算日、资产移交日和投入使用日均不应作为借款费用停止资本化的时点，否则会导致资产价值和利润的高估。

在符合资本化条件的资产的实际购建或者生产过程中，如果所购建或者生产的符合资本化条件的资产分别建造、分别完工，企业应当遵循实质重于形式的原则，区别不同情况，确定借款费用停止资本化的时点。

如果所购建或者生产的符合资本化条件的资产的各部分分别完工，且每部分在其他部分继续建造或者生产过程中可供使用或者可对外销售，且为使该部分资产达到预定可使用或者可销售状态所必要的购建或者生产活动实质上已经完成的，应当停止与该部分资产相关的借款费用的资本化。

如果企业购建或者生产的资产的各部分分别完工，但必须等到整体完工后才可使用或者对外销售的，应当在该资产整体完工时停止借款费用的资本化。在这种情况下，即使各部分资产已经分别完工，也不能认为该部分资产已经达到了预定可使用或者可销售状态，企业只能在所购建固定资产整体完工时，才能认为资产已经达到了预定可使用或者可销售状态，借款费用方可停止资本化。

【例2-6】 某企业在建设某一涉及数项工程的钢铁冶炼项目时，每个单项工程都是根据各道冶炼工序设计建造的。因此，只有在每项工程都建造完毕后，整个冶炼项目才能正式运转，达到生产和设计要求，故每一个单项工程完工后不应认为资产已经达到了预定可使用状态。企业只有等到整个冶炼项目全部完工，达到预定可使用状态时，才能停止借款费用的资本化。

第三节　借款费用的计量

一、借款利息资本化金额的确定

在借款费用资本化期间内，每一笔会计期间的利息资本化金额，不应当超过当期相关借款实际发生的利息金额，利息资本化金额应当分别按照下列情况确定：

1. 专门借款

为购建或者生产符合资本化条件的资产而借入专门借款的，应当以专门借款当期实际发生的利息费用减去将尚未动用的借款资金存入银行取得的利息收入或进行暂时性投资取得的投资收益后的金额，确定专门借款应予资本化的利息金额。

对专门借款而言，资本化期间的借款费用全部资本化，费用化期间的借款费用全部费用化。对费用化金额的计算可比照资本化金额的计算方式处理，即应以费用化期间的利息费用减去费用化期间尚未动用的借款资金存入银行取得的利息收入或进行暂时性投资取得的投资收益后的金额确定。企业发生的借款费用可直接归属于符合资本化条件的资产购建或者生产的，应当予以资本化，计入相关资产。

【例2-7】 甲公司于2024年1月1日正式动工兴建一幢办公楼，工期预计为1年零6个月，工程采用出包方式，分别于2024年1月1日、2024年7月1日和2025年1月1日支付工程进度款。

甲公司为建造办公楼于2024年1月1日专门借款3 000万元，借款期限为3年，年利率为5%。另外，在2024年7月1日又专门借款6 000万元，借款期限为5年，年利率为6%。借款利息按年支付。

甲公司将闲置借款资金用于固定收益债券短期投资，该短期投资月收益率为0.5%。

办公楼将于2025年6月30日完工，达到预定可使用状态。

甲公司建造该办公楼的支出金额如表2-1所示。

表2-1 甲公司建造该办公楼支出金额　　　　　　　　　　　　　单位：万元

日期	每期资产支出金额	累计资产支出金额	闲置借款资金用于短期投资金额
2024年1月1日	1 500	1 500	1 500
2024年7月1日	3 500	5 000	4 000
2025年1月1日	3 500	8 500	500
总计	8 500	—	—

由于甲公司使用了专门借款建造办公楼，而且办公楼建造支出没有超过专门借款金额，因此甲公司2024年、2025年为建造办公楼应予资本化的利息金额计算如下：

（1）确定借款费用资本化期间为2024年1月1日至2025年6月30日。

（2）计算在资本化期间内专门借款实际发生的利息金额：

2024年专门借款利息＝3 000×5%＋6 000×6%×6/12＝330（万元）；

2025年1月1日至6月30日专门借款利息＝3 000×5%×6/12＋6 000×6%×6/12＝255（万元）。

（3）计算在资本化期间内利用闲置的专门借款资金进行短期投资的收益：

2024年短期投资收益＝1 500×0.5%×6＋4 000×0.5%×6＝165（万元）；

2025年1月1日至6月30日短期投资收益＝500×0.5%×6＝15（万元）。

（4）由于在资本化期间内，专门借款利息费用的资本化金额应当以其实际发生的利息费用减去将闲置的借款资金进行短期投资取得的投资收益后的金额确定，因此：

甲公司2024年的利息资本化金额＝330－165＝165（万元）；

甲公司2025年1月1日至6月30日的利息资本化金额＝255－15＝240（万元）。

（5）有关账务处理如下：

①2024年12月31日

借：在建工程　　　　　　　　　　　　　　　　　　　　　　　　　1 650 000

　　应收利息（或银行存款）　　　　　　　　　　　　　　　　　　1 650 000

　　贷：应付利息　　　　　　　　　　　　　　　　　　　　　　　3 300 000

②2025年6月30日

借：在建工程　　　　　　　　　　　　　　　　　　　　　　　　　2 400 000

　　应收利息（或银行存款）　　　　　　　　　　　　　　　　　　　150 000

　　贷：应付利息　　　　　　　　　　　　　　　　　　　　　　　2 550 000

2. 一般借款

为购建或者生产符合资本化条件的资产而占用一般借款的，企业应当根据累计资产支出超过专门借款部分的资产支出加权平均数乘以所占用一般借款的资本化率，计算确定一般借款应予资本化的利息金额。资本化率应当根据一般借款加权平均利率计算确定。有关计算公式如下：

一般借款利息费用资本化金额＝累计资产支出超过专门借款部分的资产支出加权平均数×所占用一般借款的资本化率

累计资产支出加权平均数＝$\sum$（每笔资产支出金额×该笔资产支出在当期所占用的天数/当期天数）

一般借款的资本化率＝所占用一般借款当期实际发生的利息之和/所占用一般借款本金加权平均数

一般借款费用化金额＝全部利息费用－资本化金额

注意：一般借款无须考虑闲置资金收益。实务中，一般借款闲置资金收益在发生时冲减财务费用。

【例2-8】 沿用【例2-7】，假定甲公司建造办公楼没有专门借款，占用的都是一般借款。甲公司为建造办公楼占用的一般借款有两笔，具体如下：

（1）向A银行长期贷款2 000万元，期限为2023年12月1日至2026年12月1日，年利率为6%，按年支付利息。

（2）发行公司债券1亿元，于2023年1月1日发行，期限为5年，年利率为8%，按年支付利息。

假定这两笔一般借款除了用于建造办公楼外，没有用于其他符合资本化条件的资产的购建或者生产活动。假定全年按360天计算，其他资料沿用【例2-7】。

由于甲公司建造办公楼没有占用专门借款，而占用了一般借款，因此，公司应当首先计算所占用一般借款的加权平均利率作为资本化率，其次计算建造办公楼的累计资产支出加权平均数，将其与资本化率相乘，计算求得当期应予资本化的借款利息金额。具体如下：

（1）计算所占用一般借款资本化率：

一般借款资本化率（年）＝（2 000×6%＋10 000×8%）÷（2 000＋10 000）＝7.67%

（2）计算累计资产支出加权平均数：

2024年累计资产支出加权平均数＝1 500×360/360＋3 500×180/360＝3 250（万元）

2025年累计资产支出加权平均数＝（5 000＋3 500）×180/360＝4 250（万元）

（3）计算每期利息资本化金额：

2024年为建造办公楼的利息资本化金额＝3 250×7.67%＝249.275（万元）

2024年实际发生的一般借款利息费用＝2 000×6%＋10 000×8%＝920（万元）

2024年计入当期损益的金额＝920－249.275＝670.725（万元）

2025年为建造办公楼的利息资本化金额＝4 250×7.67%＝325.975（万元）

2025年1月1日至6月30日实际发生的一般借款利息费用＝（2 000×6%＋10 000×8%）×180/360＝460（万元）

2025年计入当期损益的金额＝460－325.975＝134.025（万元）

（4）有关账务处理如下：

①2024年12月31日

借：在建工程　　　　　　　　　　　　　　　　　　　　2 492 750
　　财务费用　　　　　　　　　　　　　　　　　　　　6 707 250
　　贷：应付利息　　　　　　　　　　　　　　　　　　　　　　9 200 000

②2025年6月30日

借：在建工程　　　　　　　　　　　　　　　　　　　　3 259 750
　　财务费用　　　　　　　　　　　　　　　　　　　　1 340 250
　　贷：应付利息　　　　　　　　　　　　　　　　　　　　　　4 600 000

3. 既有专门借款也有一般借款

符合资本化条件资产的建造或生产既占用了专门借款又占用了一般借款时，应首先使用专门借款，在专门借款不足时再使用一般借款。分别按专门借款和一般借款的规定进行会计处理。

【例 2-9】 沿用【例 2-7】、【例 2-8】，假定甲公司为建造办公楼于 2024 年 1 月 1 日专门借款 3 000 万元，借款期限为 3 年，年利率为 5%。除此之外，没有其他专门借款。在办公楼建造过程中所占用的一般借款仍为两笔，一般借款有关资料沿用【例 2-8】。其他相关资料均同【例 2-7】、【例 2-8】。

在这种情况下，甲公司应当首先计算专门借款利息的资本化金额，其次计算所占用一般借款利息的资本化金额。具体如下：

（1）计算专门借款利息资本化金额：

2024 年专门借款利息资本化金额 = 3 000 × 5% − 1 500 × 0.5% × 6 = 105（万元）

2025 年专门借款利息资本化金额 = 3 000 × 5% × 180 ÷ 360 = 75（万元）

（2）计算一般借款利息资本化金额：

在建造办公楼过程中，自 2024 年 7 月 1 日起已经有 2 000 万元占用了一般借款。另外，2025 年 1 月 1 日支出的 3 500 万元也占用了一般借款。计算这两笔资产支出的加权平均数：

2024 年占用了一般借款的资产支出加权平均数 = 2 000 × 180 ÷ 360 = 1 000（万元）

因为：一般借款利息资本化率与【例 2-8】相同，即为 7.67%。

所以：

2024 年应予资本化的一般借款利息金额 = 1 000 × 7.67% = 76.70（万元）

2025 年占用了一般借款的资产支出加权平均数 = (2 000 + 3 500) × 180 ÷ 360 = 2 750（万元）

则 2025 年应予资本化的一般借款利息金额 = 2 750 × 7.67% = 210.925（万元）

（3）根据上述计算结果，公司建造办公楼应予资本化的利息金额如下：

2024 年利息资本化金额 = 105 + 76.70 = 181.70（万元）

2025 年利息资本化金额 = 75 + 210.925 = 285.925（万元）

（4）有关账务处理如下：

① 2024 年 12 月 31 日

借：在建工程　　　　　　　　　　　　　　　　　　　　　　　1 817 000
　　财务费用　　　　　　　　　　　　　　　　　　　　　　　8 433 000
　　应收利息　　　　　　　　　　　　　　　　　　　　　　　　450 000
　　贷：应付利息　　　　　　　　　　　　　　　　　　　　　10 700 000

注：2024 年实际借款利息 = 3 000 × 5% + 2 000 × 6% + 10 000 × 8% = 1 070（万元）。

② 2025 年 6 月 30 日

借：在建工程　　　　　　　　　　　　　　　　　　　　　　　2 859 250
　　财务费用　　　　　　　　　　　　　　　　　　　　　　　2 490 750
　　贷：应付利息　　　　　　　　　　　　　　　　　　　　　5 350 000

注：2025 年 1 月 1 日至 6 月 30 日实际借款利息 = 1 070 ÷ 2 = 535（万元）。

二、借款辅助费用资本化金额的确定

辅助费用是企业为了安排借款而发生的必要费用，包括借款手续费（如发行债券手续费）、佣金等。如果企业不发生这些费用，就无法取得借款，因此，辅助费用是企业借入款项所付出的一种代价，是借款费用的组成部分。

对于企业发生的专门借款辅助费用，在所购建或生产的符合资本化条件的资产达到预定可使用或可销售状态之前发生的，应当在发生时根据其发生额予以资本化；在所购建或生产的符合资本化条件的资产达到预定可使用或可销售状态之后所发生的，应当在发生时根据其发生额确认为费用，计入当期损益。

一般借款发生的辅助费用，也应当按照上述原则确定其发生额并进行处理。

三、外币专门借款汇兑差额资本化金额的确定

在资本化期间内，外币专门借款本金及利息的汇兑差额，应当予以资本化，计入符合资本化条件的资产的成本；除外币专门借款之外的其他外币借款本金及其利息所产生的汇兑差额，应当作为财务费用计入当期损益。

【例 2-10】 甲公司为了扩大国际业务，决定在美国建造生产工厂并设立分公司。为了节约生产成本并确保供应链的稳定性，甲公司于 2024 年 1 月 1 日向当地银行借入 12 000 000 美元，年利率为 6%，期限为 3 年。合同约定，该借款专门用于美国的生产工厂的建造，甲公司需在每年的 1 月 1 日支付借款利息，并在借款到期时一次性偿还本金。假定不考虑与借款有关的辅助费用。

工程于 2024 年 1 月 1 日开始动工，于 2025 年 6 月 30 日完工，达到预定可使用状态。期间发生的资产支出如下：

2024 年 1 月 1 日，支出 3 000 000 美元；

2024 年 7 月 1 日，支出 5 000 000 美元；

2025 年 1 月 1 日，支出 4 000 000 美元。

公司的记账本位币为人民币，外币业务采用外币业务发生时当日即期汇率即市场汇率折算。相关汇率如下：

2024 年 1 月 1 日，市场汇率为 1 美元 = 7.08 元人民币；2024 年 12 月 31 日，市场汇率为 1 美元 = 7.19 元人民币；2025 年 1 月 1 日，市场汇率为 1 美元 = 7.30 元人民币；2025 年 6 月 30 日，市场汇率为 1 美元 = 7.42 元人民币。

本例中，甲公司计算该外币借款汇兑差额资本化金额如下：

（1）计算 2024 年汇兑差额资本化金额。

①应付利息 = 12 000 000 × 6% × 7.19 = 5 176 800（元）

账务处理为：

借：在建工程——××工程　　　　　　　　　　　　　　　　　　　5 176 800
　　贷：应付利息——××银行　　　　　　　　　　　　　　　　　　　5 176 800

②外币借款本金及利息汇兑差额 = 12 000 000 × (7.19 - 7.08) + 12 000 000 × 6% × (7.19 - 7.19) = 1 320 000（元）

账务处理为：

借：在建工程——××工程　　　　　　　　　　　　　　　　　　　　1 320 000
　　贷：长期借款——××银行——汇兑差额　　　　　　　　　　　　　　1 320 000

（2）2025年1月1日实际支付利息时，应当支付720 000美元，折算成人民币为5 256 000（720 000×7.30）元。该金额与原账面金额之间的差额79 200元应当继续予以资本化，计入在建工程成本。

账务处理为：

借：应付利息——××银行　　　　　　　　　　　　　　　　　　　　5 176 800
　　在建工程——××工程　　　　　　　　　　　　　　　　　　　　　79 200
　　贷：银行存款　　　　　　　　　　　　　　　　　　　　　　　　　5 256 000

（3）计算2025年6月30日的汇兑差额资本化金额。

①应付利息=12 000 000×6%×1/2×7.42=2 671 200（元）

账务处理为：

借：在建工程——××工程　　　　　　　　　　　　　　　　　　　　2 671 200
　　贷：应付利息——××银行　　　　　　　　　　　　　　　　　　　2 671 200

②外币借款本金及利息汇兑差额=12 000 000×（7.42-7.19）+12 000 000×6%×6/12×(7.42-7.42)=2 760 000（元）

账务处理为：

借：在建工程——××工程　　　　　　　　　　　　　　　　　　　　2 760 000
　　贷：长期借款——××银行——汇兑差额　　　　　　　　　　　　　2 760 000

章节练习题

一、单项选择题

1. 甲公司发生的下列各项融资费用中，不属于借款费用的是（　　）。

   A. 股票发行费用　　　　　　　　　　B. 长期借款的手续费
   C. 外币借款的汇兑差额　　　　　　　D. 溢价发行债券的利息调整

2. 对于符合资本化条件的借款费用的处理中，不会涉及的会计科目是（　　）。

   A. 在建工程　　　B. 制造费用　　　C. 研发支出　　　D. 财务费用

3. 借款费用开始资本化必须同时满足的条件中，不包括（　　）。

   A. 资产支出已经发生　　　　　　　　B. 借款费用已经发生
   C. 为使资产达到预定可使用或者可销售状态所必要的购建或者生产活动已经开始
   D. 工程项目人员工资已经支出

4. 2024年6月1日甲公司经公司董事会决议开始建造某生产线，预计工期两年。2024年7月1日向当地银行借款5 000万元专门用于该生产线的建设。2024年8月1日生产线工程正式开工，2024年9月1日首次支付工程进度款。则甲公司该借款费用开始资本化的时间是（　　）。

   A. 2024年6月1日　　　　　　　　　　B. 2024年7月1日
   C. 2024年8月1日　　　　　　　　　　D. 2024年9月1日

5. 2024年1月10日，甲公司因已建造工程向银行申请一笔2年期的专门借款。2024年2月1日，甲公司外购一批钢材用于建造工程。2024年4月10日，甲公司申请的专门借款银行审批通过，并于当日收到款项。2025年3月1日建造工程完工，达到预定可使用状态。2025年4月1日，办理竣工决算并正式投入使用。该专门借款利息费用应当予以资本化的期间为（　　）。

　　A. 2024年2月1日至2025年4月1日　　B. 2024年2月1日至2025年3月1日

　　C. 2024年4月10日至2025年3月1日　　D. 2024年4月10日至2025年4月1日

6. 甲公司决定以自营方式建造一栋厂房。2023年3月1日，甲公司以自有资金支付建造厂房所需材料款项，工程于2023年5月6日开工；2023年8月5日甲公司自M银行借入专门借款3 000万元并于当日开始计息；2023年12月31日，甲公司支付第一期工程款；2024年6月，工程因必要安全检查中断，自2024年10月起复工；2025年2月1日，该厂房达到预定可使用状态；2025年3月30日，该厂房正式投入使用。不考虑其他因素，甲公司借款费用资本化期间是（　　）。

　　A. 2023年12月31日至2025年3月30日

　　B. 2023年8月5日至2025年2月1日

　　C. 2023年8月5日至2024年6月以及2024年10月至2025年2月1日

　　D. 2023年3月1日至2025年3月30日

7. 甲公司专门借款利息开始资本化后发生的下列各项建造中断事项中，将导致其应暂停借款利息资本化的是（　　）。

　　A. 因可预见的冰冻季节造成建造中断连续超过3个月

　　B. 因工程质量纠纷造成多次中断累计3个月

　　C. 因发生安全事故造成建造中断连续超过3个月

　　D. 因劳务纠纷造成建造中断2个月

8. 甲公司于2023年1月1日开工建造一项固定资产，2024年12月31日该固定资产全部完工并投入使用，该企业为建造该固定资产于2023年1月1日专门借入一笔2年期款项，本金为2 000万元，年利率为9%。该企业另外占用两笔一般借款：第一笔为2023年1月1日借入的600万元，借款年利率为8%，期限为2年；第二笔为2024年1月1日借入的450万元，借款年利率为6%，期限为3年。该企业2024年为购建该项固定资产而占用一般借款的资本化率为（　　）。

　　A. 7.33%　　　　　　　　　　B. 7.14%

　　C. 6.80%　　　　　　　　　　D. 6.89%

9. 甲公司为建造一栋写字楼借入一笔2年期专门借款4 000万元，期限为2024年1月1日至2025年12月31日，合同年利率与实际年利率均为7%。2024年1月1日，甲公司开始建造该写字楼，并于2024年1月1日和2024年10月1日分别支付工程进度款2 500万元和1 600万元，超出专门借款的工程款由自有资金补充，甲公司将专门借款中尚未动用的部分用于固定收益债券短期投资，该短期投资月收益率为0.25%，2025年5月31日，该写字楼建造完毕并达到预定可使用状态。假定全年按360天计算，每月按30天计算。不考虑其他因素，甲公司2024年专门借款利息应予资本化的金额是（　　）万元。

　　A. 246.25　　B. 287　　C. 280　　D. 235

10. 2024年1月1日，甲公司开始建造M厂房，工期预计2年，无专门借款。2024年1月1日及9月1日甲公司分别支付工程款900万元和1 200万元，均占用一般借款。占用的一般借款共两笔：①于2023年1月1日发行的总额为5 000万元的一般公司债券，期限为5年，年利率为8%；②2023年10月20日取得的5年期长期借款1 000万元，年利率为6.5%。不考虑其他因素，甲公司2024年因建造M厂房占用一般借款应予以资本化的利息为（　　）万元。

  A. 80   B. 93.67   C. 137   D. 100.75

二、多项选择题

1. 下列各项中，属于借款费用的有（　　）。

  A. 向银行借款的利息   B. 发行债券的折价摊销

  C. 借款过程中的佣金   D. 外币借款因汇率变动产生的汇兑差额

2. 下列各项中，可以发生资本化费用的有（　　）。

  A. 专门借款

  B. 一般借款（在购建或生产某项符合资本化条件的资产占用时）

  C. 个人借款

  D. 企业为日常运营借入的短期借款

3. 下列为购建固定资产而发生的支出，属于借款费用资本化时点中资产支出已经发生的有（　　）。

  A. 以外币专门借款向工程承包方支付进度款

  B. 自供应商处以带息方式赊购建造固定资产项目的物资

  C. 企业将自己生产的库存商品用于建造固定资产

  D. 计提在建工程人员工资及福利费

4. 下列各项中，中断时间连续超过3个月将导致暂停资本化的情形有（　　）。

  A. 企业因与施工方发生了质量纠纷   B. 北方冰冻季节

  C. 生产用料没有及时供应   D. 必要的安全检查

5. 下列各种情形中，所购建的资产符合资本化条件时，需要暂停资本化的有（　　）。

  A. 因工程事故施工连续中断4个月

  B. 因突发泥石流施工连续中断2个月

  C. 在北方建造工程期间因冰冻季节施工中断5个月

  D. 因建筑工人工资未妥善协调发生劳动纠纷导致工程连续停工半年

6. 甲公司为购建固定资产专门借入的款项所发生的借款费用，应当停止资本化的时点的有（　　）。

  A. 符合资本化条件的资产的实体建造（包括安装）或者生产工作已经全部完成或者实质上已经完成

  B. 继续发生在所购建或生产的符合资本化条件的资产上的支出金额很少或者几乎不再发生

  C. 购建的符合资本化条件的资产的各部分分别完工，且每部分在其他部分继续建造过程中可供使用或者可对外销售，且为使该部分资产达到预定可使用状态所必要的购建活动实质上已经完成的

  D. 购建的资产的各部分分别完工，但必须等到整体完工后才可使用

7. 下列符合资本化条件的资产所发生的借款费用在予以资本化时，不与实际占用金额挂钩的

有( )。

A. 为购建厂房专门借入长期借款利息　　B. 为购建办公楼专门发行应付债券的利息

C. 一般借款利息　　D. 外币专门借款的汇兑差额

8. 2024年1月1日，甲公司开始建造一项固定资产。建造过程中占用一笔一般借款3 000万元，该借款于2023年1月1日借入，合同年利率为5%，实际年利率为6.2%，期限为3年。2024年1月1日支出1 000万元，2024年7月1日支出1 500万元。2025年8月31日，固定资产达到预定可使用状态。不考虑其他因素，下列各项关于甲公司一般借款的会计处理表述中，正确的有( )。

A. 2024年一般借款利息资本化金额为108.5万元

B. 2024年一般借款利息费用化金额为77.5万元

C. 用合同年利率5%计算一般借款利息费用

D. 2024年一般借款资产支出加权平均数为1 750万元

9. 下列各项中，表述正确的有( )。

A. 借款费用确认的基本原则是：企业发生的借款费用可直接归属于符合资本化条件的资产购建或者生产的，应当予以资本化，计入相关资产成本；其他借款费用应当在发生时根据其发生额确认为费用，计入当期损益

B. 符合资本化条件的资产是指需要经过相当长时间的购建或生产活动才能达到预定可使用或者可销售状态的固定资产、投资性房地产或存货等资产

C. 由于人为或者故意等非正常因素导致资产的购建或生产时间相当长的，该资产不属于符合资本化条件的资产

D. 购入即可使用的资产，或者购入后需要安装但所需安装时间较短的资产，或者需要建造或生产但建造或生产时间较短的资产，均不属于符合资本化条件的资产

10. 下列各项中，关于外币借款的表述正确的有( )。

A. 除外币专门借款以外的其他外币借款的本金的汇兑差额应予以资本化

B. 在资本化期间内外币专门借款的利息的汇兑差额应予以资本化

C. 在资本化期间内外币专门借款的本金的汇兑差额应予以资本化

D. 除外币专门借款以外的其他外币借款的利息的汇兑差额应予以费用化

三、判断题

1. 企业因借款而发生的利息、折价或溢价的摊销、辅助费用以及外币借款的汇兑差额均属于借款费用。（ ）

2. 符合资本化条件的资产在购建过程中发生了正常中断，且中断时间连续超过1个月的，企业应暂停借款费用资本化。（ ）

3. 企业为购建符合资本化条件的资产而承担的带息债务，在债务发生时即应视为资产支出已经发生。（ ）

4. 符合借款费用资本化条件的存货通常需要经过相当长时间（3个月或以上）的建造或者生产过程，才能达到预定可销售状态。（ ）

5. 专门借款实际发生的借款利息减去闲置资金的利息收入或投资收益后的金额应全部资本化。（　　）

6. 符合资本化条件的资产在购建或者生产过程中发生非正常中断，且中断时间累计达到3个月的，应当暂停借款费用的资本化。（　　）

7. 对专门借款而言，资本化期间的借款费用全部资本化，费用化期间的借款费用则全部计入当期损益。（　　）

8. 借款费用资本化期间包括借款费用暂停资本化的期间。（　　）

9. 如果所购建或生产的资产与设计要求、合同规定或生产要求存在微小差异，但只要不影响其正常使用或销售，就可以认为该资产已经达到了预定可使用或可销售状态。（　　）

10. 甲公司用于建造厂房的专门借款，在借款费用资本化期间，其尚未动用部分存入银行所取得的利息，应冲减财务费用。（　　）

四、案例分析题

1. 甲公司为建造一座厂房，于2024年1月1日从银行借入专门借款1 000万元，年利率为6%，期限为3年。该专门借款在2024年1月1日即全额划入甲公司账户，但厂房的建设从2024年4月1日才正式开始。在2024年1月1日至3月31日期间，甲公司将未动用的专门借款资金500万元存入银行，年利率为2%。2024年度，该厂房建设共发生支出800万元。请计算2024年度甲公司应资本化的借款利息费用。

2. 甲公司为生产一种新型设备，于2024年7月1日借入一笔一般借款2 000万元，年利率为5%，期限为2年。该企业将该借款用于设备的生产，并在2024年度内累计发生支出1 500万元。同时，该公司还有一笔专门借款1 000万元，年利率为4%，用于同一设备的生产，该专门借款在2024年度内未动用部分产生的利息收入为10万元。假设借款在年内均匀使用，请计算2024年度该企业应资本化的借款利息费用总额。

3. 甲公司为扩大生产规模拟建造一条生产线，预计工期15个月，相关资料如下：

资料一：2024年7月1日工程开工，当日领用工程物资350万元，领用自产产品成本130万元，自产产品公允价值为150万元。

资料二：2024年9月1日，借入专门借款1 000万元，期限2年，年利率为6%，每年12月31日支付当年利息，到期归还本金。当日支付工程款200万元。2025年1月1日，甲公司支付工程款800万元。

资料三：2025年4月1日，工程发生技术故障，停工检测60天。

资料四：2025年11月30日，生产线工程建设完成，达到预定可使用状态。

资料五：专门借款闲置资金月收益率为0.1%，银行按月支付利息。

本题不考虑增值税等其他因素。

要求：

（1）编制甲公司2024年7月1日相关会计分录。

（2）计算2024年专门借款利息资本化金额，并编制2024年9月1日至12月31日相关会计分录。

（3）计算2025年专门借款利息资本化金额，并编制相关会计分录。

（4）计算生产线入账金额，并编制相关会计分录（以万元为单位）。

第三章

或有事项

第一节 或有事项概述

一、或有事项的概念和特征

（一）或有事项的概念

企业在经营活动中有时会面临诉讼、仲裁、债务担保、产品质量保证、重组等具有较大不确定性的经济事项，这些不确定事项对企业的财务状况和经营成果可能会产生较大的影响，其最终结果须由某些未来事项的发生或不发生来决定。会计上将这种不确定事项称为或有事项。如企业对商品提供产品质量保证，承诺在商品发生质量问题时由企业无偿提供修理服务，从而会发生一些费用。至于这笔费用是否发生以及发生金额是多少，取决于未来是否发生修理请求以及修理工作量的大小等。按照权责发生制，企业不能等到客户提出修理请求时，才确认因提供产品质量保证而发生的义务，而应当在资产负债表日对这一不确定事项做出判断，以决定是否在当期确认可能承担的修理义务。

或有事项是指由过去的交易或者事项形成的，其结果须由某些未来事项的发生或不发生才能决定的不确定事项。常见的或有事项包括：未决诉讼、未决仲裁、债务担保、产品质量保证（含产品安全保证）、亏损合同、重组义务、承诺、环境污染整治等。

（二）或有事项的特征

（1）或有事项是由过去的交易或者事项形成的。

或有事项作为一种不确定事项，是由企业过去的交易或者事项形成的。由过去的交易或者事项形成是指或有事项的现存状况是过去交易或者事项引起的客观存在。如未决诉讼是企业因过去的经济行为导致起诉其他单位或被其他单位起诉，是现存的一种状况，而不是未来将要发生的事项。又如，产品质量保证是企业对已售出商品或已提供劳务的质量提供的保证，不是为尚未出售商品或尚未提供劳务的质量提供的保证。基于这一特征，未来可能发生的自然灾害、交通事故、经营亏损等事项，都不属于或有事项。

（2）或有事项的结果具有不确定性。

首先，或有事项的结果是否发生具有不确定性。例如，债务的担保方在债务到期时是否承担和履行连带责任，需要根据被担保方能否按时还款决定，其结果在担保协议达成时具有不确定性。又如，有些未决诉讼，被起诉的一方是否会败诉，在案件审理过程中是难以确定的，需要根据人民法院的判决情况加以确定。其次，或有事项的结果预计将会发生，但发生的具体时间或金额具有不确定性。如某企业因生产过程中排污治理不力并对周围环境造成污染而被起诉，如无特殊情况，该企业很可能败诉。但是，在诉讼成立时，该企业因败诉将支出多少金额，或者何时将发生这些支出，可能是难以确定的。

（3）或有事项的结果由未来事项决定。

或有事项的结果由未来事项决定，是指或有事项的结果只能由未来不确定事项的发生或不发生才能决定。或有事项发生时，将会对企业产生有利影响还是不利影响是不确定的；或者虽然已知是有利影响或不利影响，但影响有多大，在或有事项发生时是不确定的。这种不确定性的存在或消失，只能由未来事项的发生或不发生才能证实。如企业为其他单位提供债务担保，该担保事项最终是否会要求企业履行偿还债务的连带责任，要看被担保方的未来经营情况和偿债能力。

或有事项与不确定性联系在一起，但会计处理过程中存在不确定性的事项并不都是或有事项，企业应当按照或有事项的定义和特征进行判断。如对固定资产计提折旧虽然也涉及对固定资产预计净残值和使用寿命进行分析和判断，带有一定的不确定性，但是，固定资产折旧是已经发生的损耗，固定资产的原值是确定的，其价值最终会转移到成本或费用中也是确定的，该事项的结果是确定的，因此，对固定资产计提折旧不属于或有事项。

二、或有负债和或有资产

（一）或有负债

或有负债是指过去的交易或事项形成的潜在义务，其存在须通过未来不确定事项的发生或不发生予以证实；或过去的交易或事项形成的现时义务，履行该义务不是很可能导致经济利益流出企业或该义务的金额不能可靠计量。

或有负债涉及两类义务：一类是潜在义务；另一类是现时义务。

潜在义务，是指结果取决于未来不确定事项的可能义务。也就是说，潜在义务最终是否转变为现时义务，由某些未来不确定事项的发生或不发生来决定。

现时义务，是指企业在现行条件下已承担的义务，该现时义务的履行不是很可能导致经济利益流出企业，或者该现时义务的金额不能可靠地计量。其中，不是很可能导致经济利益流出企业，是指该现时义务导致经济利益流出企业的可能性不超过50%（含50%）。如甲企业和乙企业签订担保合同，承诺为乙企业的某项贷款提供担保。由于担保合同的签订，甲企业承担了一项现时义务，但承担现时义务并不意味着经济利益很可能流出企业。如果乙企业的财务状况良好，说明甲企业履行连带责任的可能性不大，那么这项担保合同不是很可能导致经济利益流出甲企业。该现时义务属于甲企业的或有负债。金额不能可靠地计量，是指该现时义务导致经济利益流出企业的"金额"难以合理预计，现时义务履行的结果具有较大的不确定性。如甲公司涉及一起诉讼案，根据以往的审判案例推断，甲公司很可能要败诉。但人民法院尚未判决，甲公司无法根据经验判断未来将要承担多少赔偿金额，因此该现时义务的金额不能可靠地计量，该诉讼案件即形成一项甲公司的或有负债。

无论是潜在义务还是现时义务，或有负债均不符合负债的确认条件，因而不能在财务报表中予以确认，但应当按照相关规定在财务报表附注中披露有关信息，包括或有负债的种类及其形成原因、经济利益流出不确定性的说明、预计产生的财务影响以及获得补偿的可能性。

（二）或有资产

或有资产是指过去的交易或者事项形成的潜在资产，其存在需通过未来不确定事项的发生或不发生予以证实。或有资产作为一种潜在资产，其结果具有较大的不确定性，只有通过某些未来不确定事项的发生或不发生才能证实其是否会形成企业真正的资产。如甲企业向法院起诉乙企业侵犯了其专利权，但法院尚未对该案件进行公开审理，甲企业是否胜诉尚难判断。对于甲企业而言，将来可能胜诉而获得的赔偿属于一项或有资产，但这项或有资产是否会转化为真正的资产，要由人民法院的判决结果确定。如果终审判决结果是甲企业胜诉，那么这项或有资产就会转化为企业的一项资产。如果终审判决结果是甲企业败诉，那么或有资产就消失了，不会形成企业的资产。

正如或有负债不符合负债确认条件一样，或有资产也不符合资产确认条件，因而也不能在财务报表中确认。企业通常不应当披露或有资产，但或有资产很可能给企业带来经济利益的，应当披露其形成的原因、预计产生的财务影响等。

（三）或有负债和或有资产转化为预计负债（负债）和资产

需要指出的是，影响或有负债和或有资产的多种因素处于不断变化之中，企业应当持续地对这些因素予以关注。随着时间的推移和事态的进展，或有负债对应的潜在义务可能转化为现时义务，原来不是很可能导致经济利益流出的现时义务也可能被证实将很可能导致经济利益流出企业，并且现时义务的金额也能够可靠地计量。企业应当对或有负债相关义务进行评估、分析判断其是否符合确认为负债的条件。如符合确认为负债的条件，应将其确认为预计负债。

类似地，或有资产对应的潜在权利也可能随着相关因素的改变而发生变化，其对应的潜在资产最终是否能够流入企业会逐渐变得明确，如果某一时点企业基本确定能够收到这项潜在资产并且其金额能够可靠地计量，应当将其确认为企业的资产。

例如针对未决诉讼，对于预期会胜诉的一方而言，因未决诉讼形成了一项或有资产：该或有资产最终是否转化为企业的资产，要根据诉讼的最终判决而定。最终判决胜诉的，这项或有资产就转化为企业真正的资产。对于预期会败诉的一方而言，因未决诉讼形成了一项或有负债或预计负债：如为或有负债，该或有负债最终是否转化为企业的预计负债，只能根据诉讼的进展而定。企业根据法律规定、律师建议等判断自己很可能败诉且赔偿金额能够合理估计的，这项或有负债就转化为企业的预计负债。

第二节 或有事项的确认与计量

一、或有事项的确认

或有事项的确认通常是与或有事项相关义务的确认。或有事项形成的或有资产只有在企业基本确定能够收到的情况下,才能转变为真正的资产,应当予以确认。

根据《企业会计准则第13号——或有事项》,与或有事项有关的义务在同时符合以下三个条件时,应当确认为预计负债:①该义务是企业承担的现时义务;②履行该义务很可能导致经济利益流出企业;③该义务的金额能够可靠地计量。

(一) 该义务是企业承担的现时义务

该义务是企业承担的现时义务,是指与或有事项相关的义务是在企业当前条件下已承担的义务,企业没有其他现实的选择,只能履行该现时义务。通常情况下,过去的事项是否导致现时义务是比较明确的,但也存在极少情况,特定事项是否已发生或这些事项是否已产生了一项现时义务可能难以确定,企业应当考虑包括资产负债表日后所有可获得的证据、专家意见等,以此确定资产负债表日是否存在现时义务。如果据此判断,资产负债表日很可能存在现时义务,且符合预计负债确认条件的,应当确认一项预计负债;如果资产负债表日现时义务不是很可能存在的,企业应披露一项或有负债,除非含有经济利益的资源流出企业的可能性极小。

这里所指的义务包括法定义务和推定义务。其中,法定义务是指因合同、法律法规等产生的义务,通常是企业在经济管理和经济协调中,依照经济法律法规的规定必须履行的责任。例如,企业与其他企业签订购货合同产生的义务就属于法定义务。

推定义务是指因企业的特定行为而产生的义务。企业的"特定行为",泛指企业以往的习惯做法、已公开的承诺或已公开宣布的经营政策。并且,由于以往的习惯做法,或通过这些公开或承诺的声明,企业向外界表明了它将承担特定的责任,从而使受影响的各方形成了其将履行那些责任的合理预期。例如,甲公司是一家化工企业,因扩大经营规模,到A国创办了一家分公司。假定A国尚未针对甲公司这类企业的生产经营可能产生的环境污染制定相关法律,因而甲公司的分公司对在A国生产经营可能产生的环境污染不承担法定义务。但是,甲公司为在A国树立良好的形象,自行向社会公告,宣称将对生产经营可能产生的环境污染进行治理,甲公司的分公司为此承担的义务就属于推定义务。

(二) 履行该义务很可能导致经济利益流出企业

履行该义务很可能导致经济利益流出企业,是指履行与或有事项相关的现时义务时,导致经济利益流出企业的可能性超过50%,但尚未达到基本确定的程度。

履行或有事项相关义务导致经济利益流出企业的可能性,通常按照一定的概率区间加以判断。一般情况下,发生的概率分为以下几个层次:基本确定、很可能、可能、极小可能。其中,"基本确定"是指发生的可能性大于95%但小于100%;"很可能"是指发生的可能性大于50%但小于或等于95%;"可能"是指发生的可能性大于5%但小于或等于50%;"极小可能"是指发生的可性大于 0 但小于或等于 5%。

企业因或有事项承担了现时义务，并不说明该现时义务很可能导致经济利益流出企业。例如，2024 年 6 月 1 日，甲企业与乙企业签订协议，承诺为乙企业的 2 年期银行借款提供全额担保。对于甲企业而言，由于该担保事项而承担了一项现时义务，但这项义务的履行是否很可能导致经济利益流出企业，需依据乙企业的经营情况和财务状况等因素加以确定。假定 2024 年末，乙企业的财务状况恶化，且没有迹象表明可能发生好转。此种情况出现，表明乙企业很可能违约，从而甲企业履行承担的现时义务将很可能导致经济利益流出企业。反之，如果乙企业财务状况良好，一般可以认定乙企业不会违约，从而甲企业履行承担的现时义务不是很可能导致经济利益流出企业。

（三）该义务的金额能够可靠地计量

该义务的金额能够可靠地计量，是指与或有事项相关的现时义务的金额能够合理地估计。

由于或有事项具有不确定性，因或有事项产生的现时义务的金额也具有不确定性，需要估计。要对或有事项确认一项预计负债，相关现时义务的金额应当能够可靠地估计。只有在其金额能够可靠地估计并同时满足其他两个条件时，企业才能加以确认。

如乙公司涉及一起诉讼案。根据以往的审判结果判断，乙公司很可能败诉，相关的赔偿金额也可以合理估算出一个区间。在这种情况下，就可以认为该公司因未决诉讼承担的现时义务的金额能够可靠地估计，从而对未决诉讼确认一项因或有事项形成的预计负债。但是如果没有以往的审判结果作为比照，而相关的法律法规又没有明确的解释，那么即使该公司预计可能败诉，在判决以前也很可能无法合理估计其须承担的现时义务的金额，这种情况下不应确认为预计负债。

二、或有事项的计量

当与或有事项有关的义务符合确认为负债的条件时应当将其确认为预计负债，预计负债应当按照履行相关现时义务所需支付的最佳估计数进行初始计量。此外，企业清偿因或有事项而确认的负债所需支出还可能从第三方或其他方获得补偿。或有事项的计量主要涉及两个方面：一是预计负债的计量；二是预期可获得补偿的处理。

（一）预计负债的计量

1. 最佳估计数的确定

预计负债应当按照履行相关现时义务所需支出的最佳估计数进行初始计量。最佳估计数的确定应当分别按以下两种情况处理：

（1）所需支出存在一个连续范围，且该范围内各种结果发生的可能性相同，则最佳估计数应当按照该范围内的中间值，即上下限金额的平均数确定。

【例 3-1】 2024 年 11 月 1 日，甲公司因合同违约而被乙公司起诉。2024 年 12 月 31 日，甲公司尚未接到人民法院的判决。甲公司预计，最终的法院判决很可能对公司不利。假定预计将要支付的赔偿金额为 1 000 000 ~ 1 800 000 元，而且这个区间内每个金额的可能性都大致相同。

在这种情况下，甲公司应在 2024 年 12 月 31 日的资产负债表中确认一项预计负债，金额为：(1 000 000 + 1 800 000) ÷ 2 = 1 400 000（元）。

(2) 所需支出不存在一个连续范围，或者虽然存在一个连续范围，但该范围内各种结果发生的可能性不相同。在这种情况下，最佳估计数按照以下方法确定：

①如果或有事项仅涉及单个项目，最佳估计数按照最可能发生金额确定。"涉及单个项目"指或有事项涉及的项目只有一个，如一项未决诉讼、一项未决仲裁或一项债务担保等。

【例 3-2】 2024 年 11 月 10 日，甲公司涉及一起诉讼案。2024 年 12 月 31 日，人民法院尚未做出判决。在咨询了公司的法律顾问后，甲公司认为：胜诉的可能性为 40%，败诉的可能性为 60%；如果败诉，需要赔偿 1 000 000 元。

在这种情况下，甲公司在 2024 年 12 月 31 日资产负债表中应确认的预计负债金额应为最可能发生的金额，即 1 000 000 元。

②如果或有事项涉及多个项目，最佳估计数按照各种可能结果及相关概率加权计算确定。"涉及多个项目"指或有事项涉及的项目不止一个，如产品质量保证。在产品质量保证中，提出产品保修要求的可能有许多客户，相应地，企业对这些客户负有保修义务。

【例 3-3】 丙公司是一家生产并销售 A 产品的企业，2024 年第二季度，丙公司共销售 A 产品 25 000 件，销售收入为 15 000 000 元。根据公司的产品质量保证条款，该产品售出后一年内，如发生正常质量问题，公司将负责免费维修。根据以往维修记录，如果发生较小质量问题，维修费用为销售收入的 1.2%；如果发生较大质量问题，维修费用为销售收入的 2.5%。根据公司质量部门的预测，本季度销售的产品中，75% 不会发生质量问题；20% 可能发生较小质量问题；5% 可能发生较大质量问题。

根据上述资料，2024 年第二季度末丙公司应确认的预计负债金额为：15 000 000 × (0 × 75% + 1.2% × 20% + 2.5% × 5%) = 54 750（元）。

2. 预计负债的计量需要考虑的其他因素

企业在确定最佳估计数时应当综合考虑与或有事项有关的风险和不确定性、货币时间价值和未来事项等因素。

(1) 风险和不确定性。

风险是对交易或有事项结果的变化可能性的一种描述。风险的变动可能增加负债计量的金额。企业在不确定的情况下进行判断需要谨慎，使得收入或资产不会被高估，费用或负债不会被低估。但是，不确定性并不说明应当确认过多的预计负债和故意夸大支出或费用。

企业应当充分考虑与或有事项有关的风险和不确定性，既不能忽略风险和不确定性对或有事项计量的影响，也要避免对风险和不确定性进行重复调整，从而在低估和高估预计负债金额之间寻找平衡点。

(2) 货币时间价值。

预计负债的金额通常应当等于未来应支付的金额。但是，受货币时间价值的影响，资产负债表日后不久发生的现金流出，要比一段时间之后发生的同样金额的现金流出负有更大的义务。所以，如果预计负债的确认时点距离实际清偿有较长的时间跨度，货币时间价值的影响重大，那么在确定预计负债的金额时，应考虑采用现值计量，即通过对相关未来现金流出进行折现后确认最佳估计数。如油气井或核电站的弃置费用等，应按照未来应支付金额的现值确定。确定预计负债的金额不应考虑预期处置相关资产形成的利得。

将未来现金流出折算为现值时，需要注意以下三点：①用来计算现值的折现率应当是反映货币时间价值的当前市场估计和相关负债持有风险的税前利率。②风险和不确定性既可以在计量未来现金流出时作为调整因素，也可以在确定折现率时予以考虑，但不能重复反映。③随着时间的推移，即使在未来现金流出和折现率均不改变的情况下，预计负债的现值也将逐渐增长。企业应当在资产负债表日对预计负债的现值进行重新计量。

（3）未来事项。

企业应当考虑可能影响履行现时义务所需金额的相关未来事项。也就是说，对于这些未来事项，如果有足够的客观证据表明它们将发生，如未来技术进步、相关法规出台等，则应当在预计负债计量中予以考虑，但不应考虑预期处置相关资产形成的利得。预期的未来事项可能对预计负债的计量较为重要。如某核电企业预计在生产结束时处理核废料的费用将因未来技术的变化而显著降低，那么该企业因此确认的预计负债金额应当反映有关专家对技术发展以及处理费用减少做出的合理预测。但是，这种预计需要取得确凿的客观证据予以支持。

3. 资产负债表日对预计负债账面价值的复核

企业应当在资产负债表日对预计负债的账面价值进行复核。有确凿证据表明该账面价值不能真实反映当前最佳估计数的，应当按照当前最佳估计数对该账面价值进行调整。如某化工企业对环境造成了污染，按照当时的法律规定，只需要对污染进行清理。随着国家对环境保护越来越重视，按照现在的法律规定，该企业不仅需要对污染进行清理，还很可能要对居民进行赔偿。这种法律要求的变化，会对企业预计负债的计量产生影响。

企业应当在资产负债表日对为此确认的预计负债金额进行复核，相关因素发生变化表明预计负债金额不再能反映真实情况，需要按照当前情况下企业清理和赔偿支出的最佳估计数对预计负债的账面价值进行相应的调整。例如，企业对固定资产弃置费用形成的预计负债进行确认后，由于技术进步、法律要求或市场环境变化等，履行弃置义务可能发生支出金额、预计弃置时点、折现率等变动的，需要对预计负债的账面价值进行调整。

企业对已经确认的预计负债在实际支出发生时，应当仅限于最初为之确定该预计负债的支出。也就是说，只有与该预计负债有关的支出才能冲减预计负债，否则将会混淆不同预计负债确认事项的影响。

（二）预期可获得补偿的处理

企业清偿因或有事项而确认的负债所需支出全部或部分预期由第三方或其他方补偿的，该补偿金额只有在基本确定能够收到时，才能作为资产单独确认，确认的补偿金额不能超过所确认负债的账面价值。预期可能获得补偿的情况通常有：发生交通事故等情况时，企业通常可从保险公司获得合理的赔偿；在某些索赔诉讼中，企业可对索赔人或第三方另行提出赔偿要求；在债务担保业务中，企业在履行担保义务的同时，通常可向被担保企业提出追偿要求。

企业预期从第三方获得的补偿是一种潜在资产，其最终是否会转化为企业真正的资产（即企业是否能够收到这项补偿）具有较大的不确定性，企业只有在基本确定能够收到补偿时才能对其进行确认。根据资产和负债不能随意抵销的原则，预期可获得的补偿在基本确定能够收到时应当单独确认为一项资产，而不能作为预计负债金额的扣减。补偿金额的确认涉及两个方面问题：一是确认时间，补偿只有在"基本确定"能够收到时才予以确认；二是确认金额，确认的金额是基本确定能够收到的金额，而且不能超过相关预计负债的账面价值。

【例3-4】 2024年12月31日，甲公司因或有事项而确认了一笔金额为600 000元的预计负债；同时，甲公司因该或有事项基本确定可从乙保险公司获得200 000元的赔偿。

本例中，甲公司应分别确认一项金额为600 000元的预计负债和一项金额为200 000元的资产，而不能只确认一项金额为400 000（600 000 - 200 000）元的预计负债。同时，甲公司所确认的补偿金额200 000元未超过所确认的预计负债的账面价值600 000元。

第三节 或有事项会计处理原则的应用

一、未决诉讼或未决仲裁

诉讼，是指当事人不能通过协商解决争议，因而在人民法院起诉、应诉，请求人民法院通过审判程序解决纠纷的活动。诉讼尚未裁决之前，对于被告来说，可能形成一项或有负债或者预计负债；对于原告来说，则可能形成一项或有资产。

仲裁，是指经济法的各方当事人依照事先约定或事后达成的书面仲裁协议，共同选定仲裁机构并由其对争议依法做出具有约束力裁决的一种活动。作为当事人一方，仲裁的结果在仲裁裁决公布以前是不确定的，会构成一项潜在义务或现时义务，或者潜在资产。

【例3-5】 甲公司2024年9月8日有一笔已到期的银行借款，本金为10 000 000元，利息为1 500 000元，甲公司具有还款能力，但因与乙银行存在其他经济纠纷，而未按时归还乙银行的贷款，2024年12月1日，乙银行向人民法院提起诉讼。截至2024年12月31日人民法院尚未对案件进行审理。甲公司法律顾问认为败诉的可能性为60%，预计将要支付的罚息、诉讼费用在1 000 000～1 200 000元，而且这个区间内每个金额的可能性都大致相同，其中诉讼费50 000元。

在本例中，甲公司败诉的可能性为60%，即很可能败诉，且相关罚息和诉讼费用等支出能可靠地计量，因此，甲公司应在2024年12月31日确认一项预计负债，金额为：（1 000 000 + 1 200 000）÷ 2 = 1 100 000（元）。

甲公司的有关账务处理如下：

借：管理费用——诉讼费 50 000
　　营业外支出——罚息支出 1 050 000
　　贷：预计负债——未决诉讼——乙银行 1 100 000

同时，甲公司应在2024年12月31日的财务报表附注中作如下披露：

本公司欠乙银行的借款于2024年9月8日到期，到期本金和利息合计11 500 000元，由于与乙银行存在其他经济纠纷，故本公司尚未偿还上述借款本金和利息，为此，乙银行起诉本公司，除要求本公司偿还本金和利息外，还要求支付罚息等费用。鉴于以上情况，本公司在2024年12月31日确认了一项预计负债1 100 000元。目前，此案正在审理中。

应当注意的是，对于未决诉讼，企业当期实际发生的诉讼损失金额与已计提的相关预计负债之间的差额，应分情况处理：

第一，企业在前期资产负债表日，依据当时实际情况和所掌握的证据合理估计了预计负债，应当将当期实际发生的诉讼损失金额与已计提的相关预计负债之间的差额，直接计入或冲减当期营业外支出。

第二，企业在前期资产负债表日，依据当时实际情况和所掌握的证据，原本应当能够合理估计诉讼损失，但企业所做的估计却与当时的事实严重不符（如未合理预计损失或不恰当地多计或少计损失），应当按照重大会计差错更正的方法进行处理。

第三，企业在前期资产负债表日，依据当时实际情况和所掌握的证据，确实无法合理预计诉讼损失，因而未确认预计负债，则在该项损失实际发生的当期，直接计入当期营业外支出。

第四，在资产负债表日后至财务报告批准报出日之间发生的需要调整或说明的未决诉讼，按照资产负债表日后事项的有关规定进行会计处理。

二、债务担保

债务担保在企业经营中是较为普遍的现象。作为提供担保的一方，在被担保方无法履行合同的情况下，常常承担连带责任。从保护投资者、债权人的利益出发，客观、充分地反映企业因担保义务而承担的潜在风险是十分必要的。

【例 3-6】 2024 年 4 月，甲公司为乙公司取得的本金 20 000 000 元、期限 2 年的丙银行贷款提供全额担保。截至 2024 年 12 月 31 日，乙公司贷款逾期未还，丙银行已起诉乙公司和甲公司，但人民法院尚未做出判决。甲公司法律顾问认为其败诉的可能性为 70%，预计甲公司因承担连带责任需赔偿的金额为 1 000 000~1 400 000 元，而且这个区间内每个金额的可能性都大致相同。

本例中，甲公司很可能承担连带责任，且需赔偿的金额能够可靠地计量，因此，甲公司应在 2024 年 12 月 31 日确认一项预计负债，金额为：(1 000 000 + 1 400 000) ÷ 2 = 1 200 000（元）。

甲公司的有关账务处理如下：

借：营业外支出——债务担保——乙公司　　　　　　　　　　　　　1 200 000
　　贷：预计负债——未决诉讼——丙银行　　　　　　　　　　　　　　1 200 000

三、产品质量保证

产品质量保证通常指销售商或制造商在销售产品或提供劳务后，对客户提供服务的一种承诺。在约定期内（或终身保修），若产品或劳务在正常使用过程中出现质量或与之相关的其他属于正常范围的问题，企业负有更换产品、免费或只收成本价进行修理等责任。按照权责发生制，上述相关支出符合确认条件就应在收入实现时确认相关预计负债。

【例 3-7】 甲公司为机床生产和销售企业。甲公司对其销售的机床做出承诺：机床售出后 3 年内如出现非意外事件造成的机床故障和质量问题，甲公司免费负责保修（含零部件更换）。甲公司 2024 年第一季度销售机床 400 台，每台售价为 50 000 元。根据以往的经验，机床发生的保修费一般为销售额的 1%~1.5%。甲公司 2024 年第一季度实际发生的维修费用为 40 000 元（假定用银行存款支付 50%，另外 50% 为耗用的原材料）。假定 2023 年 12 月 31 日，"预计负债——产品质量保证——机床" 科目年末余额为 240 000 元。

本例中，甲公司因销售机床而承担了现时义务，该现时义务的履行很可能导致经济利益流出甲公司，且该义务的金额能够可靠地计量。因此，甲公司应在季度末确认一项预计负债。

（1）发生产品质量保证费用（维修费）。

借：预计负债——产品质量保证——机床　　　　　　　　　　　　40 000
　　贷：银行存款　　　　　　　　　　　　　　　　　　　　　　20 000
　　　　原材料　　　　　　　　　　　　　　　　　　　　　　　20 000

（2）应确认的产品质量保证负债金额为：400×50 000×（1%+1.5%）÷2=250 000（元）。

借：主营业务成本——产品质量保证——机床　　　　　　　　　250 000
　　贷：预计负债——产品质量保证——机床　　　　　　　　　250 000

2024年第一季度末，"预计负债——产品质量保证——机床"科目余额为：240 000+250 000-40 000=450 000（元）。

在对产品质量保证确认预计负债时，需要注意的是：

第一，如果发现保证费用的实际发生额与预计数相差较大，应及时对预计比例进行调整。

第二，如果企业针对特定批次产品确认预计负债，则在保修期结束时，应将"预计负债——产品质量保证"余额冲销，同时冲销主营业务成本。

第三，已对其确认预计负债的产品，如企业不再生产了，那么应在相应的产品质量保证期满后，将"预计负债——产品质量保证"余额冲销，同时冲销主营业务成本。

四、亏损合同

亏损合同是指履行合同义务不可避免会发生的成本超过预期经济利益的合同。亏损合同产生的义务满足预计负债确认条件的，应当确认为预计负债。预计负债的计量应当反映退出该合同的最低净成本，即履行该合同的成本与未能履行该合同而发生的补偿或处罚两者之中的较低者。企业与其他企业签订的商品销售合同、劳务合同、租赁合同等，均可能变为亏损合同。

企业履行该合同的成本包括履行合同的增量成本和与履行合同直接相关的其他成本的分摊金额。其中，履行合同的增量成本包括直接人工、直接材料等；与履行合同直接相关的其他成本的分摊金额包括用于履行合同的固定资产的折旧费用分摊金额等。

企业对亏损合同进行会计处理，需要遵循以下原则：

（1）如果与亏损合同相关的义务无须支付任何补偿即可撤销，企业通常就不存在现时义务，不应确认预计负债；如果与亏损合同相关的义务不可撤销，企业就存在现时义务，同时满足该义务很可能导致经济利益流出企业且金额能够可靠地计量的，应当确认预计负债。

（2）亏损合同存在标的资产的，应当对标的资产进行减值测试并按规定确认减值损失，在这种情况下，企业通常无须确认预计负债，如果预计亏损超过该减值损失，应将超过部分确认为预计负债；合同不存在标的资产的，亏损合同相关义务满足预计负债确认条件时，应当确认预计负债。

【例3-8】　甲公司与丙公司于2024年12月10日签订了一份不可撤销合同，约定在2025年3月1日以每件200元的价格向丙公司提供A产品1 000件，若不能按期交货，将对甲公司处以总价款20%的违约金。签订合同时A产品尚未开始生产，而甲公司准备采购原材料生产A产品时，原材料价格突然上涨,预计生产 A 产品的单位成本将超过合同单价。假定不考虑相关税费。

有关财务处理如下:

(1) 若生产 A 产品的单位成本为 210 元。

履行合同发生的损失为:1 000×(210-200)=10 000(元)

不履行合同支付的违约金为:1 000×200×20%=40 000(元)

本例中,甲公司与丙公司签订了不可撤销合同,但是执行合同不可避免发生的成本超过了预期获得的经济利益,属于亏损合同。由于该合同变为亏损合同时不存在标的资产,甲公司应当按照履行合同造成的损失与违约金两者中的较低者确认一项预计负债,即应确认预计负债 10 000 元。

借:主营业务成本——亏损合同损失——A 产品　　　　　　　　　　　　10 000
　　贷:预计负债——亏损合同损失——A 产品　　　　　　　　　　　　　　10 000

待产品完工后,将已确认的预计负债冲减产品成本。

借:预计负债——亏损合同损失——A 产品　　　　　　　　　　　　　　10 000
　　贷:库存商品——A 产品　　　　　　　　　　　　　　　　　　　　　　10 000

(2) 若生产 A 产品的单位成本为 270 元。

履行合同发生的损失为:1 000×(270-200)=70 000(元)

不履行合同支付的违约金为:1 000×200×20%=40 000(元)

应确认预计负债 40 000 元。

借:主营业务成本——亏损合同损失——A 产品　　　　　　　　　　　　40 000
　　贷:预计负债——亏损合同损失——A 产品　　　　　　　　　　　　　　40 000

支付违约金时:

借:预计负债——亏损合同损失——A 产品　　　　　　　　　　　　　　40 000
　　贷:银行存款　　　　　　　　　　　　　　　　　　　　　　　　　　　40 000

【例 3-9】　甲公司与乙公司于 2024 年 12 月签订了一份不可撤销合同,甲公司向乙公司销售 B 产品 100 件,合同价格每件 200 000 元(不含税)。该批产品在 2025 年 6 月 1 日交货。截至 2024 年末,甲公司已生产 60 件 B 产品,由于原材料价格大幅上涨,单位成本达到 210 000 元,每销售一件 B 产品亏损 10 000 元,因此该合同已成为亏损合同。预计其余未生产的 40 件 B 产品的单位成本与已生产的 B 产品的单位成本相同。则甲公司应对有标的的 60 件 B 产品计提存货跌价准备,对没有标的的 40 件 B 产品确认预计负债。假定不考虑相关税费。

有关账务处理如下:

(1) 有标的部分,合同为亏损合同,确认减值损失。

计提存货跌价准备金额为:(210 000-200 000)×60=600 000(元)

借:资产减值损失——B 产品　　　　　　　　　　　　　　　　　　　　600 000
　　贷:存货跌价准备——B 产品　　　　　　　　　　　　　　　　　　　　600 000

(2) 无标的部分,合同为亏损合同,确认预计负债。

借:主营业务成本——亏损合同损失——B 产品　　　　　　　　　　　　400 000
　　贷:预计负债——亏损合同损失——B 产品　　　　　　　　　　　　　　400 000

在产品生产出来后,将预计负债冲减产品成本。

借：预计负债——亏损合同损失——B 产品	400 000	
贷：库存商品——B 产品		400 000

五、重组义务

重组是指企业制订和控制的，将显著改变企业组织形式、经营范围或经营方式的计划实施行为。属于重组的事项主要包括：①出售或终止企业的部分业务；②对企业的组织结构进行较大调整；③关闭企业的部分营业场所，或将营业活动由一个国家或地区迁移到其他国家或地区。

企业应当将重组与企业合并、债务重组区别开来。因为重组通常是企业内部资源的调整和组合，谋求现有资产效能的最大化；企业合并是在不同企业之间的资本重组和规模扩张；而债务重组是债权人、债务人就清偿债务的时间、金额或方式等重新达成协议。

（一）重组义务的确认

企业因重组而承担了重组义务，并且同时满足预计负债确认条件时，才能确认预计负债。

首先，同时存在下列情况的，表明企业承担了重组义务：①有详细、正式的重组计划，包括重组涉及的业务、主要地点、需要补偿的职工人数、预计重组支出、计划实施时间等；②该重组计划已对外公告，重组计划已经开始实施，或已向受其影响的各方通告了该计划的主要内容，从而使各方形成了对该企业将实施重组的合理预期。

企业制订了详细、正式的重组计划，并已经对外公告，使那些受其影响的其他单位或个人可以合理预期企业将实施重组，这构成了企业的一项推定义务。而管理层或董事会在资产负债表日前做出的重组决定，在资产负债表日并不形成一项推定义务，除非企业在资产负债表日前已经对外进行了公告，将重组计划传达给受其影响的各方，使他们形成了对企业将实施重组的合理预期。

其次，需要判断重组义务是否同时满足预计负债的三个确认条件，即判断其承担的重组义务是否是现时义务、履行重组义务是否很可能导致经济利益流出企业、重组义务的金额是否能够可靠地计量。只有同时满足这三个确认条件，才能将重组义务确认为预计负债。

例如，某公司董事会决定关闭一个事业部。如果有关决定尚未传达到受影响的各方，也未采取任何措施实施该项决定，该公司就没有开始承担重组义务，不应确认预计负债；如果有关决定已经传达到受影响的各方，并使各方对企业将关闭事业部形成合理预期，通常表明企业开始承担重组义务，同时满足该义务很可能导致经济利益流出企业和金额能够可靠地计量的，应当确认预计负债。

（二）重组义务的计量

企业应当按照与重组有关的直接支出确定预计负债金额，计入当期损益。其中，直接支出是企业重组必须承担的，并且与主体继续进行的活动无关的支出，不包括留用职工岗前培训、市场推广、新系统和营销网络投入等支出。因为这些支出与未来经营活动有关，在资产负债表日不是重组义务。

企业在计量预计负债时不应当考虑预期处置相关资产的利得，在计量与重组义务相关的预计负债时，也不考虑处置相关资产（厂房、店面，有时是一个事业部整体）可能形成的利得或损失，即使资产的出售构成重组的一部分也是如此，这些利得或损失应当单独确认。

企业可以参照表 3-1 判断某项支出是否属于与重组有关的直接支出。

表3-1 与重组有关支出的判断表

支出项目	包括	不包括	不包括的原因
自愿遣散	√		
强制遣散（如果自愿遣散目标未满足）	√		
不再使用的厂房的租赁撤销费	√		
将职工和设备从拟关闭的工厂转移到继续使用的工厂		√	支出与继续进行的活动相关
剩余职工的再培训		√	支出与继续进行的活动相关
新经理的招聘成本		√	支出与继续进行的活动相关
推广公司新形象的营销成本		√	支出与继续进行的活动相关
对新营销网络的投资		√	支出与继续进行的活动相关
重组的未来可辨认经营损失（最新预计值）		√	支出与继续进行的活动相关
特定固定资产的减值损失		√	资产减值准备应当按照《企业会计准则第8号——资产减值》进行计提

章节练习题

一、单项选择题

1. 下列各项关于预计负债的表述中，不正确的是（   ）。
   A. 预计负债是企业承担的现时义务
   B. 与预计负债相关支出的时间或金额具有一定的不确定性
   C. 预计负债计量不应考虑未来期间相关资产预期处置损益的影响
   D. 预计负债应按相关支出的最佳估计数减去基本确定能够收到的补偿后的净额计量

2. 甲公司涉及一起诉讼案件，根据法律顾问的专业判断，甲公司很可能败诉，且赔偿金额能够可靠地计量。根据相关会计准则，甲公司应将预计的赔偿金额确认为（   ）。
   A. 资产   B. 负债
   C. 所有者权益   D. 费用

3. 乙公司与丙公司签订了一份不可撤销的销售合同，合同规定乙公司向丙公司销售一批商品，交货日期为2024年6月30日。由于市场行情变化，该批商品的市场价格大幅下跌，乙公司预计履行合同将发生亏损。根据相关会计准则，乙公司应在（   ）确认预计负债。
   A. 合同签订时   B. 交货日期确定时
   C. 市场价格下跌时   D. 亏损金额能够可靠地计量时

4. 丁公司因产品质量问题被客户起诉，要求赔偿经济损失。根据公司法律顾问的分析，丁公司败诉的可能性为50%，且赔偿金额无法可靠计量。根据相关会计准则，丁公司应在资产负债表中披露（   ）。
   A. 预计负债   B. 或有负债
   C. 或有资产   D. 无须披露

5. 甲公司因未按时履行合同义务，被对方公司要求支付违约金。根据合同条款，甲公司应支付违约金100万元。甲公司认为对方公司提出的违约金金额过高，不符合实际损失情况，因此拒绝支付。根据相关会计准则，甲公司应将该违约金确认为（　　）。

　　A. 预计负债　　　　　　　　　　　　B. 或有负债

　　C. 或有资产　　　　　　　　　　　　D. 无须确认

6. 甲公司因违约被起诉，至2024年12月31日，人民法院尚未做出判决，经向公司法律顾问咨询，人民法院的最终判决很可能对本公司不利，预计赔偿额为20万~50万元，且该区间内各种结果发生的可能性相同，其中诉讼费2万元。假定不考虑其他因素的影响，甲公司2024年12月31日由此应确认的营业外支出金额为（　　）万元。

　　A. 20　　　　　　B. 30　　　　　　C. 33　　　　　　D. 50

7. 甲公司管理层于2024年12月制订了一项业务重组计划，拟从2025年1月1日起关闭A产品生产线。甲公司预计发生以下支出或损失：因辞退员工将支付补偿款500万元；因撤销厂房租赁合同将支付违约金30万元；因将用于A产品生产的固定资产等转移至另一生产车间将发生运输费3万元；因对留用员工进行培训将发生支出1万元；因推广新款A产品将发生广告费用2 500万元；因处置用于A产品生产的固定资产将发生减值损失150万元。2024年12月31日，因该项重组计划减少2024年度利润总额为（　　）万元。

　　A. 500　　　　　　B. 534　　　　　　C. 680　　　　　　D. 684

8. 2024年11月，甲公司因污水排放对环境造成污染被周围居民提起诉讼。2024年12月31日，该案件尚未一审判决。根据以往类似案例及公司法律顾问的判断，甲公司很可能败诉。如败诉，预计赔偿2 000万元的可能性为70%，预计赔偿1 800万元的可能性为30%。假定不考虑其他因素，该事项对甲公司2024年利润总额的影响金额为（　　）万元。

　　A. -1 800　　　　B. -1 900　　　　C. -1 940　　　　D. -2 000

9. 甲公司2024年年初"预计负债——产品质量保证"余额为0。当年分别销售A、B产品3万件和4万件，销售单价分别为50元和40元。甲公司向购买者承诺产品售后2年内提供免费保修服务，预计保修期内发生的保修费为销售额的2%~8%，且该范围内各种结果发生的可能性相同。2024年实际发生产品保修费5万元（已用银行存款支付）。假定无其他或有事项，不考虑其他因素的影响，则甲公司2024年年末资产负债表"预计负债"项目的余额为（　　）万元。

　　A. 5　　　　　　B. 1.2　　　　　　C. 7.5　　　　　　D. 10.5

10. 甲公司与乙公司于2024年11月签订了一份不可撤销合同，约定甲公司向乙公司销售A设备50台，合同价格每台100万元（不含增值税）。该批设备在2025年1月25日交货。至2024年年末甲公司已生产40台A设备，由于原材料价格上涨，单位成本达到102万元，每销售一台A设备将亏损2万元，因此这项合同已成为亏损合同。预计其余未生产的10台A设备的单位成本与已生产的A设备的单位成本相同。不考虑其他因素的影响，假设甲公司执行合同，下列关于甲公司的会计处理正确的是（　　）。

　　A. 确认资产减值损失80万元　　　　　B. 确认营业外支出80万元

　　C. 确认预计负债100万元　　　　　　D. 确认存货跌价准备100万元

二、多项选择题

1. 下列各事项中，属于或有事项的有（　　）。

　　A. 未来可能发生的经营亏损　　　　　B. 待执行合同变成亏损合同

C. 销售产品提供质量保证　　　　　　　D. 将到期的商业汇票到银行承兑

2. 下列涉及预计负债的会计处理中，错误的有（　　）。

A. 待执行合同变成亏损合同时，应当将全部损失立即确认预计负债

B. 重组计划对外公告前不应就重组义务确认预计负债

C. 因某产品质量保证而确认的预计负债，如企业不再生产该产品，应将其余额立即冲销

D. 企业当期实际发生的担保诉讼损失金额与上期合理预计的预计负债相差较大时，应按重大会计差错更正的方法进行调整

3. 下列关于最佳估计数的确定，正确的有（　　）。

A. 所需支出存在一个连续范围（或区间），且该范围内各种结果发生的可能性相同，则最佳估计数应当按照该范围内的中间值，即上下限金额的平均数确定

B. 所需支出不存在一个连续范围，或者虽然存在一个连续范围但该范围内各种结果发生的可能性不相同，涉及单个项目的，按照最可能发生金额确定

C. 所需支出不存在一个连续范围，或者虽然存在一个连续范围但该范围内各种结果发生的可能性不相同，涉及多个项目的，按照各种可能结果及相关概率计算确定

D. 所需支出存在一个连续范围（或区间），且该范围内各种结果发生的可能性相同，则最佳估计数应当按照该范围内的几何平均数计算确定

4. 关于亏损合同的会计处理，正确的有（　　）。

A. 亏损合同确认预计负债时，预计负债的计量应当反映退出该合同的最低净成本，即履行该合同的成本与未能履行该合同而发生的补偿或处罚两者之中的较低者

B. 如果与亏损合同相关的义务不可撤销，企业就存在了现时义务，同时满足该义务很可能导致经济利益流出企业且金额能够可靠地计量的，应当确认为预计负债

C. 待执行合同变为亏损合同的，合同存在标的资产的，应当对标的资产进行减值测试并按规定确认减值损失，在这种情况下企业通常不确认预计负债；如果预计亏损超过该减值损失，应将超过部分确认为预计负债

D. 待执行合同变为亏损合同的，合同不存在标的资产的，亏损合同相关义务满足预计负债确认条件时，应该确认预计负债

5. 2024年8月30日，北方公司与西方公司签订了一份不可撤销的销售合同。合同约定，北方公司应当于2025年3月1日前，向西方公司提供100件A产品，销售总额为100万元，若北方公司违约，则需要向西方公司按照销售总额的10%支付违约金。2024年12月31日，库存A产品60件，成本为60万元；北方公司开始筹备原材料以生产剩余的40件A产品时，原材料价格突然上涨，预计生产剩余40件A产品的成本为48万元，预计销售100件A产品将发生销售税费10万元。当日100件A产品的市场价格为140万元。假定不考虑其他因素的影响，下列北方公司的会计处理，正确的有（　　）。

A. 北方公司应选择执行合同，并确认预计负债26万元

B. 北方公司应选择执行合同，并计提存货跌价准备和确认资产减值损失26万元

C. 北方公司应选择不执行合同，并确认预计负债10万元

D. 北方公司应选择不执行合同，并确认营业外支出10万元

6. 下列项目中，属于重组事项的有(   )。

   A. 出售或终止企业的部分业务

   B. 对企业的组织结构进行较大调整

   C. 关闭企业的部分营业场所，或将营业活动由一个国家或地区迁移到其他国家或地区

   D. 债务重组

7. 2024 年 10 月 11 日，东方公司与西方公司签订了一份不可撤销的 A 产品销售合同，约定在 2025 年 5 月底以每件 0.3 万元的价格向西方公司销售 300 件 A 产品，违约金为合同总价款的 20%。2024 年 12 月 31 日，东方公司库存 A 产品 300 件，成本总额为 120 万元，按目前市场价格计算的市价总额为 110 万元。假定东方公司销售 A 产品不发生销售费用。不考虑其他因素的影响，2024 年 12 月 31 日，下列东方公司的会计处理，表述正确的有(   )。

   A. 该合同已经由待执行合同变为亏损合同

   B. 东方公司如果单方面撤销合同，则需要支付违约金 18 万元，因此在 2024 年 12 月 31 日，需要确认预计负债 18 万元

   C. 东方公司选择不执行合同，确认预计负债 28 万元

   D. 东方公司执行合同发生损失 30 万元，因此应当在 2024 年 12 月 31 日确认资产减值损失 30 万元

8. 下列关于或有事项的说法中，正确的有(   )。

   A. 或有资产和或有负债不符合资产和负债的确认条件，不应当确认资产和负债

   B. 或有事项在满足负债的确认条件时，可以确认为负债

   C. 或有资产一般不应在财务报表附注中披露，当或有资产很可能给企业带来经济利益时，则应在财务报表附注中披露

   D. 一桩经济案件，若企业有 98% 的可能性获得补偿 100 万元，则企业就应将其确认为资产

9. 乙公司与丙公司签订了一份不可撤销的销售合同，合同规定乙公司向丙公司销售一批商品，交货日期为 2024 年 12 月 31 日。由于市场行情变化，该批商品的市场价格大幅下跌，乙公司预计履行合同将发生亏损。下列关于乙公司的会计处理，正确的有(   )。

   A. 应在亏损金额能够可靠计量时确认预计负债

   B. 应在合同签订时确认预计负债

   C. 应在资产负债表中披露或有负债

   D. 应将预计的亏损计入当期损益

10. 甲公司因环境污染问题被政府部门责令整改，并要求支付罚款。根据公司法律顾问的分析，甲公司很可能需要支付罚款，且罚款金额能够可靠地计量。下列关于甲公司的会计处理，正确的有(   )。

   A. 应将罚款确认为预计负债　　　　　　B. 应将罚款确认为或有负债

   C. 应将罚款计入当期损益　　　　　　　D. 应在资产负债表中披露预计负债

三、判断题

1. 或有负债无论是潜在义务还是现时义务，均不符合负债的确认条件，因而不能在财务报表中予以确认，但是应按相关规定在财务报表附注中披露。　　　　　　　　　　　　　　　(   )

2. 如果与亏损合同相关的义务无须支付任何补偿即可撤销，企业通常就不存在现时义务，不应确认预计负债。（ ）

3. 或有事项形成的或有资产只有在企业基本确定能够收到的情况下，才能转变为真正的资产，从而全部予以确认。（ ）

4. 履行该义务很可能导致经济利益流出企业，是指履行与或有事项相关的现时义务时，导致经济利益流出企业的可能性在50%以上（含50%），但尚未达到基本确定的程度。（ ）

5. 企业应当在资产负债表日对预计负债的账面价值进行复核，有确凿证据表明该账面价值不能真实反映当前最佳估计数的，应当按照当前最佳估计数对该账面价值进行调整。（ ）

6. 预期可获得的补偿在基本确定能够收到时应当确认为一项资产，作为预计负债金额的扣减。（ ）

7. 丁公司因产品质量问题被客户起诉，要求赔偿经济损失，丁公司认为败诉的可能性为50%，且赔偿金额无法可靠计量，因此丁公司无须在财务报表中进行任何披露。（ ）

8. 甲公司因一起未决诉讼，根据法律顾问的判断，公司很可能败诉，且赔偿金额能够可靠计量，甲公司应在当期确认预计负债，并在资产负债表中披露。（ ）

9. 亏损合同产生的义务满足预计负债确认条件，应当确认为预计负债，预计负债的计量应当反映退出该合同的最低净成本，即履行该合同的成本与未能履行该合同而发生补偿或处罚两者之中的较低者。（ ）

10. 企业对外担保涉及诉讼，已判决败诉，但企业正在上诉的，企业应当在资产负债表日，依据已有判决结果，直接确认为预计负债，并计入当期营业外支出。（ ）

四、案例分析题

1. 甲公司与乙公司于2024年12月签订了一份不可撤销的销售合同，合同约定甲公司于2025年3月向乙公司销售100台A型号机器设备，每台设备的售价为100 000元（不含税）。截至2024年末，甲公司已经生产了80台A型号机器设备，但由于原材料价格大幅上涨，导致每台设备的生产成本上升至110 000元。预计剩余20台设备的生产成本也将维持在110 000元/台。甲公司预计如果按照合同价格销售，将面临较大的亏损。

要求：

（1）分析甲公司是否需要确认预计负债，并说明理由。

（2）如果需要确认预计负债，计算预计负债的金额，并编制相关的会计分录。

2. 2024年，甲公司与乙公司有关资料如下：

资料一：2024年3月1日，甲公司从乙公司购入100件A产品，已收到增值税专用发票，价款为500万元，增值税税额为65万元，付款期为2个月，当日支付运费取得的增值税专用发票上注明的价款为10万元，增值税税额为0.9万元。

资料二：2024年5月1日，应付乙公司款项到期，甲公司以产品质量有瑕疵为由拒绝付款，乙公司与甲公司协商未果，于2024年5月10日向人民法院提起诉讼，截至2024年5月31日人民法院尚未判决。甲公司法律顾问认为败诉的可能性为70%，预计支付诉讼费2万元，逾期利息为5万~7万元，且这个区间内每个金额发生的可能性相同。

资料三：2024年8月8日，人民法院判决甲公司败诉，承担诉讼费2万元，并在30日内向乙公司支付欠款 565 万元和逾期利息 8.5 万元。甲公司和乙公司均服从判决,甲公司于 2024 年 9 月 6 日以银行存款支付上述所有款项。

要求:

(1) 编制甲公司 2024 年 3 月 1 日购进 A 产品的相关会计分录。

(2) 判断甲公司 2024 年 5 月 31 日就该未决诉讼案件是否应当确认预计负债,并说明理由;如果应当确认预计负债,编制相关会计分录。

(3) 编制甲公司 2024 年 8 月 8 日服从判决、2024 年 9 月 6 日支付款项的相关会计分录(答案中的金额以"万元"为单位)。

3. 甲公司为上市公司,2024 年发生的与或有事项有关的经济业务如下:

资料一:10 月 12 日,甲公司决定关闭在境外的一处营业部,甲公司董事会已做出正式的书面决议,并将其对外公布。甲公司预计将会发生员工遣散费用 1 200 万元,房屋租赁撤销费用 500 万元,剩余职工的再培训费用 100 万元,特定固定资产的减值损失 800 万元,对新营销网络的投资 5 000 万元。

资料二:12 月 31 日,甲公司对当月新生产销售的 B 产品做出承诺,售出 B 产品后一年内发生非人为原因的质量问题,甲公司将免费负责维修。当月 B 产品产生销售收入 3 200 万元。

甲公司预计发生质量较大问题的维修费用为收入的 10%,质量较小问题的维修费用为收入的 2%。甲公司根据技术部门提供的报告分析预测,本月销售的 B 产品,80% 不会发生任何质量问题,15% 可能发生较小质量问题,5% 可能发生较大质量问题。

要求:

(1) 根据上述资料逐项分析是否满足预计负债的确认条件,并说明理由。

(2) 编制与预计负债有关的会计分录。

(3) 不考虑其他因素,计算甲公司 2024 年 12 月 31 日"预计负债"科目的期末余额(答案中的金额以"万元"为单位)。

第四章
非货币性资产交换

第一节 非货币性资产交换事项的认定

一、非货币性资产交换的定义

(一) 货币性资产和非货币性资产的概念

1. 货币性资产

货币性资产是指企业持有的货币资金和收取固定或可确定金额的货币资金的权利,包括库存现金、银行存款、以摊余成本计量的应收账款、应收票据、其他应收款等。

2. 非货币性资产

非货币性资产是指货币性资产以外的资产,该类资产在将来为企业带来的经济利益不固定或不可确定。主要包括固定资产、存货、无形资产、投资性房地产,以及长期股权投资等。

货币性资产和非货币性资产的区别主要在于未来流入货币资金是否固定或可确定,如果可确定,则属于货币性资产,如果不可确定,则属于非货币性资产。例如,预付账款不属于货币性资产,因为其未来流入的是货物或服务,不满足货币性资产的定义。

(二) 非货币性资产交换的概念

非货币性资产交换是指交易双方主要以固定资产、无形资产、投资性房地产和长期股权投资等非货币性资产进行的交换。该交换不涉及或只涉及少量的货币性资产(即补价)。

二、非货币性资产交换事项的认定

(一) 认定角度

通常情况下,交易双方对于某项交易是否为非货币性资产交换的判断是一致的。需要注意的是,对非货币性资产交换进行判断,企业应从自身的角度,根据交易的实质判断相关交易是否属于本章定义的非货币性资产交换，不应基于交易双方的情况进行判断。

例如，投资方以一项固定资产出资取得对被投资方的权益性投资，对投资方来说，换出资产为固定资产，换入资产为长期股权投资，属于非货币性资产交换；对于被投资方来说，虽取得了实物资产但属于接受权益性投资，不属于非货币性资产交换。

（二）认定条件

1. 基本原则

非货币性资产交换一般不涉及货币性资产，或只涉及少量货币性资产即补价。《企业会计准则第 7 号——非货币性资产交换》规定，认定涉及少量货币性资产的交换为非货币性资产交换，通常以补价占整个资产交换金额的比例是否低于 25% 作为参考比例。

2. 具体情形

（1）从收到补价的企业来看，收到的补价的公允价值占换出资产公允价值（或占换入资产公允价值和收到的货币性资产之和）的比例低于 25% 的，视为非货币性资产交换。

（2）从支付补价的企业来看，支付的货币性资产占换出资产公允价值与支付的补价的公允价值之和（或占换入资产公允价值）的比例低于 25% 的，视为非货币性资产交换。

（3）如果上述比例高于 25%（含 25%）的，则视为货币性资产交换，适用《企业会计准则第 14 号——收入》等相关规定。补价不应当考虑交换双方支付的增值税差额，即分子、分母不考虑增值税。

【例 4-1】　甲公司以无形资产换取非关联方乙公司的存货，收取的补价占换出无形资产公允价值的 30%，甲公司不能按照《企业会计准则第 7 号——非货币性资产交换》进行会计处理。

甲公司收取的补价占换出资产公允价值的比例为 30%，大于 25%，该交易不属于非货币性资产交换交易，所以甲公司不能按照《企业会计准则第 7 号——非货币性资产交换》进行会计处理。

第二节　非货币性资产交换事项的确认和计量

一、非货币性资产交换事项的确认和计量原则

（一）确认原则

企业应当分别按照下列原则对非货币性资产交换中的换入资产进行确认，对换出资产终止确认：

（1）对于换入资产，应当在其符合资产定义并满足资产确认条件时予以确认（视同购买资产）。

（2）对于换出资产，应当在其满足资产终止确认条件时终止确认（视同销售或处置资产）。

当换入资产的确认时点与换出资产的终止确认时点存在不一致时，企业在资产负债表日应当按照下列原则进行处理：

（1）换入资产满足资产确认条件，而换出资产尚未满足终止确认条件的，在确认换入资产的同时将交付换出资产的义务确认为一项负债。

（2）换入资产尚未满足资产确认条件，而换出资产满足终止确认条件的，在终止确认换出资产的同时将取得换入资产的权利确认为一项资产。

【例4-2】 甲公司决定用其拥有的生产线与乙公司的一项专利权进行交换。双方已达成协议，但尚未完成资产交付。甲公司的生产线公允价值为500万元，而乙公司的专利权公允价值也为500万元。甲公司已收到乙公司提供的专利权转让文件，但尚未将生产线交付给乙公司。

甲公司已收到专利权转让文件，且专利权符合甲公司的资产定义并满足资产确认条件。虽然双方已达成协议，但甲公司尚未将生产线交付给乙公司，因此尚未满足资产终止确认条件。在资产负债表日，甲公司应确认专利权为一项资产，并将交付生产线的义务确认为一项负债。负债的金额应等于生产线的公允价值（500万元）。

【例4-3】 甲公司决定用其持有的存货与丙公司的一辆货车进行交换。甲公司已将存货交付给丙公司，但丙公司因手续问题尚未将货车过户给甲公司。甲公司的存货公允价值为300万元，丙公司的货车公允价值也为300万元。

甲公司已将存货交付给丙公司，所有权和风险报酬已转移，因此满足资产终止确认条件。虽然双方已达成协议且甲公司已交付存货，但丙公司尚未将货车过户给甲公司，因此换入资产尚未满足资产确认条件。在资产负债表日，甲公司应终止确认存货，并将取得货车的权利确认为一项资产。同时，甲公司可能需要设置一项备查账来记录这项权利。

（二）计量原则

1. 以公允价值为基础计量

（1）基本原则。

非货币性资产交换同时满足下列两项条件的，应当以公允价值（换出或换入）和应支付的相关税费作为换入资产的成本，公允价值与换出资产账面价值的差额计入当期损益：

①该项交易具有商业实质。

②换入资产或换出资产的公允价值能够可靠地计量。

（2）商业实质的判断。

企业发生的非货币性资产交换，满足下列条件之一的，视为具有商业实质：

①换入资产的未来现金流量在风险、时间分布或金额方面与换出资产显著不同。

②使用换入资产所产生的预计未来现金流量现值与继续使用换出资产所产生的预计未来现金流量现值不同，且其差额与换入资产和换出资产的公允价值相比是重大的。

【例4-4】 甲公司是一家制造业企业，拥有一台旧的生产设备，价值100万元，预计剩余使用寿命为5年，每年的现金流量约为15万元（未考虑折现）。现在，甲公司计划用这台旧设备交换一家科技公司的一项新技术专利，该专利的公允价值为100万元，预计使用寿命为10年，但每年能带来的现金流量因技术应用的广泛性而高达30万元（同样未考虑折现）。

从风险方面分析，旧设备的技术可能已经过时，未来现金流量的稳定性较低；而新技术专利则代表着行业前沿，未来现金流量的风险相对较低；从时间分布分析，旧设备的现金流量集中在未来5年内，而新技术专利的现金流量则分布在更长的时间段内（10年）；从金额方面分析，新技术专利每年带来的现金流量（30万元）明显高于旧设备（15万元）。由于换入资产（新技术专利）的未来现金流量在风险、时间分布和金额方面与换出资产（旧设备）显著不同，因此该交换具有商业实质。

【例 4-5】 甲公司再次面临非货币性资产交换的决策，这次甲公司计划用一批库存商品（公允价值为 100 万元）交换一家房地产公司的商用地产（公允价值也为 100 万元）。甲公司的库存商品预计在未来 1 年内可以全部售出，获得 105 万元的现金收入。而商用地产预计在未来 10 年内每年带来 12 万元的租金收入，且在未来 10 年后有潜在的增值空间。

假设折现率为 5%，库存商品预计未来一年内以 105 万元的金额售出，则其未来现金流量现值约为 100 万元（因为时间很短，折现影响很小）。而商用地产需要考虑租金收入和潜在增值，使用相同的 5% 折现率，计算出的现值可能远高于 100 万元。假设商用地产的预计未来现金流量现值为 150 万元，则与库存商品的公允价值（100 万元）相比，差额为 50 万元，这是重大的。

由于使用换入资产（商用地产）所产生的预计未来现金流量现值与继续使用换出资产（库存商品）所产生的预计未来现金流量现值不同，且其差额（50 万元）与换入资产和换出资产的公允价值（均为 100 万元）相比是重大的，因此该交换同样具有商业实质。

(3) 公允价值的选择。

换入资产和换出资产公允价值均能够可靠地计量的，应当以换出资产公允价值作为确定换入资产成本的基础，一般来说，取得资产的成本应当按照所放弃资产的对价来确定，在非货币性资产交换中，换出资产就是放弃的对价，如果其公允价值能够可靠地计量，应当优先考虑按照换出资产的公允价值作为确定换入资产成本的基础。如果有确凿证据表明换入资产的公允价值更加可靠的，应当以换入资产的公允价值为基础确定换入资产的成本。实务中，在考虑了补价因素的调整后，正常交易中换入资产的公允价值和换出资产的公允价值通常是一致的。

2. 以账面价值为基础计量

不具有商业实质或交换涉及资产的公允价值均不能可靠计量的非货币性资产交换，应当按照换出资产的账面价值和应支付的相关税费，作为换入资产的成本，无论是否支付补价，均不确认损益。收到或支付的补价作为确定换入资产成本的调整因素。

二、以公允价值为基础计量的非货币性资产交换的会计处理

（一）换入资产成本确定

非货币性资产交换具有商业实质且公允价值能够可靠计量的，应当以换出资产的公允价值和应支付的相关税费作为换入资产的成本，除非有确凿证据表明换入资产的公允价值比换出资产的公允价值更加可靠。其中，计入换入资产的应支付的相关税费应当符合相关会计准则对资产初始计量成本的规定。

（二）损益确认

企业应当在换出资产终止确认时，将换出资产的公允价值与其账面价值之间的差额计入当期损益。换出资产的公允价值不能够可靠计量，或换入资产和换出资产的公允价值均能够可靠计量但有确凿证据表明换入资产的公允价值更加可靠的，应当在终止确认时，将换入资产的公允价值与换出资产的账面价值之间的差额计入当期损益。

非货币性资产交换的会计处理,视换出资产的类别不同而有所区别:

(1) 换出资产为固定资产、在建工程、生产性生物资产、无形资产的,换出资产公允价值和换出资产账面价值的差额,计入资产处置损益。

(2) 换出资产为长期股权投资的,换出资产的公允价值和换出资产的账面价值的差额,计入投资收益。

(3) 换出资产为投资性房地产的,按换出资产的公允价值或换入资产的公允价值确认其他业务收入,按换出资产的账面价值结转其他业务成本,二者之间的差额计入当期损益。

(4) 换入资产与换出资产涉及相关税费的,按照相关税收规定计算确定。

(三) 不涉及补价的会计处理

不涉及补价的情况下,若以公允价值计量,应当以换出资产的公允价值加上应支付的相关税费作为换入资产的入账价值,换出资产的公允价值与其账面价值的差额计入当期损益。公式为:

换入资产的入账价值 = 换出资产的公允价值 + 应支付的相关税费 + 换出资产的增值税(销项税额) − 换入资产的增值税(进项税额)

1. 单项非货币性资产交换的核算

【例 4−6】 甲公司和乙公司均为增值税一般纳税人,适用的增值税税率为 13%。甲公司以其生产经营中使用的一辆运输车辆交换乙公司生产的一批高精度测量仪器。在交换日,甲公司的运输车辆账面原价为 200 万元,累计折旧为 60 万元,公允价值为 150 万元。乙公司的高精度测量仪器账面价值为 160 万元,在交换日的市场价格为 150 万元,计税价格等于市场价格。乙公司换入的运输车辆是其业务扩展中急需的资产。假设甲公司和乙公司此前均未为各自换出的资产计提减值准备,甲公司用银行存款支付运输车辆的运杂费 2 万元,整个交易过程中没有其他税费。

甲公司和乙公司整个交换过程中未涉及收付货币性资产,因此属于非货币性资产交换;甲公司换入的高精度测量仪器对其业务有显著价值,乙公司换入的运输车辆也是其业务扩展中必需的,因此交换具有商业实质;双方换出和换入资产的公允价值均能可靠计量,符合以公允价值计量的条件。因此,甲公司和乙公司均应以换出资产的公允价值为基础,确定换入资产的成本,并确认产生的损益。

甲公司的账务处理如下:

甲公司换入资产的增值税进项税额 = 1 500 000 × 13% = 195 000(元)

换出车辆的增值税销项税额 = 1 500 000 × 13% = 195 000(元)

换入高精度测量仪器的入账价值 = 1 500 000 + 1 500 000 × 13% − 1 500 000 × 13% = 1 500 000(元)

① 将运输车辆转入清理

借:固定资产清理	1 400 000
累计折旧	600 000
贷:固定资产——运输车辆	2 000 000

② 支付运杂费

借:固定资产清理	20 000
贷:银行存款	20 000

③换入高精度测量仪器

借：固定资产——高精度测量仪器	1 500 000
应交税费——应交增值税（进项税额）	195 000
贷：固定资产清理	1 420 000
应交税费——应交增值税（销项税额）	195 000
资产处置损益	80 000

由于换出资产的公允价值（150万元）高于其账面价值扣除累计折旧后的净额（140万元 + 运杂费2万元 = 142万元），因此产生资产处置收益8万元。

乙公司的账务处理如下：

乙公司换入车辆的增值税进项税额 = 1 500 000 × 13% = 195 000（元）

换出高精度测量仪器的增值税销项税额 = 1 500 000 × 13% = 195 000（元）

换入运输车辆的入账价值 = 1 500 000 + 1 500 000 × 13% − 1 500 000 × 13% = 1 500 000（元）

①确认销售收入和成本

借：固定资产——运输车辆	1 500 000
应交税费——应交增值税（进项税额）	195 000
贷：主营业务收入	1 500 000
应交税费——应交增值税（销项税额）	195 000

②结转销售成本

借：主营业务成本	1 600 000
贷：库存商品——高精度测量仪器	1 600 000

虽然乙公司换出的高精度测量仪器账面价值为160万元，但由于其市场价格（即公允价值）为150万元，且符合收入确认条件，因此乙公司应以公允价值150万元确认销售收入，同时结转相应的销售成本160万元，产生销售亏损10万元。

2. 多项非货币性资产交换的核算

以公允价值为基础计量的非货币性资产交换，同时换入或换出多项资产的，应当按照下列规定进行处理：

（1）对于同时换入的多项资产，由于通常无法将换出资产与换入的某项特定资产相对应，应当按照各项换入资产的公允价值的相对比例（换入资产的公允价值不能够可靠计量的，可以按照换入的金融资产以外的各项资产的原账面价值的相对比例或其他合理的比例），将换出资产公允价值总额（涉及补价的，加上支付补价的公允价值或减去收到补价的公允价值）扣除换入金融资产公允价值后的净额进行分摊，分摊至各项换入资产，以分摊额和应支付的相关税费作为各项换入资产的成本进行初始计量。

（2）对于同时换出的多项资产，应当将各项换出资产的公允价值与其账面价值之间的差额，在各项换出资产终止确认时计入当期损益。

【例4-7】　甲公司和乙公司均为增值税一般纳税人，且均适用货物的增值税税率13%和房屋的增值税税率9%。为了适应各自经济业务发展的需要，甲公司与乙公司协商，将甲公司原有的生产用仓库和数控机床与乙公司的一座办公楼进行交换。双方交换的资产均作为固定资产进行核算。

甲公司换出仓库的账面原价为700万元，已计提折旧150万元，公允价值600万元；换出数控机床的账面原价为550万元，已计提折旧275万元，公允价值350万元。

乙公司换出办公楼的账面原价为900万元，已计提折旧120万元，公允价值950万元。

双方同意以公允价值为基础进行交换，且该交易具有商业实质，换入资产和换出资产的公允价值均能可靠计量。

甲公司的会计处理如下：

换入办公楼的入账价值 = 600 × （1 + 9%） + 350 × （1 + 13%） − 950 × 9% = 964（万元）

借：固定资产清理	8 250 000	
累计折旧	4 250 000	
贷：固定资产		12 500 000
借：固定资产——办公楼	9 640 000	
应交税费——应交增值税（进项税额）	855 000	
贷：固定资产清理		9 500 000
应交税费——应交增值税（销项税额）		995 000
借：固定资产清理	1 250 000	
贷：资产处置损益		1 250 000

乙公司的会计处理如下：

换入资产的总成本 = 950 × （1 + 9%） − 600 × 9% − 350 × 13% = 936（万元）

其中：

换入的库房应分配的价值 = 936 × 600 ÷ 950 = 591.16（万元）

换入的数控机床应分配的价值 = 936 × 350 ÷ 950 = 344.84（万元）

借：固定资产清理	7 800 000	
累计折旧	1 200 000	
贷：固定资产		9 000 000
借：固定资产——库房	5 911 600	
——数控机床	3 448 400	
应交税费——应交增值税（进项税额）	995 000	
贷：固定资产清理		9 500 000
应交税费——应交增值税（销项税额）		855 000
借：固定资产清理	1 700 000	
贷：资产处置损益		1 700 000

（四）涉及补价的会计处理

涉及补价的情况下，若以公允价值计量，应当分情况进行处理：

支付补价方以换出资产的公允价值加上支付的补价和应支付的相关税费作为换入资产的入账价值，换出资产的公允价值与其账面价值的差额计入当期损益。公式为：

换入资产的入账价值 = 换出资产的公允价值 + 支付的补价 + 应支付的相关税费

收到补价方以换出资产的公允价值减去收到的补价加上应支付的相关税费作为换入资产的入账

价值，换出资产的公允价值与其账面价值的差额计入当期损益。公式为：

换入资产的入账价值＝换出资产的公允价值－收到的补价＋应支付的相关税费

1. 单项非货币性资产交换的核算

【例4－8】 甲公司和乙公司均为增值税一般纳税人，机器设备适用的增值税税率为13%，专利权适用的增值税税率为6%。2024年9月，甲公司为了适应经济业务发展的需要，与乙公司协商，甲公司以生产经营过程中使用的一台机器设备交换乙公司的一项专利权，甲公司取得专利权作为无形资产核算，乙公司取得机器设备作为固定资产核算。

甲公司机器设备的账面原价为1 500万元，在交换日的累计折旧为300万元，未计提减值准备，公允价值为1 000万元。

乙公司专利权账面原价为3 000万元，在交换日的累计摊销为2 000万元，未计提减值准备，公允价值为1 100万元。

甲公司向乙公司支付补价36万元（包括增值税差额补价）。甲公司在交换时发生设备拆卸费10万元，以银行存款支付。

双方在整个交易过程中没有发生除增值税以外的其他税费。此项交换均有商业实质。

甲公司的会计处理如下：

换入专利权的入账价值＝1 000×（1＋13%）＋36－1 100×6%＝1 100（万元）

借：固定资产清理	12 000 000
累计折旧	3 000 000
贷：固定资产	15 000 000
借：固定资产清理	100 000
贷：银行存款	100 000
借：无形资产	11 000 000
应交税费——应交增值税（进项税额）	660 000
贷：固定资产清理	10 000 000
应交税费——应交增值税（销项税额）	1 300 000
银行存款	360 000
借：资产处置损益	2 100 000
贷：固定资产清理	2 100 000

2. 多项非货币性资产交换的核算

企业以一项非货币性资产同时换入另一企业的多项非货币性资产，或者同时以多项非货币性资产换入另一企业的一项非货币性资产，或以多项非货币性资产同时换入多项非货币性资产，而且涉及补价问题，会计处理工作量将会加大。但是，其会计处理程序与不涉及补价下多项非货币性资产交换是相同的，即首先确定换入资产的入账价值，其次按照各单项换入资产的公允价值占换入资产的公允价值总额的比例来确定各单项换入资产的成本。

三、以账面价值为基础计量的非货币性资产交换的会计处理

非货币性资产交换不具有商业实质，或者虽然具有商业实质但换入资产和换出资产的公允价值

均不能可靠计量的，应当以账面价值为基础计量。对于换入资产，企业应当以换出资产的账面价值和应支付的相关税费作为换入资产的成本，无论是否支付补价，均不确认损益。

（一）不涉及补价的会计处理

不涉及补价的情况下，应当以换出资产的账面价值加上应支付的相关税费作为换入资产的入账价值，对于换出资产，终止确认时不确认损益。公式为：

换入资产的入账价值＝换出资产的账面价值＋应支付的相关税费

1. 单项非货币性资产交换的核算

【例4-9】 甲公司拥有一台专有设备，该设备账面原价为450万元，已计提折旧330万元。乙公司拥有一项长期股权投资，账面价值90万元。两项资产均未计提减值准备。甲公司决定以其专有设备交换乙公司的长期股权投资，该专有设备是生产某种产品必需的设备。由于专有设备系当时专门制造，性质特殊，其公允价值不能可靠计量；乙公司拥有的长期股权投资在活跃市场中没有报价，其公允价值也不能可靠计量。甲公司转让该专用设备应交增值税13万元，除增值税外，该项交易中没有涉及其他税费。

甲公司的账务处理如下：

甲公司换入长期股权投资的成本＝450－330＋13＝133（万元）

借：固定资产清理	1 200 000	
累计折旧	3 300 000	
贷：固定资产		4 500 000
借：固定资产清理	130 000	
贷：应交税费——应交增值税（销项税额）		130 000
借：长期股权投资	1 330 000	
贷：固定资产清理		1 330 000

乙公司的账务处理如下：

乙公司换入专有设备的成本＝90－13＝77（万元）

借：固定资产	770 000	
应交税费——应交增值税（进项税额）	130 000	
贷：长期股权投资		900 000

2. 多项非货币性资产交换的核算

对于以账面价值为基础计量的非货币性资产交换，如涉及换入多项资产或换出多项资产，或者同时换入和换出多项资产的，应当分别对换入的多项资产、换出的多项资产进行会计处理。

对于换入的多项资产，由于通常无法将换出资产与换入的某项特定资产相对应，应当按照各项换入资产的公允价值的相对比例，将换出资产的账面价值总额分摊至各项换入资产，加上应支付的相关税费，作为各项换入资产的初始计量金额。换入资产的公允价值不能可靠计量的，可以按照各项换入资产的原账面价值的相对比例或其他合理的比例对换出资产的账面价值进行分摊。对于同时换出的多项资产，各项换出资产终止确认时均不确认损益。

【例4-10】 2024年5月，甲公司因经营战略发生较大转变，产品结构发生较大调整，原生产其产品的专有设备、生产该产品的专利技术等已不符合生产新产品的需要，经与乙公司协商，将其专有设备连同专利技术与乙公司正在建造中的一幢建筑物、对丙公司的长期股权投资进行交换。

甲公司换出专有设备的账面原价为1 200万元，已计提折旧750万元；专利技术账面原价为450万元，已摊销金额为270万元。

乙公司在建工程截止到交换日的成本为525万元，对丙公司的长期股权投资账面余额为150万元。

由于甲公司持有的专有设备和专利技术市场上已不多见，因此，其公允价值不能可靠计量。乙公司的在建工程因完工程度难以合理确定，其公允价值不能可靠计量，乙公司对丙公司长期股权投资的公允价值也不能可靠计量。

假定甲、乙公司均未对上述资产计提减值准备，且不考虑相关税费等因素。

本例不涉及收付货币性资产，属于非货币性资产交换。由于换入资产、换出资产的公允价值均不能可靠计量，甲、乙公司均应当以换出资产的账面价值总额作为换入资产的成本，各项换入资产的成本，应当按各项换入资产的账面价值占换入资产的账面价值总额的比例分配后确定。

甲公司的账务处理如下：

（1）计算换入资产、换出资产的账面价值总额：

换入资产的账面价值总额 = 525 + 150 = 675（万元）

换出资产的账面价值总额 = （1 200 - 750）+ （450 - 270）= 630（万元）

（2）确定换入资产总成本：

换入资产总成本 = 630（万元）

（3）计算各项换入资产账面价值占换入资产账面价值总额的比例：

在建工程占换入资产账面价值总额的比例 = 525 ÷ 675 = 77.8%

长期股权投资占换入资产账面价值总额的比例 = 150 ÷ 675 = 22.2%

（4）确定各项换入资产成本：

在建工程成本 = 630 × 77.8% = 490.14（万元）

长期股权投资成本 = 630 × 22.2% = 139.86（万元）

（5）编制会计分录：

借：固定资产清理	4 500 000
累计折旧	7 500 000
贷：固定资产——专有设备	12 000 000
借：在建工程	4 901 400
长期股权投资	1 398 600
累计摊销	2 700 000
贷：固定资产清理	4 500 000
无形资产——专利技术	4 500 000

乙公司的账务处理如下：

（1）计算换入资产、换出资产的账面价值总额：

换入资产账面价值总额 = （1 200 - 750）+ （450 - 270）= 630（万元）

换出资产账面价值总额 = 525 + 150 = 675（万元）

(2) 确定换入资产总成本：

换入资产总成本 =675（万元）

(3) 计算各项换入资产账面价值占换入资产账面价值总额的比例：

专有设备占换入资产账面价值总额的比例 =450÷630=71.4%

专利技术占换入资产账面价值总额的比例 =180÷630=28.6%

(4) 确定各项换入资产成本：

专有设备成本 =675×71.4% =481.95（万元）

专利技术成本 =675×28.6% =193.05（万元）

(5) 编制会计分录：

借：固定资产——专有设备	4 819 500
无形资产——专利技术	1 930 500
贷：在建工程	5 250 000
长期股权投资	1 500 000

（二）涉及补价的会计处理

对于以账面价值为基础计量的非货币性资产交换，涉及补价的情况下，应当将补价作为确定换入资产初始计量金额的调整因素，分别按下列情况进行处理：

支付补价方应当以换出资产的账面价值加上支付的补价和应支付的相关税费作为换入资产的入账价值，不确认损益。其计算公式为：

换入资产的入账价值 =换出资产的账面价值 +支付的补价 +应支付的相关税费

收到补价方应当以换出资产的账面价值减去收到的补价加上应支付的相关税费作为换入资产的入账价值，不确认损益。其计算公式为：

换入资产的入账价值 =换出资产的账面价值 -收到的补价 +应支付的相关税费

1. 单项非货币性资产交换的核算

【例4-11】　甲公司拥有一台专有设备，该设备账面原价为450万元，已计提折旧330万元。乙公司拥有一项长期股权投资，账面价值90万元。两项资产均未计提减值准备。甲公司决定以其专有设备交换乙公司的长期股权投资，该专有设备是生产某种产品必需的设备。由于专有设备系当时专门制造，性质特殊，其公允价值不能可靠计量；乙公司拥有的长期股权投资在活跃市场中没有报价，其公允价值也不能可靠计量。经双方商定，乙公司支付了20万元补价。假定交易中没有涉及其他相关税费。

该项资产交换涉及收付货币性资产，即补价20万元。对甲公司而言，20（收到的补价）÷120（换出资产账面价值）×100% =16.7% <25%，因此，该项交换属于非货币性资产交换，乙公司的情况也类似。由于两项资产的公允价值不能可靠计量，因此，对于该项资产交换，换入资产的成本应当按照换出资产的账面价值确定。

甲公司的账务处理如下：

借：固定资产清理	1 200 000
累计折旧	3 300 000

　　　　贷：固定资产——专有设备　　　　　　　　　　　　　　　4 500 000
　　借：长期股权投资　　　　　　　　　　　　　　　　　　　　1 000 000
　　　　银行存款　　　　　　　　　　　　　　　　　　　　　　　 200 000
　　　　贷：固定资产清理　　　　　　　　　　　　　　　　　　　1 200 000
　　乙公司的账务处理如下：
　　借：固定资产——专有设备　　　　　　　　　　　　　　　　1 100 000
　　　　贷：长期股权投资　　　　　　　　　　　　　　　　　　　 900 000
　　　　　　银行存款　　　　　　　　　　　　　　　　　　　　　 200 000

2. 多项非货币性资产交换的核算

企业以一项非货币性资产同时换入另一企业的多项非货币性资产，或者同时以多项非货币性资产换入另一企业的一项非货币性资产，或以多项非货币性资产同时换入多项非货币性资产，而且涉及补价问题，会计处理工作量将会加大。但是，其会计处理程序与不涉及补价下多项非货币性资产交换是相同的。对于换入的多项资产，按照各项换入资产的公允价值的相对比例或其他合理比例，将换出资产的账面价值总额（涉及补价的，加上支付补价的账面价值或减去收到补价的公允价值）分摊至各项换入资产，加上应支付的相关税费，作为各项换入资产的初始计量金额；对于同时换出的多项资产，各项换出资产终止确认时均不确认损益。

章节练习题

一、单项选择题

1. 下列各项中，不属于非货币性资产的是（　　）。
   A. 存货　　　　　　　　　　　　　　　B. 固定资产
   C. 无形资产　　　　　　　　　　　　　D. 现金

2. 以下事项中，属于非货币性资产交换的是（　　）。
   A. 用货币资金100万元购入原材料　　　　B. 用应收账款100万元抵偿债务
   C. 用银行存款30万元购入汽车　　　　　　D. 用价值30万元的机器设备换取等价的汽车

3. 非货币性资产交换中，若涉及补价，补价占整个交易金额的比例不超过（　　）时，仍视为非货币性资产交换。
   A. 5%　　　　　　B. 10%　　　　　　C. 25%　　　　　　D. 50%

4. 非货币性资产交换中，若换入资产的公允价值能够可靠计量，则换入资产的成本通常应以（　　）为基础确定。
   A. 换出资产的账面价值　　　　　　　　B. 换出资产的公允价值
   C. 换入资产的账面价值　　　　　　　　D. 换入资产的公允价值

5. 企业对具有商业实质，且换入资产或换出资产的公允价值能够可靠计量的非货币性资产交换，在换出库存商品且其公允价值包含增值税的情况下，下列会计处理中，正确的是（　　）。
   A. 按换出库存商品含税的公允价值确认营业收入
   B. 按换出库存商品不含税的公允价值确认主营业务收入
   C. 按换出库存商品公允价值高于账面价值的差额确认营业外收入

D. 按换出库存商品公允价值低于账面价值的差额确认资产减值损失

6. 在不具有商业实质、涉及补价的非货币性资产交换中，不影响换入资产的入账价值的因素为（　　）。

　　A. 换出资产的账面成本　　　　　　　B. 换出资产所计提的减值损失

　　C. 换出资产的公允价值　　　　　　　D. 换出资产收到的补价

7. 甲公司将其持有的一项固定资产换入乙公司一项专利技术，该项交易不涉及补价，假设具有商业实质。甲公司该项固定资产的账面价值为150万元，公允价值为200万元，增值税税额为26万元。乙公司该项专利技术的账面价值为160万元，公允价值为180万元，增值税税额为10.8万元。甲公司在此交易中为换入资产发生了20万元的税费。甲公司换入该项资产的入账价值为（　　）万元。

　　A. 150　　　　　　B. 220　　　　　　C. 235.2　　　　　　D. 204.8

8. 甲公司与乙公司协商，以其持有的一项无形资产换入乙公司的一项固定资产，在交换日，该无形资产账面原价为300万元，累计摊销为45万元，公允价值为280万元。乙公司固定资产账面原价为400万元，累计折旧为100万元，计提减值准备为75万元，公允价值为280万元。假定该项交换具有商业实质，不考虑相关税费等其他因素，甲公司关于交换应确认的资产处置损益金额是（　　）万元。

　　A. 25　　　　　　B. -20　　　　　　C. 45　　　　　　D. 55

9. 甲公司和乙公司均为增值税一般纳税人。甲公司以一台设备与乙公司厂房进行交换，甲公司换出的设备原价为200万元，已计提折旧80万元，支付的增值税税额为13万元。乙公司换出厂房的账面原价为150万元，已计提折旧30万元，支付的增值税税额为18万元。假设该项交换不具有商业实质，则甲公司换入厂房的入账价值为（　　）万元。

　　A. 120　　　　　　B. 133　　　　　　C. 115　　　　　　D. 150

10. 非货币性资产交换中，如果同时换入多项资产，非货币性资产交换具有商业实质，且换入资产和换出资产的公允价值均能够可靠计量的，应当按照（　　）的比例，对换入资产的成本总额进行分配，确定各项换入资产的入账价值。

　　A. 换入各项资产的公允价值与换入资产公允价值总额

　　B. 换出各项资产的公允价值与换出资产公允价值总额

　　C. 换入各项资产的账面价值与换入资产账面价值总额

　　D. 换出各项资产的账面价值与换出资产账面价值总额

二、多项选择题

1. 不考虑其他因素，属于货币性资产的有（　　）。

　　A. 预付款项

　　B. 以公允价值计量且其变动计入当期损益的金融资产

　　C. 银行存款

　　D. 应收票据

2. 非货币性资产交换具有商业实质的条件有（　　）。

　　A. 未来现金流量的风险，金额相同，时间不同

B. 未来现金流量的时间，金额相同，风险不同
C. 未来现金流量的风险，时间相同，金额不同
D. 只要换入资产与换出资产的预计未来现金流量现值不同即可

3. 下列各项中，适用非货币性资产交换准则的有（　　）。
A. 用公允价值为 2 000 万元的固定资产换入公允价值为 2 000 万元的存货
B. 用存货换入写字楼（补价不超过 25%），换入的写字楼作为投资性房地产核算
C. 定向增发股票，换入固定资产
D. 用账面价值为 320 万元的固定资产换入账面价值为 300 万元的无形资产，收到补价 20 万元

4. 对于甲公司而言，下列各项交易中，应当认定为非货币性资产交换的有（　　）。
A. 甲公司以一批产成品交换乙公司一台汽车
B. 甲公司以所持丙公司 2% 的股权交换乙公司一批原材料
C. 甲公司以一项专利权交换乙公司一项非专利技术，并以银行存款收取补价，所收取补价占换出专利权公允价值的 30%
D. 甲公司以应收丁公司的 2 200 万元银行承兑汇票交换乙公司一栋办公用房

5. 不考虑其他因素，甲公司发生的下列交易或事项中，应当按照非货币性资产交换准则进行会计处理的有（　　）。
A. 以对联营企业长期股权投资换入一项投资性房地产
B. 以本公司生产的产品换入生产用专利技术
C. 以一项自用土地使用权换入管理用固定资产
D. 定向发行本公司股票取得某被投资单位 40% 的股权

6. 对于涉及多项资产、收到补价的非货币性资产交换（具有商业实质），在确定换入资产的入账价值时需要考虑的因素有（　　）。
A. 换入资产的进项税额
B. 换出资产的销项税额
C. 收到对方支付的补价
D. 换入资产的公允价值

7. 下列关于非货币性资产交换的会计处理中，正确的有（　　）。
A. 换入资产的成本通常等于换出资产的公允价值（若能够可靠计量）加上应支付的相关税费
B. 换出资产的公允价值与账面价值的差额应计入当期损益（若交换具有商业实质且公允价值能可靠计量）
C. 若换入资产和换出资产的公允价值均不能可靠计量，则应以换出资产的账面价值为基础确定换入资产的成本
D. 非货币性资产交换的会计处理通常不涉及现金流量的直接变动

8. 在非货币性资产交换中，以换出资产的公允价值和应支付的相关税费作为换入资产的入账价值，其应同时满足的条件有（　　）。
A. 该项交换具有商业实质
B. 换入资产或换出资产的公允价值能够可靠地计量
C. 换入资产的公允价值大于换出资产的公允价值
D. 换入资产的公允价值小于换出资产的公允价值

9. 下列各项中，可能影响非货币性资产交换中换入资产入账价值的有（　　）。
A. 支付的补价
B. 收到的补价
C. 换出资产的账面价值
D. 换出资产的公允价值

10. 下列各项关于非货币性资产交换的表述中，正确的有（　　）。
A. 非货币性资产交换是企业之间主要以非货币性资产形式进行的互惠转让
B. 政府无偿提供非货币性资产给企业不属于非货币性资产交换
C. 以非货币性资产作为股利发放给企业股东属于非货币性资产交换
D. 非货币性资产交换涉及补价的，补价比例应低于25%

三、判断题

1. 在以公允价值为基础计量的非货币性资产交换中，换出资产为投资性房地产的，企业应将换出资产的公允价值与账面价值的差额计入投资收益。（　　）

2. 企业从政府无偿取得非货币性资产应按照非货币性资产交换处理。（　　）

3. 关联方关系的存在可能会导致发生的非货币性资产交换不具有商业实质。（　　）

4. 非货币性资产交换具有商业实质且公允价值能够可靠计量的，在发生补价的情况下，支付补价方，应当以换入资产的公允价值和应支付的相关税费，作为换入资产的成本。（　　）

5. 企业以换出固定资产的公允价值为基础计量换入的无形资产时，应将固定资产的公允价值与账面价值的差额计入资产处置损益。（　　）

6. 不具有商业实质的非货币性资产交换，应当以换出资产的公允价值和应支付的相关税费作为换入资产的成本。（　　）

7. 非货币性资产交换不具有商业实质，或虽具有商业实质但所涉及资产的公允价值不能可靠计量的，无论是否支付补价，均不确认损益。（　　）

8. 在非货币性资产交换中，企业可以自行确定是采用换出资产的公允价值，还是换出资产的账面价值对换入资产的成本进行计量。（　　）

9. 具有商业实质但换入和换出资产的公允价值均不能可靠计量的非货币性资产交换，应当按照账面价值计量。（　　）

10. 不具有商业实质且换入资产的公允价值不能可靠计量的非货币性资产交换，在同时换入多项资产的情况下，确定各项换入资产的入账价值时，需要按照换入各项资产的原账面价值占换入资产原账面价值总额的比例，确定各项换入资产的成本。（　　）

四、案例分析题

1. 甲公司和乙公司均为增值税一般纳税人，现双方达成协议，甲公司以一套生产线交换乙公司的一台数控机床。有关资料如下：

（1）生产线的账面原价为220 000元，已计提折旧80 000元，公允价值为150 000元。

（2）数控机床的账面原价为250 000元，已计提折旧100 000元，公允价值为160 000元。

（3）甲公司支付补价14 000元给乙公司。

（4）整个资产交换过程中没有发生除增值税以外的其他相关税费，假定交换具有商业实质，且换入资产和换出资产的公允价值能够可靠计量，增值税税率为13%。

要求：

（1）根据资料，编制甲公司非货币性资产交换的会计分录。

（2）根据资料，编制乙公司非货币性资产交换的会计分录。

2. 甲公司以一项长期股权投资与乙公司交换一台设备和一项无形资产。甲公司的长期股权投资账面余额为250万元，计提减值准备30万元，公允价值为190万元。乙公司的设备原价为80万元，累计折旧为40万元，公允价值为50万元，增值税税率为13%；无形资产的账面价值为160万元，公允价值为150万元，增值税税率为6%，甲公司支付给乙公司补价25.5万元，其中包括换入和换出资产公允价值不同的差额10万元，以及换出资产销项税额和换入资产进项税额的差额15.5万元。乙公司发生固定资产清理费用5万元。假设该项交换具有商业实质且换出资产和换入资产的公允价值均能够可靠计量。

要求：

（1）判断本业务是否属于非货币性资产交换；如属于非货币性资产交换，计算甲公司换入的各项资产的入账价值。

（2）编制甲公司的相关会计分录。

（3）假设上述交易不具有商业实质，编制甲公司的相关会计分录（金额单位以万元表示）。

3. 甲公司和乙公司均为增值税一般纳税人，货物的增值税税率为13%，专利权的增值税税率为6%。现双方达成协议，甲公司以一台大型机器设备交换乙公司的专利权和长期股权投资。有关资料如下：

（1）大型设备的账面余额为100万元，已计提折旧20万元，计税价格为75万元。

（2）专利权的账面余额为25万元，已摊销10万元，公允价值为16万元。

（3）长期股权投资的账面余额为60万元，公允价值为65万元。

（4）甲公司支付给乙公司银行存款3万元作为补价。

（5）整个资产交换过程中没有发生除增值税以外的其他相关税费，假定该交换不具有商业实质。

要求：分别计算甲公司和乙公司换入资产的入账价值并进行账务处理（以万元为单位，保留两位小数）。

第五章

债务重组

第一节 债务重组概述

一、债务重组的概念

债务重组是指在不改变交易对手方的情况下,经债权人和债务人协定或法院裁定,就清偿债务的时间、金额或方式等重新达成协议的交易。债务重组涉及债权人和债务人,对债权人而言为"债权重组",对债务人而言为"债务重组",为便于表述统称为"债务重组"。

(一)关于交易对手方,债务重组是在不改变交易对手方的情况下进行的交易

如果出现第三方参与相关交易的情形,应先考虑债权、债务是否终止确认,再考虑债务重组,例如,某公司以不同于原合同条款的方式代债务人向债权人偿债;新组建的公司承接原债务人的债务,与债权人进行债务重组;资产管理公司从债权人处购得债权,再与债务人进行债务重组。在上述情形下,企业应当首先考虑债权和债务是否发生终止确认,适用《企业会计准则第 22 号——金融工具确认和计量》和《企业会计准则第 23 号——金融资产转移》等准则,再就债务重组交易适用《企业会计准则第 12 号——债务重组》准则。

(二)债务重组不强调在债务人发生财务困难的背景下进行,也不论债权人是否做出让步

无论何种原因导致债务人未按原定条件偿还债务,也无论双方是否同意债务人以低于债务的金额偿还债务,只要债权人和债务人就债务条款重新达成了协议,就符合债务重组的定义。例如,债权人在减免债务人部分债务本金的同时提高剩余债务的利息,或者债权人同意债务人用等值库存商品抵偿到期债务等,均属于债务重组。

二、债务重组的范围

《企业会计准则第 12 号——债务重组》适用于所有债务重组,但下列各项适用其他相关会计准则:

（1）债务重组中涉及的债权、重组债权、债务、重组债务和其他金融工具的确认、计量和列报，分别适用《企业会计准则第 22 号——金融工具确认和计量》和《企业会计准则第 37 号——金融工具列报》。

（2）通过债务重组形成企业合并的，适用《企业会计准则第 20 号——企业合并》。

（3）债权人或债务人中的一方直接或间接对另一方持股且以股东身份进行债务重组的，或者债权人与债务人在债务重组前后均受同一方或相同的多方最终控制，且该债务重组的交易实质是债权人或债务人进行了权益性分配或接受了权益性投入的，适用权益性交易的有关会计处理规定。

三、债权和债务的范围

债务重组涉及的债权和债务是指《企业会计准则第 22 号——金融工具确认和计量》规范的金融工具。

（1）债权一般包括应收票据、应收账款和债权投资等。

（2）债务一般包括应付票据、应付账款、短期借款、长期借款和应付债券等。

债务重组涉及的债权和债务不包括合同资产、合同负债、预计负债，但包括租赁应收款和租赁应付款。

四、债务重组的方式

债务重组的方式主要包括：债务人以资产清偿债务、将债务转为权益工具、修改其他条款，以及前述一种以上方式的组合。这些债务重组方式都是通过债权人和债务人重新协定或者法院裁定达成的，与原来约定的偿债方式不同。

（一）债务人以资产清偿债务

债务人以资产清偿债务主要指债务人转让其资产（包括金融资产和非金融资产）给债权人以清偿债务的债务重组方式。债务人用于偿债的资产通常是已经在资产负债表中确认的资产，主要有现金、应收账款、固定资产、生物资产、无形资产等，债务人以日常活动产出的商品或服务清偿债务的，用于偿债的资产可能体现为存货等资产。

（二）债务人将债务转为权益工具

债务人将债务转为权益工具是指债权人将债权转为股权，债务人因此而增加股本（或实收资本）或其他权益工具，债权人因此而增加股权投资的债务重组方式。但债务人根据转换协议，将应付可转换公司债券转为资本的，则属于正常情况下的债务资本，不能作为债务重组处理。这里的权益工具，是指根据《企业会计准则第 37 号——金融工具列报》分类为"权益工具"的金融工具，会计处理上体现为股本、实收资本、资本公积等科目。

（三）修改其他条款

修改债权和债务的其他条款是指债务人不以资产清偿债务，也不将债务转为权益工具，而是改变债权和债务的其他条款的债务重组方式。根据《企业会计准则第 12 号——债务重组》第三条第三项，除本条第一项和第二项以外，采用调整债务本金、改变债务利息、变更还款期限等方式修改债权和债务的其他条款，经修改其他条款的债权和债务分别形成重组债权和重组债务。通常情况下，只要修改了原定债务偿还条件的，均作为债务重组。

（四）组合方式

组合方式是指采用债务人以资产清偿债务、债务人将债务转为权益工具、修改其他条款三种方式中的一种方式组合清偿债务的债务重组方式。例如，债权人和债务人约定，由债务人以机器设备清偿部分债务，将另一部分债务转为权益工具，调减剩余债务的本金，但利率和还款期限不变；再如，债务人以现金清偿部分债务，同时将剩余债务展期等。

五、债务重组日的确定

债务重组日是指债务重组完成日，即债务人履行协议或法院裁定，将相关资产转让给债权人、将债务转为权益工具或修正后的偿债条件开始执行的日期。以非现金资产抵债，应按最后一批运抵并办理债务解除手续日期为债务重组日。对即期债务重组，以债务解除手续日期为债务重组日。对远期债务重组，以新的偿债条件开始执行的时间为债务重组日。

第二节 债务重组的会计处理

一、债权、债务的确认和计量

（一）债权和债务的终止确认

债务重组中涉及的债权和债务的终止确认，债权人在收取债权现金流量的合同权利终止时终止确认债权，债务人在债务的现时义务解除时终止确认债务。

1. 以资产清偿债务或将债务转为权益工具

对于以资产清偿债务或者将债务转为权益工具方式进行的债务重组，由于债权人在拥有或控制相关资产时，通常其收取债权现金流量的合同权利也同时终止，债权人一般可以终止确认该债权。同样地，由于债务人通过交付资产或权益工具解除了其清偿债务的现时义务，债务人一般可以终止确认该债务。

2. 修改其他条款

（1）对于债权人，债务重组通过调整债务本金、改变债务利息、变更还款期限等修改合同条款方式进行的，合同修改前后的交易对手方没有发生改变，合同涉及的本金、利息等现金流量很难在本息之间及债务重组前后做出明确分割，即很难单独识别合同的特定可辨认现金流量。因此，通常情况下，应当整体考虑是否对全部债权的合同条款做出了实质性修改。如果做出实质性修改，或者债权人与债务人之间签订协议，以获取实质上不同的新金融资产方式替换债权，应当终止确认原债权，并按照修改后的条款或新协议确认新金融资产。

（2）对于债务人，如果对债务或部分债务的合同条款做出"实质性修改"形成重组债务，或者债权人与债务人之间签订协议，以承担"实质上不同"的重组债务方式替换债务，债务人应当终止确认原债务，同时按照修改后的条款确认一项新金融负债。其中，如果重组债务未来现金流量

（包括支付和收取的某些费用）现值与原债务的剩余期间现金流量现值之间的差异超过10%，则意味着新的合同条款进行了"实质性修改"或者重组债务是"实质上不同"的，有关现值的计算均采用原债务的实际利率。

3. 以多项资产清偿债务或者组合方式进行债务重组

（1）对于债权人，与上述"修改其他条款"部分的分析类似，通常情况下应当整体考虑是否终止确认全部债权。由于组合方式涉及多种债务重组方式，一般可以认为对全部债权的合同条款做出了"实质性修改"，从而终止确认全部债权，并按照修改后的条款确认新金融资产。

（2）对于债务人，组合中以资产清偿债务或者将债务转为权益工具方式进行的债务重组，如果债务人清偿该部分债务的现时义务已经解除，应当终止确认该部分债务。组合中以修改其他条款方式进行的债务重组，需要根据具体情况，判断对应的部分债务是否满足终止确认条件。

（二）债权人受让资产的确认和计量

1. 债权人受让资产的确认

债权人应当在相关资产符合其定义和确认条件时予以确认，放弃债权的公允价值与账面价值之间的差额，应当计入当期损益。

2. 债权人受让资产的计量

债权人受让金融资产时，应当按照公允价值计量；对于以公允价值计量且其变动计入当期损益的金融资产，相关交易费用计入当期损益；对于其他类金融资产，相关交易费用计入初始确认金额。

债权人初始确认受让金融资产以外的资产时，应当按照放弃债权的公允价值和取得受让资产的相关税费进行初始计量。

3. 债权人受让多项资产的计量

以多项资产清偿债务或者组合方式进行债务重组的，债权人应当首先按照金融工具确认和计量的规定确认和计量受让的金融资产和重组债权，其次按照受让的金融资产以外的各项资产的公允价值比例，对放弃债权的公允价值扣除受让金融资产和重组债权确认金额后的净额进行分配，并以此为基础加上取得受让非金融资产的相关税费分别确定各项资产的成本。

（三）债务人的确认和计量

1. 债务人以资产清偿债务的确认和计量

以资产清偿债务方式进行债务重组的，债务人应当在相关资产和所清偿债务符合终止确认条件时予以终止确认，所清偿债务账面价值与转让资产账面价值之间的差额计入当期损益。

2. 债务人将债务转为权益工具的确认和计量

将债务转为权益工具方式进行债务重组的，债务人应当在所清偿债务符合终止确认条件时予以终止确认。债务人初始确认权益工具时应当按照权益工具的公允价值计量，权益工具的公允价值不能可靠计量的，应当按照所清偿债务的公允价值计量。所清偿债务账面价值与权益工具确认金额之间的差额，应当计入当期损益。

二、债务重组的会计处理

（一）以资产清偿债务方式

1. 以金融资产清偿债务方式

以金融资产清偿债务时常见的资产包括：现金、银行存款、其他债券投资、其他权益工具投资等。

（1）债权人的会计处理。

以资产清偿债务方式进行债务重组的，债权人应当在相关资产符合其定义和确认条件时予以确认。

债权人受让金融资产时，金融资产初始确认时应当以其公允价值计量。金融资产确认金额与债权终止确认日账面价值之间的差额，记入"投资收益"科目，债权人已对债权计提减值准备的，应当冲减减值准备，减值准备不足以冲减部分，计入当期损益。

债权人的会计分录如下：

借：交易性金融资产等（金融资产公允价值）
　　坏账准备（已提准备）
　　投资收益（差额）
　贷：应收账款（账面余额）
　　　银行存款（交易费用）

（2）债务人的会计处理。

以资产清偿债务方式进行债务重组的，债务人应当在相关资产和所清偿债务符合终止确认条件时予以终止确认，所清偿债务账面价值与转让资产账面价值之间的差额计入当期损益。债务人以单项或多项金融资产清偿债务的，债务的账面价值与偿债金融资产账面价值的差额，记入"投资收益"科目。偿债金融资产已计提减值准备的，应结转已计提的减值准备。对于以分类为以公允价值计量且其变动计入其他综合收益的债务工具投资清偿债务的，之前计入其他综合收益的累计利得或损失应当从其他综合收益中转出，记入"投资收益"科目。对于以指定为以公允价值计量且其变动计入其他综合收益的非交易性权益工具投资清偿债务的，之前计入其他综合收益的累计利得或损失应当从其他综合收益中转出，记入"盈余公积""利润分配——未分配利润"等科目。

债务人的会计分录如下：

借：应付账款（账面价值）
　贷：其他债权投资（账面价值）
　　　其他权益工具投资（账面价值）
　　　投资收益（债务的账面价值－偿债金融资产账面价值）

同时，以"其他债权投资、其他权益工具投资"偿债，做如下会计分录：

借：其他综合收益（或反向分录）
　贷：投资收益（用其他债权投资清偿）
　　　盈余公积、利润分配（用其他权益工具投资清偿）

【例 5-1】 甲公司向乙公司销售一批商品，应收乙公司款项金额为 100 万元。因乙公司发生财务困难，现双方达成债务重组协议，乙公司以一项交易性金融资产偿还该欠款。交易性金融资产的账面价值为 90 万元，其中成本 80 万元，公允价值变动 10 万元。双方办理完成转让手续，债权债务已结清，当日，交易性金融资产的公允价值为 80 万元。甲公司为取得该股权投资以银行存款支付交易费用 4 万元，取得后作为交易性金融资产核算。甲公司应收款项已计提坏账准备 10 万元，乙公司应付款项的账面价值仍为 100 万元。

（1）甲公司（债权人）账务处理如下：

甲公司在债务重组中应确认的债务重组损失 = 账面余额（100 万 - 10 万） - 金融资产的公允价值（80 万） + 交易费用（4 万） = 14（万元）

借：交易性金融资产　　　　　　　　　　　　　　　　　　　　　800 000
　　坏账准备　　　　　　　　　　　　　　　　　　　　　　　　100 000
　　投资收益　　　　　　　　　　　　　　　　　　　　　　　　140 000
　　贷：应收账款　　　　　　　　　　　　　　　　　　　　　1 000 000
　　　　银行存款　　　　　　　　　　　　　　　　　　　　　　 40 000

（2）乙公司（债务人）账务处理如下：

乙公司在债务重组中应确认的投资收益 = 债务的账面价值（100 万） - 偿债金融资产账面价值（90 万） = 10（万元）

借：应付账款　　　　　　　　　　　　　　　　　　　　　　　1 000 000
　　贷：交易性金融资产——成本　　　　　　　　　　　　　　　800 000
　　　　　　　　　　　——公允价值变动　　　　　　　　　　　100 000
　　　　投资收益　　　　　　　　　　　　　　　　　　　　　　100 000

2. 以非金融资产清偿债务方式

（1）债权人的会计处理。

以非金融资产清偿债务方式进行债务重组的，债权人放弃债权的公允价值与账面价值之间的差额，应当计入当期损益。债权人初始确认应当按照下列原则计量成本：

①存货的成本，包括放弃债权的公允价值，以及使该资产达到当前位置和状态所发生的可直接归属于该资产的税金、运输费、装卸费、保险费等其他成本。

②对联营企业或合营企业投资的成本，包括放弃债权的公允价值，以及可直接归属于该资产的税金等其他成本。

③投资性房地产的成本，包括放弃债权的公允价值，以及可直接归属于该资产的税金等其他成本。

④固定资产的成本，包括放弃债权的公允价值，以及使该资产达到预定可使用状态前所发生的可直接归属于该资产的税金、运输费、装卸费、安装费、专业人员服务费等其他成本。确定固定资产成本时，应当考虑预计弃置费用因素。

⑤生物资产的成本，包括放弃债权的公允价值，以及可直接归属于该资产的税金、运输费、保险费等其他成本。

⑥无形资产的成本，包括放弃债权的公允价值，以及可直接归属于使该资产达到预定用途所发

生的税金等其他成本。放弃债权的公允价值与账面价值之间的差额，记入"投资收益"科目。

债权人的会计分录如下：

借：库存商品、固定资产等
　　应交税费——应交增值税（进项税额）
　　坏账准备
　　投资收益（放弃债权的公允价值与账面价值之差）
　贷：应收账款
　　　银行存款（相关税费）

（2）债务人的会计处理。

债务人以非金融资产清偿债务，应将所清偿债务账面价值与转让资产账面价值之间的差额，记入"其他收益——债务重组收益"科目。偿债资产已计提减值准备的，应结转已计提的减值准备。

通常情况下，债务重组不属于企业的日常活动，因此债务重组中如债务人以日常活动产出的商品或服务清偿债务的，不应按收入准则确认为商品或服务的销售处理。债务人以日常活动产出的商品或服务清偿债务的（以企业的存货或提供服务清偿债务），应当将所清偿债务账面价值与存货等相关资产账面价值之间的差额，记入"其他收益——债务重组收益"科目。

债务人的会计分录如下：

借：应付账款（账面价值）
　贷：库存商品、固定资产清理（账面价值）等
　　　应交税费——应交增值税（销项税额）
　　　其他收益——债务重组收益（差额）

【例 5-2】　甲公司应支付乙公司货款 500 万元，于 2024 年 11 月 10 日到期。甲公司与乙公司协商，以甲公司生产 1 000 件产品进行债务清偿。每件产品不含税售价是 4 500 元，每件产品成本 4 000 元，甲公司计提存货跌价准备 50 万元，11 月 20 日，甲公司将产品运抵乙公司并开具增值税专用发票。甲公司和乙公司均为增值税一般纳税人，销售商品适用的增值税税率为 13%。乙公司已经计提坏账 30 万元，该债权的公允价值为 450 万元。

（1）债权人乙公司的会计处理如下：

债权人乙公司存货的入账价值应该包括放弃债权的公允价值，以及使该资产达到当前位置和状态发生的可直接归属于该资产的税金减去相应资产的增值税进项税额。

存货的入账价值 = 4 500 000 - 4 500 × 1 000 × 13% = 3 915 000（元）

放弃债权的公允价值与账面价值之间的差额 = 5 000 000 - 4 500 000 - 300 000 = 200 000（元）

借：库存商品	3 915 000
应交税费——应交增值税（进项税额）	585 000
坏账准备	300 000
投资收益	200 000
贷：应收账款	5 000 000

（2）债务人甲公司的会计处理如下：

债务人甲公司在产品转出企业的时候，不再确认收入，结转成本。但转出本企业生产的产品符

合增值税视同销售的情况，以售价计算销项税额。甲公司应直接将清偿债务的账面价值与转让资产的账面价值和销项税额之和进行抵减，差额记入"其他收益——债务重组收益"科目。债务人甲公司债务的账面价值为500万元，库存商品的账面价值是350（400－50）万元，因此记入"其他收益——债务重组收益"科目的金额为915 000（5 000 000－3 500 000－4 500×1 000×13%）元。

借：应付账款　　　　　　　　　　　　　　　　　　　　　　5 000 000
　　存货跌价准备　　　　　　　　　　　　　　　　　　　　　 500 000
　　贷：库存商品　　　　　　　　　　　　　　　　　　　　　4 000 000
　　　　应交税费——应交增值税（销项税额）　　　　　　　　 585 000
　　　　其他收益——债务重组收益　　　　　　　　　　　　　　 915 000

（二）将债务转为权益工具方式

1. 债权人的会计处理

将债务转为权益工具方式进行债务重组导致债权人将债权转为对联营企业或合营企业的权益性投资的，债权人应当按照《企业会计准则第12号——债务重组》第六条的规定计量其初始投资成本。放弃债权的公允价值与账面价值之间的差额，应当计入当期损益。

债权人的会计分录如下：

借：长期股权投资（放弃债权的公允价值＋相关税费）
　　坏账准备
　　投资收益（放弃债权的公允价值与账面价值之间的差额，或贷记）
　　贷：应收账款

2. 债务人的会计处理

将债务转为权益工具方式进行债务重组的，债务人应当在所清偿债务符合终止确认条件时予以终止确认。债务人初始确认权益工具时，应当按照权益工具的公允价值计量，权益工具的公允价值不能可靠计量的，应当按照所清偿债务的公允价值计量。所清偿债务账面价值与权益工具确认金额之间的差额，应当计入当期损益，记入"投资收益"科目。债务人因发行权益工具而支出的相关税费等，应当依次冲减资本公积（资本溢价或股本溢价）、盈余公积、未分配利润等。

债务人的会计分录如下：

借：应付账款
　　贷：实收资本（或股本）
　　　　资本公积——资本溢价（或股本溢价）
　　　　投资收益（清偿债务账面价值－权益工具确认金额，或借记）
　　　　银行存款（支付的相关税费）

【例5－3】 2024年4月20日，甲公司从乙公司购买一批产品，约定6个月后甲公司应结清款项共100万元。10月20日甲公司因无法支付货款与乙公司协商进行债务重组，双方商定乙公司将该债权转为对甲公司的股权投资。10月30日，乙公司办结了对甲公司的增资手续，甲公司和乙公司分别支付手续费等相关费用1.5万元和1.2万元。债转股后甲公司总股本为100万元，乙公司持有的抵债股权占甲公司总股本的25%，对甲公司具有重大影响，甲公司股权公允价值不能可靠计量。甲公司应付款项的账面价值仍为 100 万元。2024 年 10 月 30 日，应收款项和应付款项的公允价值为 76 万元。

（1）债权人乙公司的会计处理如下：

乙公司对甲公司长期股权投资的成本为应收款项的公允价值 76 万元与相关税费 1.2 万元之和 77.2 万元，乙公司债务重组应确认的损失为放弃债权的公允价值 76 万元与账面价值 100 万元之间的差额 24 万元。

借：长期股权投资——甲公司　　　　　　　　　　　　　　　772 000
　　投资收益　　　　　　　　　　　　　　　　　　　　　　240 000
　　贷：应收账款　　　　　　　　　　　　　　　　　　　1 000 000
　　　　银行存款　　　　　　　　　　　　　　　　　　　　12 000

（2）债务人甲公司的会计处理如下：

由于甲公司股权公允价值不能可靠计量，初始确认权益工具公允价值应当按照所清偿债务的公允价值 76 万元计量，并扣除因发行权益工具而支出的相关税费 1.5 万元。

借：应付账款　　　　　　　　　　　　　　　　　　　　1 000 000
　　贷：实收资本　　　　　　　　　　　　　　　　　　　250 000
　　　　资本公积——资本溢价　　　　　　　　　　　　　495 000
　　　　投资收益　　　　　　　　　　　　　　　　　　　240 000
　　　　银行存款　　　　　　　　　　　　　　　　　　　15 000

（三）修改其他条款方式

1. 债权人的会计处理

采用修改其他条款方式进行债务重组的，债权人应当按照《企业会计准则第 22 号——金融工具确认和计量》的规定，确认和计量重组债权。

（1）债务重组采用以修改其他条款方式进行的，如果修改其他条款导致全部债权终止确认，债权人应当按照修改后的条款以公允价值初始计量新的重组债权，重组债权的确认金额与原债权终止确认日账面价值之间的差额，记入"投资收益"科目。

会计分录如下：

借：应收账款等（新债权，公允价值）
　　投资收益（差额，或贷记）
　　坏账准备
　　贷：应收账款等（原债权）

（2）如果修改其他条款未导致债权终止确认，债权人应当根据其分类，继续以摊余成本、以公允价值计量且其变动计入其他综合收益，或者以公允价值计量且其变动计入当期损益进行后续计量。对于以摊余成本计量的债权，债权人应当根据重新议定合同的现金流量变化情况，重新计算该重组债权的账面余额，并将相关利得或损失记入"投资收益"科目。重新计算的该重组债权的账面余额，应当根据将重新议定或修改的合同现金流量按债权原实际利率折现的现值确定，购买或原生的已发生信用减值的重组债权，应按经信用调整的实际利率折现。对于修改或重新议定合同所产生的成本或费用，债权人应当调整修改后的重组债权的账面价值，并在修改后重组债权的剩余期限内摊销。

会计分录如下：

借：投资收益

　　贷：债权投资等（重新计算的债权账面余额与原债权账面余额的差额）或编制相反分录

2. 债务人的会计处理

采用修改其他条款方式进行债务重组的，债务人应当按照《企业会计准则第 22 号——金融工具确认和计量》和《企业会计准则第 37 号——金融工具列报》的规定，确认和计量重组债务。

如果对债务或部分债务的合同条款做出"实质性修改"形成重组债务，或者债权人与债务人之间签订协议，以承担"实质上不同"的重组债务方式替换债务，债务人应当终止确认原债务，同时按照修改后的条款确认一项新金融负债。

（1）如果修改其他条款导致债务终止确认，债务人应当按照公允价值计量重组债务，终止确认的债务账面价值（原债）与重组债务确认金额（新债）之间的差额，记入"投资收益"科目。

会计分录如下：

借：应付账款等（原债务，账面价值）

　　贷：应付账款等（新债务，公允价值）

　　　　投资收益（倒挤，或借记）

（2）如果修改其他条款未导致债务终止确认，或仅部分债务终止确认，对于未终止确认的部分债务，债务人应当根据其分类，继续以摊余成本、以公允价值计量且其变动计入当期损益或其他适当方法进行后续计量。对于以摊余成本计量的债务，债务人应当根据重新议定合同的现金流量变化情况，重新计算该重组债务的账面价值，并将相关利得或损失记入"投资收益"科目。

会计分录如下：

借：应付账款等

　　贷：投资收益或编制相反分录

（四）以多项资产清偿债务或者组合方式

以多项资产清偿债务或者组合方式进行债务重组的，债权人应当首先按照《企业会计准则第 22 号——金融工具确认和计量》的规定确认和计量受让的金融资产和重组债权；债务人应当按照准则第十一条和第十二条的规定确认和计量权益工具和重组债务。

1. 以多项资产清偿债务方式

（1）债权人的会计处理。

债权人受让多项非金融资产，或者包括金融资产、非金融资产在内的多项资产的应当按照《企业会计准则第 22 号——金融工具确认和计量》的规定确认和计量受让的金融资产；按照受让的金融资产以外的各项资产在债务重组合同生效日的公允价值比例，对放弃债权在合同生效日的公允价值扣除受让金融资产当日公允价值后的净额进行分配，并以此为基础分别确定各项资产的成本。放弃债权的公允价值与账面价值之间的差额，记入"投资收益"科目。

债权人的会计分录如下：

借：交易性金融资产（按债权终止确认日公允价值直接确认）
　　　库存商品、固定资产、无形资产等（按合同生效日的公允价值分配确认＋相关税费）
　　　坏账准备
　　　投资收益（放弃债权的公允价值与账面价值之间的差额，或贷记）
　　贷：应收账款
　　　　银行存款（相关税费）

（2）债务人的会计处理。

债务人以多项非金融资产清偿债务，包括金融资产和非金融资产在内的多项资产清偿债务的，不需要区分资产处置损益和债务重组损益，也不需要区分不同资产的处置损益，而应将所清偿债务账面价值与转让资产账面价值之间的差额，记入"其他收益——债务重组收益"科目。偿债资产已计提减值准备的，应结转已计提的减值准备。

通常情况下，债务重组不属于企业的日常活动，因此债务重组中如债务人以日常活动产出的商品或服务清偿债务的，不应按收入准则确认为商品或服务的销售处理。债务人以日常活动产出的商品或服务清偿债务的（以企业的存货或提供服务清偿债务），应当将所清偿债务账面价值与存货等相关资产账面价值之间的差额，记入"其他收益——债务重组收益"科目。

债务人的会计分录如下：

借：应付账款（账面价值）
　　贷：交易性金融资产、库存商品、固定资产清理等（账面价值）
　　　　其他收益——债务重组收益（所清偿债务账面价值与转让资产账面价值的差额，或借记）

2. 以组合方式清偿债务方式

（1）债权人的会计处理。

债务重组采用组合方式进行的，一般可以认为对全部债权的合同条款做出了实质性修改，债权人应当按照修改后的条款，以公允价值初始计量重组债权和受让的新金融资产，按照受让的金融资产以外的各项资产在债务重组合同生效日的公允价值比例，对放弃债权在合同生效日的公允价值扣除受让金融资产和重组债权当日公允价值后的净额进行分配，并以此为基础分别确定各项资产的成本。放弃债权的公允价值与账面价值之间的差额，记入"投资收益"科目。

（2）债务人的会计处理。

债务重组采用以资产清偿债务、将债务转为权益工具、修改其他条款等方式的组合进行的，对于权益工具，债务人应当在初始确认时按照权益工具的公允价值计量。权益工具的公允价值不能可靠计量的，应当按照所清偿债务的公允价值计量。对于修改其他条款形成的重组债务，债务人应当参照修改其他条款方式部分的内容，确认和计量重组债务。所清偿债务的账面价值与转让资产的账面价值以及权益工具和重组债务的确认金额之和的差额，记入"其他收益——债务重组收益"或"投资收益"（仅涉及金融工具时）科目。

【例5-4】　甲公司向乙公司赊购一批材料，含税价为1 170万元。乙公司以摊余成本计量该项债权，甲公司以摊余成本计量该项债务。2024年9月10日，甲公司因发生财务困难，无法按合同约定偿还债务，双方协商进行债务重组。乙公司同意甲公司用其生产的商品、作为固定资产管理的机器设备和一项债券投资抵偿欠款。当日，该债权的公允价值为1 050万元。乙公司在此前已对该项债权计提坏账准备95万元。该项债务在甲公司账上反映的账面价值仍为1 170万元，甲公司用于抵债的资料如下：

（1）库存商品：成本为350万元；不含税市价为450万元（等于计税价格）。

（2）固定资产：原价为750万元，累计折旧为200万元，已计提减值准备90万元；不含税公允价值为375万元（等于计税价格）。

（3）债券投资：账面价值总额为75万元，未计提减值准备；公允价值为117.75万元；票面利率与实际利率一致，按年付息。

抵债资产于2024年9月20日完成转让手续，甲公司发生设备运杂费3.25万元，用银行存款支付。甲公司已开出增值税专用发票，增值税销项税额为107.25万元。乙公司将受让的商品、设备和债券投资分别作为原材料、固定资产和以公允价值计量且其变动计入当期损益的金融资产核算。

2024年9月20日，乙公司受让的债券投资的市价为105万元。

（1）债权人乙公司的账务处理如下：

原材料的成本 =（放弃债权在合同生效日的公允价值1 050万元 – 合同生效日金融资产公允价值117.75万元 – 增值税税额107.25万元）×450÷（450+375）= 450（万元）

固定资产的成本 =（1 050 – 107.25 – 117.75）×375÷（450+375）= 375（万元）

债务重组损益 = 1 050 –（1 170 – 95）+（105 – 117.75）= –37.75（万元）

2024年9月20日转让手续完毕。

借：原材料	4 500 000
固定资产	3 750 000
应交税费——应交增值税（进项税额）	1 072 500
交易性金融资产	1 050 000
坏账准备	950 000
投资收益	377 500
贷：应收账款——甲公司	11 700 000

（2）债务人甲公司的账务处理如下：

借：固定资产清理	4 600 000
累计折旧	2 000 000
固定资产减值准备	900 000
贷：固定资产	7 500 000
借：固定资产清理	32 500
贷：银行存款	32 500
借：应付账款	11 700 000
贷：固定资产清理	4 632 500
库存商品	3 500 000
应交税费——应交增值税（销项税额）	1 072 500
债权投资	750 000
其他收益——债务重组收益	1 745 000

三、债务重组的相关披露

债务重组中涉及的债权、重组债权、债务、重组债务和其他金融工具的披露，应当按照《企业会计准则第37号——金融工具列报》的规定处理。此外，债权人和债务人还应当在附注中披露与债务重组有关的额外信息，包含以下两方面：

（1）根据债务重组方式，分组披露债权账面价值和债务重组相关损益。分组时，债权人可以按照以资产清偿债务方式、将债务转为权益工具方式、修改其他条款方式、组合方式为标准分组，也可以根据重要性原则以更细化的标准分组。

（2）债务重组导致的对联营企业或合营企业的权益性投资增加额，以及该投资占联营企业或合营企业股份总额的比例。

章节练习题

一、单项选择题

1. 甲公司与乙公司进行债务重组。乙公司以原材料、交易性金融资产、长期股权投资抵偿债务，公允价值分别为30万元、40万元、45万元。甲公司应收账款的账面价值为160万元，公允价值为140万元。甲公司受让各项资产后用途不变，不考虑其他因素，下列关于甲公司会计处理正确的是（ ）。

   A. 确认的原材料入账价值为40万元
   B. 确认的交易性金融资产入账价值为48.7万元
   C. 应确认投资损失25万元
   D. 应确认的长期股权投资入账价值为45万元

2. 下列有关企业债务重组会计处理的表述中，正确的是（ ）。

   A. 债务人以自产产品清偿负债的，应根据收入准则确认收入
   B. 以修改合同条款进行债务重组的，债权人应当直接按照修改后的条款以公允价值计量新的金融资产
   C. 债权人同时受让交易性金融资产和固定资产，相关资产应基于各项资产公允价值占放弃债权公允价值的比例进行分配的金额计量
   D. 采用债务转为权益工具方式进行债务重组的，债务人在对权益工具进行初始计量时，应当采用权益工具的公允价值，权益工具公允价值不能可靠计量的，则采用清偿债务的公允价值

3. 2024年3月1日，乙公司应支付甲公司105 000元，甲公司为该债权计提了坏账准备1 000元，由于乙公司发生严重财务困难，经与甲公司协商达成债务重组协议，乙公司以账面价值20 000元、公允价值80 000元的存货抵偿全部债务，不考虑相关税费，乙公司应确认的债务重组收益为（ ）元。

   A. 85 000   B. 24 000   C. 35 000   D. 34 000

4. 甲公司应收乙公司货款2 000万元，乙公司未能到期偿付，甲公司对该项债权计提400万元坏账准备。2024年6月10日，双方签订协议，约定以乙公司生产的100件A产品抵偿该债务，乙公司A产品公允价值为13万元/件，成本为10万元/件，当日，该债权的公允价值为1 469万元。

6月20日，乙公司将抵债产品运抵甲公司，双方债权债务结清。甲公司和乙公司对债权和债务均采用摊余成本计量，不考虑相关税费等其他因素，甲公司因债务重组应确认的损失是（　　）万元。

  A. 131   B. 531   C. 400   D. 300

5. 2024年1月1日，A公司与B公司进行债务重组，在重组日，A公司应收B公司账款账面余额为1 000万元，已计提坏账准备100万元，其公允价值为900万元，B公司以一批存货和一项以摊余成本计量的金融资产抵偿上述账款，存货公允价值为500万元，以摊余成本计量的金融资产公允价值为500万元。假定不考虑其他因素，A公司债务重组取得存货的入账价值为（　　）万元。

  A. 400   B. 1 000   C. 500   D. 9 000

6. 2024年3月1日，甲公司就应收乙公司的债权100万元进行债务重组，双方约定，乙公司以持有的丙公司的股票抵债，乙公司将其定义为交易性金融资产，债务重组当天该股票投资的账面余额为60万元，公允价值为80万元，甲公司已计提坏账准备9万元，此应收账款在债务重组当日的公允价值为85万元，甲公司取得丙公司股票后指定为其他权益工具投资。假定双方于当日办理完成相关手续，不考虑相关税费。下列关于甲公司会计处理的表述中，确认重组损益正确的是（　　）。

  A. 贷方投资收益40万元   B. 贷方投资收益11万元

  C. 借方投资收益20万元   D. 借方投资收益15万元

7. 2024年3月1日，甲公司就应收乙公司的债权100万元进行债务重组，双方约定，乙公司以持有的丙公司的股票抵债，乙公司将其定义为交易性金融资产，债务重组当天该股票投资的账面余额为60万元，公允价值为80万元，甲公司已计提坏账准备9万元，此应收账款在债务重组当日的公允价值为85万元，甲公司取得丙公司股票后指定为其他权益工具投资。假定双方于当日办理完成相关手续，不考虑相关税费。下列关于乙公司会计处理的表述中，确认重组损益正确的是（　　）。

  A. 贷方投资收益40万元   B. 贷方投资收益11万元

  C. 借方投资收益20万元   D. 借方投资收益15万元

8. 2024年6月18日，甲公司向乙公司赊销一批商品，应收乙公司款项的入账金额为95万元。甲公司将该应收款项分类为以摊余成本计量的金融资产，乙公司将该应付款项分类为以摊余成本计量的金融负债。2024年10月18日，双方签订债务重组合同，乙公司以一项作为无形资产核算的非专利技术偿还该欠款。当日，甲公司应收款项的公允价值为87万元，该无形资产的账面余额为100万元，累计摊销为10万元，已计提减值准备2万元。10月22日，双方办理完成该无形资产转让手续，甲公司支付评估费用4万元，甲公司应收款项已计提坏账准备7万元，乙公司应付款项的账面价值为95万元，下列关于甲公司会计处理的表述中，确认重组损益正确的是（　　）。

  A. 贷方其他收益5万元   B. 贷方投资收益1万元

  C. 借方其他收益7万元   D. 借方投资收益1万元

9. 2024年6月18日，甲公司向乙公司赊销一批商品，应收乙公司款项的入账金额为95万元。甲公司将该应收款项分类为以摊余成本计量的金融资产，乙公司将该应付款项分类为以摊余成本计量的金融负债。2024年10月18日，双方签订债务重组合同，乙公司以一项作为无形资产核算的非专利技术偿还该欠款。当日，甲公司应收款项的公允价值为87万元，该无形资产的账面余额为100万元，累计摊销为10万元，已计提减值准备2万元。10月22日，双方办理完成该无形资产转让手续，甲公司支付评估费用4万元，甲公司应收款项已计提坏账准备7万元，乙公司应付款项的账面价值为95万元，下列关于乙公司会计处理的表述中，确认重组损益正确的是(　　)。

A. 贷方其他收益7万元　　　　　　　B. 贷方投资收益1万元

C. 借方其他收益7万元　　　　　　　D. 借方投资收益1万元

10. 以下各项中，不属于债务重组涉及的债权和债务的是(　　)。

A. 应收账款　　　　　　　　　　　B. 租赁应收款

C. 租赁应付款　　　　　　　　　　D. 合同资产

二、多项选择题

1. 2024年7月31日，甲公司应付乙公司的款项420万元到期，因经营陷入困境，预计短期内无法偿还。当日，甲公司就该债务与乙公司达成的下列偿债协议中，属于债务重组的有(　　)。

A. 甲公司以公允价值410万元的固定资产清偿

B. 甲公司以公允价值420万元的长期股权投资清偿

C. 减免甲公司220万元债务，剩余部分甲公司延期两年偿还

D. 减免甲公司220万元债务，剩余部分甲公司以现金偿还

2. 甲公司应收乙公司货款2 000万元，因乙公司财务困难到期未予偿付，甲公司就该项债权计提了400万元的坏账准备。2024年6月10日，双方签订协议，约定以乙公司生产的100件A产品抵偿该债务。乙公司A产品市场售价为13万元/件，成本为10万元/件；6月20日，乙公司将抵债产品运抵甲公司并向甲公司开具了增值税专用发票。甲公司将取得的A产品依然当作存货。甲、乙公司均为增值税一般纳税人，适用的增值税税率均为13%。此应收账款在2024年6月10日的公允价值为1 900万元，假定在不考虑其他因素的前提下，以下指标正确的有(　　)。

A. 甲公司受让产品的入账成本为1 731万元　B. 甲公司债务重组收益为300万元

C. 乙公司产品转让收益为300万元　　　　　D. 乙公司债务重组收益为831万元

3. 2024年1月1日，甲公司以摊余成本计量的"应收账款——乙公司"账户余额为1 000万元，已计提坏账准备200万元。2024年4月1日，甲公司与乙公司签订债务重组合同，合同约定，乙公司以两项资产清偿债务，包括一项公允价值为100万元的其他债权投资和一项公允价值为600万元的固定资产。当日，该应收账款的公允价值为750万元，双方于当日办理完成相关资产的转让手续。甲公司收到抵债资产后分别按照其他债权投资和固定资产核算。不考虑其他因素，下列关于甲公司会计处理的表述中，正确的有(　　)。

A. 确认投资收益减少50万元　　　　　B. 确认其他债权投资增加100万元

C. 确认其他收益减少100万元　　　　　D. 确认固定资产增加600万元

4. 甲公司与乙公司均为增值税一般纳税人，适用的增值税税率为13%，甲公司欠乙公司货款1 500万元，因甲公司发生财务困难，无法偿还已逾期的欠款，为此，甲公司与乙公司协商一致，于2024年6月4日签订债务重组协议：甲公司以其拥有的账面原价为1 000万元、累计折旧为350万元、公允价值为700万元的设备，以及账面余额为500万元、公允价值为600万元的库存商品抵偿乙公司货款1 350万元，半年后再偿还剩余的150万元，当日乙公司应收账款的公允价值为1 400万元。双方已于2024年6月30日办理了相关资产交接手续，乙公司已计提坏账准备70万元；假定剩余债务现金流量与公允价值相等，均为150万元。甲、乙公司不存在关联方关系，乙公司取得非

金融资产后保持原使用状态。不考虑其他因素,下列关于双方债务重组的表述中,正确的有( )。

A. 甲公司确认31万元的其他收益
B. 乙公司确认投资收益-30万元
C. 甲公司抵债设备按公允价值与其账面价值的差额50万元确认处置利得
D. 甲公司抵债库存商品按公允价值600万元确定营业收入

5. 增值税一般纳税人在债务重组中以固定资产清偿债务的,下列会影响债务人其他收益的有( )。

A. 固定资产的清理费用
B. 重组债务的账面价值
C. 固定资产的公允价值
D. 固定资产的增值税销项税额

6. 2024年12月1日,甲公司因财务困难与乙公司签订债务重组协议。双方约定,甲公司以其拥有的一项无形资产抵偿所欠乙公司的163.8万元货款,该项无形资产的公允价值为90万元,取得成本为120万元,已累计摊销10万元,相关手续已于当日办妥。不考虑增值税等相关税费及其他因素,下列关于甲公司会计处理的表述中,正确的有( )。

A. 确认其他收益53.8万元
B. 减少应付账款163.8万元
C. 确认无形资产处置损失20万元
D. 减少无形资产账面余额120万元

7. 下列关于债务重组方式属于组合方式的有( )。

A. 债务人以包括金融资产和非金融资产在内的多项资产清偿债务
B. 债务人以现金清偿部分债务,同时将剩余债务展期
C. 债权人调整债务本金、改变债务利息、变更还款期限
D. 债务人以机器设备清偿部分债务,将剩余债务转为权益工具

8. 不考虑相关税费,下列关于债务人以非金融资产抵债,债权人会计处理的说法中,正确的有( )。

A. 债务人以存货抵偿债务的,债权人应当以放弃债权的公允价值为基础作为存货的入账成本
B. 债务人以固定资产抵偿债务的,债权人应当以固定资产的公允价值为基础作为固定资产的入账成本
C. 债务人以无形资产抵偿债务的,债权人应当以无形资产的账面价值为基础作为无形资产的入账成本
D. 债权人应当将放弃债权的公允价值与账面价值的差额计入当期损益

9. 以下关于债权人对债务重组有关会计处理的表述中,正确的有( )。

A. 对于终止确认的债权,债权人应当结转已计提的减值准备中对应该债权终止确认部分的金额
B. 债权人受让金融资产,金融资产初始确认时应当以其公允价值计量,金融资产确认金额与债权终止确认日账面价值之间的差额,记入"投资收益"科目
C. 债权人受让多项资产,应当按照受让的金融资产以外的各项资产在债务重组合同生效日的公允价值比例,对放弃债权在合同生效日的公允价值扣除受让金融资产当日公允价值后的净额进行分配,并以此为基础分别确定各项资产的成本

D. 债权人受让非金融资产，债权人应将放弃债权的公允价值与账面价值之间的差额，记入"其他收益"科目

10. 甲公司欠乙公司货款1 500万元，因甲公司发生财务困难，无法偿还已逾期的货款。为此，甲公司与乙公司经协商一致，于2024年6月4日签订债务重组协议：甲公司以其拥有的账面价值为650万元、公允价值为700万元的设备，以及账面价值为500万元、公允价值为600万元的库存商品抵偿乙公司货款，以现金偿付280万元，其余部分予以豁免。双方已于2024年6月30日办理了相关资产交接手续。甲公司与乙公司不存在关联方关系。不考虑相关税费及其他因素，下列关于甲公司上述交易于2024年会计处理的表述中，不正确的有(　　)。

A. 甲公司因该项债务重组应确认损益70万元
B. 甲公司因该项债务重组应确认对当期损益的影响金额40万元
C. 甲公司抵债库存商品按公允价值600万元确认营业收入
D. 甲公司抵债设备按公允价值与其账面价值的差额50万元确认处置利得

三、判断题

1. 债务人无财务困难，与债权人商定延期支付本息的，债务人应按债务重组核算。（　　）
2. 企业根据转换协议将其发行的可转换公司债券转为资本的，应作为债务重组进行会计处理。（　　）
3. 企业以权益法核算的长期股权投资作为抵债资产进行债务重组的，应将原计入资本公积（其他资本公积）的金额结转至其他收益。（　　）
4. 债务人以资产清偿债务，偿债的常见资产包括现金、应收账款、长期股权投资、投资性房地产、固定资产、在建工程、生物资产和无形资产等。（　　）
5. 以金融资产清偿债务的，债务人应当将重组债务的账面价值与转让金融资产账面价值之间的差额，记入当期"投资收益"科目。（　　）
6. 债权人受让多项非金融资产，或包括金融资产、非金融资产在内的多项资产的，以债务重组合同生效日非金融资产公允价值所占比例来分拆放弃债权在合同生效日的公允价值扣除受让金融资产当日的公允价值后的净额。（　　）
7. 以其他非金融资产清偿债务的，债务人应当将所清偿债务的账面价值与转让非金融资产账面价值之间的差额，记入"其他收益"科目。（　　）
8. 债务转为权益工具时，债权人股权比例达不到重大影响，受让金融资产的会计处理适用债务重组准则。（　　）
9. 重组协议如果修改其他条款导致债务终止确认，债务人应当按照公允价值计量重组债务，终止确认的债务账面价值与重组债务确认金额之间的差额，记入"投资收益"科目。（　　）
10. 出现第三方代偿债务或新建公司承接债务而形成的债务重组，应先考虑债务重组，再考虑债权、债务是否终止确认。（　　）

四、案例分析题

1. 甲公司于2024年10月15日销售一批商品给乙公司，应收乙公司款项金额为58万元。按合同规定，乙公司应于2024年12月15日前偿付价款。由于乙公司发生财务困难，无法按合同规定的期限偿还债务，经双方协商，于2024年11月15日进行债务重组。债务重组协议规定，甲公司应收

乙公司的债权公允价值42万元，乙公司用现金立即清偿。甲公司于2024年11月25日收到乙公司通过银行转账偿还的剩余款项。甲公司已为该项应收账款计提了2.8万元坏账准备。

要求：

（1）计算甲公司债务重组中应确认的债务重组损失并编制甲公司有关债务重组相关分录。

（2）计算乙公司债务重组中应确认的债务重组收益并编制乙公司有关债务重组相关分录。

2. 2024年6月18日，甲公司向乙公司销售一批商品，应收乙公司款项的入账金额为95万元。甲公司将该应收款项分类为以摊余成本计量的金融资产，乙公司将该应付账款分类为以摊余成本计量的金融负债。2024年10月18日，双方签订债务重组合同，乙公司以一项作为无形资产核算的非专利技术偿还该欠款。该无形资产的账面余额为100万元，累计摊销额为10万元，已计提减值准备2万元。10月22日，双方办理完成该无形资产转让手续，甲公司支付评估费用4万元。当日，甲公司应收款项的公允价值为87万元，已计提坏账准备7万元，乙公司应付款项的账面价值仍为95万元。假设不考虑相关税费。

要求：

（1）编制甲公司有关债务重组的相关分录。

（2）编制乙公司有关债务重组的相关分录。

3. 2024年3月6日，甲公司从乙公司购买一批材料，价款5 000万元尚未收付（假定无重大融资成分）。乙公司和甲公司将该款项分类为以摊余成本计量的金融资产或金融负债。9月6日，甲公司因无法支付货款，与乙公司协商进行债务重组。双方商定由甲公司以发行自身股票1 250万股抵偿债务。乙公司该笔应收款项在当日的公允价值为3 800万元，在此之前，乙公司已对该笔应收款项计提坏账准备200万元。10月8日，乙公司办理了对甲公司的增资手续，甲公司和乙公司各自支付手续费等相关费用分别为75万元和60万元。甲公司自身股票在当日的公允价值为3.5元/股。乙公司所取得的抵债股权占甲公司总股本的20%，对甲公司具有重大影响。

要求：

（1）编制甲公司有关债务重组的相关分录。

（2）编制乙公司有关债务重组的相关分录。

4. 2024年9月18日，甲公司向乙公司销售一批商品，应收乙公司款项的入账金额为3 660万元。甲公司将该应收款项分类为以摊余成本计量的金融资产，乙公司将该应付账款分类为以摊余成本计量的金融负债。10月18日，甲公司应收乙公司账款3 660万元已逾期，经协商决定进行债务重组，乙公司抵债资产的资料如下：

（1）以一项交易性金融资产抵偿部分债务，该项金融资产的成本为1 000万元，已确认公允价值变动收益200万元，当日公允价值为1 390万元。

（2）以一项固定资产抵偿上述部分债务，该项设备的账面原价为650万元，已计提折旧50万元，当日公允价值为700万元。

（3）以一项库存商品抵偿上述部分债务，该存货的成本为1 200万元，当日公允价值为1 300万元。

甲公司该项应收账款的公允价值为3 390万元。甲公司已对该债权计提坏账准备20万元。

2024年12月18日双方办理完成抵债资产转让手续，甲公司将金融资产分类为交易性金融资产，当日该股权的公允价值为 1 400 万元。不考虑增值税等相关税费及其他因素。

要求：

(1) 编制甲公司有关债务重组的相关分录。

(2) 编制乙公司有关债务重组的相关分录。

第六章 政府补助

第一节　政府补助概述

一、政府补助的定义、形式及特征

（一）政府补助的定义

根据《企业会计准则——基本准则》，政府补助是指企业从政府无偿取得货币性资产或非货币性资产。

（二）政府补助的形式

政府补助的主要形式包括财政拨款、财政贴息、税收返还、无偿划拨非货币性资产等。

1. 财政拨款

财政拨款是政府为了支持企业或特定项目等，直接拨付给企业的资金。它通常具有特定的用途和目的，企业必须按照政府规定的用途使用该资金。比如，政府为了鼓励企业进行高新技术研发，向某企业拨付一笔专项研发资金，要求企业只能将该资金用于特定技术的研究开发项目，包括购买研发设备、支付研发人员薪酬、开展实验等相关研发支出，企业不能将其挪作他用。

2. 财政贴息

财政贴息是政府为了鼓励特定领域或行业的发展，对企业的贷款利息给予的补贴。具体方式是政府代企业支付部分或全部贷款利息，以降低企业的融资成本，增强其经济活动的积极性和可行性。贴息可以是直接拨付给企业，由企业用于支付利息；也可以是政府与贷款银行协商，直接将贴息资金支付给银行，减少企业实际支付的利息金额。例如，对于一些环保型企业的大型节能减排项目，政府可能会对其项目贷款给予一定比例或一定期限的利息补贴，使企业能够以较低的成本获得资金支持，推动项目的实施。

3. 税收返还

税收返还是政府按照国家有关规定采取先征后返（退）、即征即退等办法向企业返还的税款，属于以税收优惠形式给予的一种政府补助。比如，为了扶持软件产业发展，符合条件的软件企业按照国家规定缴纳增值税后，对其增值税实际税负超过一定比例的部分实行即征即退政策，企业缴纳税款后，税务机关会将超过规定税负的部分税款立即退还企业，增加企业的现金流和收益，支持企业的发展和运营。

4. 无偿划拨非货币性资产

无偿划拨非货币性资产是指政府将非货币性资产无偿转移给企业，如无偿划拨土地使用权、天然起源的天然林等。这些资产通常对企业的生产经营具有重要意义，能够为企业带来经济利益或有助于企业开展生产经营活动。例如，政府为了支持某地区的基础设施建设，将一块土地无偿划拨给负责该地区开发的企业，企业无须支付土地出让金等费用即可获得土地的使用权，用于建设基础设施项目或进行其他符合规划的开发活动。

（三）不属于政府补助的形式

（1）政府以企业所有者身份向企业投入资本，并享有相应的所有者权益，政府与企业之间属于互惠交易，该投资不属于政府补助。

（2）企业从政府取得的经济资源，如果与企业销售商品或提供劳务等活动有关，且构成商品或服务的对价或者是对价的组成部分，应执行收入准则的规定，不属于政府补助。

（3）增值税出口退税实际上是政府退回企业事先垫付的进项税，不属于政府补助。

（四）政府补助的特征

1. 来源于政府的经济资源

政府主要是指行政事业单位及类似机构。对于企业收到的来源于其他方的补助，有确凿证据表明政府是补助的实际拨付者，其他方只起到代收代付作用的，该项补助也属于来源于政府的经济资源。

2. 无偿性

无偿性即企业取得来源于政府的经济资源，不需要向政府交付商品或服务等对价。无偿性是政府补助的基本特征。这一特征将政府补助与政府作为企业所有者投入的资本、政府购买服务等互惠性交易区别开来。需要说明的是，政府补助通常附有一定条件，这与政府补助的无偿性并无矛盾，只是政府为了推行其宏观经济政策，对企业使用政府补助的时间、范围和方向进行了限制。

【例6-1】 甲公司是一家生产和销售新能源汽车的企业。为推动科技创新，甲公司所在地政府于2024年8月向甲公司拨付了500万元资金，要求甲公司将这笔资金用于技术改造项目研究，研究成果归甲公司享有。

本例中，甲公司的日常经营活动是生产和销售新能源汽车，其从政府取得了500万元资金用于研发支出，且研究成果归甲公司享有。所以这项财政拨款具有无偿性，甲公司收到的500万元资金应当按照政府补助准则的规定进行会计处理。

二、政府补助的分类

政府补助分为与资产相关的政府补助和与收益相关的政府补助。

(一) 与资产相关的政府补助

与资产相关的政府补助是指企业取得的、用于购建或以其他方式形成长期资产的政府补助。此类相关补助文件会要求企业将补助资金用于取得长期资产。长期资产将在较长的期间内给企业带来经济利益，会计上有两种处理方法可供选择：一是将与资产相关的政府补助确认为递延收益，随着资产的使用而逐步结转入损益；二是将补助冲减资产的账面价值，以反映长期资产的实际取得成本。

(二) 与收益相关的政府补助

与收益相关的政府补助是指除与资产相关的政府补助之外的政府补助。此类补助主要是用于补偿企业已发生或即将发生的费用或损失。受益期相对较短，所以通常在满足补助所附条件时计入当期损益或冲减相关成本。

第二节 政府补助的会计处理

一、政府补助的确认和计量

(一) 政府补助的确认条件

政府补助同时满足下列条件的，才能予以确认：
(1) 企业能够满足政府补助所附条件。
(2) 企业能够收到政府补助。

判断企业能够收到政府补助，应着眼于分析和落实企业能够符合财政扶持政策规定的相关条件且预计能够收到财政扶持资金的"确凿证据"，例如，关注政府补助的发放主体是否具备相应的权力和资质、补助文件中索引的政策依据是否适用、申请政府补助的流程是否合法合规、是否已经履行完毕补助文件中的要求、实际收取资金前是否需要政府部门的实质性审核、同类型政府补助过往实际发放情况、补助文件是否有明确的支付时间、政府是否具备履行支付义务的能力等因素。

(二) 政府补助的计量

(1) 政府补助为货币性资产的，应当按照收到或应收的金额计量。

如果企业已经实际收到补助资金，应当按照实际收到的金额计量；如果资产负债表日企业尚未收到补助资金，但企业在符合了相关政策规定后获得了收款权，且与之相关的经济利益很可能流入企业，企业应当在这项补助成为应收款时按照应收的金额计量。

(2) 政府补助为非货币性资产的，应当按照公允价值计量；公允价值不能可靠取得的，按照名义金额计量。

二、政府补助的会计处理

(一) 政府补助会计处理方法

政府补助有两种会计处理方法，即总额法和净额法。

(1) 总额法。在确认政府补助时将政府补助全额确认为收益，而不是作为相关资产账面价值或者费用的扣减。

(2) 净额法。将政府补助作为相关资产账面价值或所补偿费用的扣减。

企业应当根据经济业务的实质，判断某一类政府补助业务应当采用总额法还是净额法，通常情况下，对同类或类似政府补助业务只能选用一种方法，同时，企业对该业务应当一贯地运用该方法，不得随意变更。

(二) 政府补助会计处理原则

(1) 与企业日常活动相关的政府补助，应当按照经济业务实质，计入其他收益或冲减相关成本费用。

(2) 与企业日常活动无关的政府补助，应当计入营业外收支。

(三) 与资产相关的政府补助

与资产相关的政府补助，指企业取得的、用于购建或以其他方式形成长期资产的政府补助。

1. 总额法

按照补助资金的金额借记"银行存款"等科目，贷记"递延收益"科目；然后在相关资产使用寿命内按合理、系统的方法分期计入损益。如果企业先收到补助资金，再购建长期资产，则应当在开始对相关资产计提折旧或摊销时将递延收益分期计入损益；如果企业先开始购建长期资产，再收到补助资金，则应当在相关资产的剩余使用寿命内按照合理、系统的方法将递延收益分期计入损益。如果对应的长期资产在持有期间发生减值损失，递延收益的摊销保持不变，不受减值因素的影响。企业对与资产相关的政府补助选择总额法后，为避免出现前后方法不一致的情况，结转递延收益时不得冲减相关成本费用，而是将递延收益分期转入其他收益或营业外收入，借记"递延收益"科目，贷记"其他收益"（与企业日常活动相关的政府补助）或"营业外收入"（与企业日常活动无关的政府补助）科目。相关资产在使用寿命结束时或结束前被处置（出售、转让、报废等），尚未分摊的递延收益余额应当一次性转入资产处置当期的损益，不再予以递延。

会计处理如下：

(1) 企业收到补助时：

借：银行存款
　　贷：递延收益

(2) 企业摊销补助时：

借：递延收益
　　贷：其他收益（日常活动）
　　　　营业外收入（非日常活动）

(3) 在使用寿命结束时或结束前被处置：

借：递延收益
　　贷：固定资产清理等

借：固定资产清理等
　　贷：营业外收入等

2. 净额法

将政府补助冲减相关资产账面价值，企业按照扣减了政府补助后的资产价值对相关资产计提折旧或进行摊销。

会计处理如下：

（1）企业收到补助时：

借：银行存款等

　　贷：递延收益

（2）企业摊销补助时：

借：递延收益

　　贷：固定资产等

【例6-2】 按照国家有关政策，企业购置环保设备可以申请补贴以补偿其环保支出。甲公司于2024年1月向政府有关部门提交了210万元的补助申请，作为对其购置环保设备的补贴。2024年3月15日，甲公司收到了政府补贴款210万元。2024年4月20日，甲公司购入不需安装环保设备，实际成本为480万元，使用寿命10年，采用直线法计提折旧（不考虑净残值）。假设该设备用于污染物排放测试，折旧费用计入制造费用。2032年4月，甲公司的这台设备发生毁损。本例中不考虑相关税费。

甲公司的账务处理如下：

方法一：甲公司选择总额法核算。

（1）2024年3月15日实际收到财政拨款，确认递延收益：

借：银行存款	2 100 000
贷：递延收益	2 100 000

（2）2024年4月20日购入设备：

借：固定资产	4 800 000
贷：银行存款	4 800 000

（3）自2024年5月起每月月末计提折旧，同时分摊递延收益：

① 计提折旧：

折旧额 = 4 800 000 ÷ 10 ÷ 12 = 40 000（元）

借：制造费用	40 000
贷：累计折旧	40 000

② 月末分摊递延收益：

分摊递延收益额 = 2 100 000 ÷ 10 ÷ 12 = 17 500（元）

借：递延收益	17 500
贷：其他收益	17 500

（4）2032年4月设备毁损，同时转销递延收益余额：

设备累计计提折旧金额 = 4 800 000 ÷ 10 × 8 = 3 840 000（元）

① 设备毁损：

借：固定资产清理	960 000

累计折旧	3 840 000
贷：固定资产	4 800 000
借：营业外支出	960 000
贷：固定资产清理	960 000

②转销递延收益余额：

递延收益余额=2 100 000-2 100 000÷10×8=420 000（元）

借：递延收益	420 000
贷：固定资产清理	420 000
借：固定资产清理	420 000
贷：营业外收入	420 000

方法二：甲公司选择净额法核算。

（1）2024年3月15日实际收到财政拨款，确认递延收益：

借：银行存款	2 100 000
贷：递延收益	2 100 000

（2）2024年4月20日购入设备：

借：固定资产	4 800 000
贷：银行存款	4 800 000
借：递延收益	2 100 000
贷：固定资产	2 100 000

（3）自2024年5月起每月月末计提折旧：

折旧额=（4 800 000-2 100 000）÷10÷12=22 500（元）

借：制造费用	22 500
贷：累计折旧	22 500

（4）2032年4月设备毁损：

设备累计计提折旧金额=（4 800 000-2 100 000）÷10×8=2 160 000（元）

借：固定资产清理	540 000
累计折旧	2 160 000
贷：固定资产	2 700 000
借：营业外支出	540 000
贷：固定资产清理	540 000

（四）与收益相关的政府补助

对于与收益相关的政府补助，企业应当区分其是用于补偿企业以后期间的相关成本费用或损失，还是用于补偿企业已发生的相关成本费用或损失。选择采用总额法或净额法进行会计处理。选择总额法的，应当计入其他收益或营业外收入。选择净额法的，应当冲减相关成本费用或营业外支出。

1. 用于补偿企业以后期间的相关成本费用或损失

用于补偿企业以后期间的相关成本费用或损失的，在收到时应当先判断企业能否满足政府补助所附条件。如收到政府补助时暂时无法确定，则应当先作为预收款项记入"其他应付款"科目，待客观情况表明企业能够满足政府补助所附条件时，企业应当将政府补助确认为递延收益，并在确认相关费用或损失的期间，计入当期损益或冲减相关成本。

会计处理如下：

（1）企业收到补助满足所附条件时：

借：银行存款等

  贷：递延收益

（2）采用总额法，成本费用或损失发生时：

借：递延收益

  贷：其他收益（日常活动）

    营业外收入（非日常活动）

（3）采用净额法，成本费用或损失发生时：

借：递延收益

  贷：管理费用

    营业外支出

【例6-3】 甲公司于2024年3月15日与公司所在地地方政府签订合作协议，根据协议约定，当地政府将向甲公司提供600万元奖励资金，用于甲公司的人才激励和人才引进奖励，甲公司必须按年向当地政府报送详细的资金使用计划并按规定用途使用资金。协议同时还约定，甲公司自获得奖励起10年内注册地址不迁离本区，否则政府有权追回奖励资金。甲公司于2024年4月10日收到600万元补助资金，分别在2024年12月、2025年12月、2026年12月使用了300万元、150万元和150万元，用于发放总裁级别类高管年度奖金。

本例中，甲公司在实际收到补助资金时应当先判断是否满足递延收益确认条件。如果客观情况表明甲公司在未来10年内不会迁离本区，则甲公司在收到补助资金时应当记入"递延收益"科目，实际按规定用途使用补助资金时，再计入当期损益。

方法一：甲公司选择总额法对此类补助进行会计处理，其账务处理如下：

（1）2024年4月10日甲公司实际收到补贴资金：

借：银行存款   6 000 000

  贷：递延收益   6 000 000

（2）2024年12月、2025年12月、2026年12月甲公司将补贴资金用于发放高管奖金，相应结转递延收益：

①2024年12月：

借：递延收益   3 000 000

  贷：其他收益   3 000 000

②2025年12月：

借：递延收益   1 500 000

  贷：其他收益   1 500 000

③2026年12月：

借：递延收益　　　　　　　　　　　　　　　　　　　　　　　　1 500 000
　　贷：其他收益　　　　　　　　　　　　　　　　　　　　　　　　　　1 500 000

方法二：甲公司选择净额法对此类补助进行会计处理，其账务处理如下：

(1) 2024年4月10日甲公司实际收到补贴资金：

借：银行存款　　　　　　　　　　　　　　　　　　　　　　　　6 000 000
　　贷：递延收益　　　　　　　　　　　　　　　　　　　　　　　　　　6 000 000

(2) 2024年12月、2025年12月、2026年12月甲公司将补贴资金用于发放高管奖金，相应结转递延收益：

①2024年12月：

借：递延收益　　　　　　　　　　　　　　　　　　　　　　　　3 000 000
　　贷：管理费用　　　　　　　　　　　　　　　　　　　　　　　　　　3 000 000

②2025年12月：

借：递延收益　　　　　　　　　　　　　　　　　　　　　　　　1 500 000
　　贷：管理费用　　　　　　　　　　　　　　　　　　　　　　　　　　1 500 000

③2026年12月：

借：递延收益　　　　　　　　　　　　　　　　　　　　　　　　1 500 000
　　贷：管理费用　　　　　　　　　　　　　　　　　　　　　　　　　　1 500 000

2. 用于补偿企业已发生的相关成本费用或损失

用于补偿企业已发生的相关成本费用或损失的，直接计入当期损益或冲减相关成本。这类补助通常与企业已经发生的行为有关，是对企业已发生的成本费用或损失的补偿，或是对企业过去行为的奖励。

会计处理如下：

(1) 采用总额法，企业收到补助时：

借：银行存款等
　　贷：其他收益（日常活动）
　　　　营业外收入（非日常活动）

(2) 采用净额法，企业收到补助时：

借：银行存款等
　　贷：管理费用
　　　　营业外支出

【例6-4】　甲公司2024年11月遭受重大自然灾害，并于2024年12月20日收到了政府补助资金200万元。

方法一：2024年12月20日，甲公司实际收到补助资金选择按总额法进行会计处理，其账务处理如下：

借：银行存款　　　　　　　　　　　　　　　　　　　　　　　　2 000 000
　　贷：营业外收入　　　　　　　　　　　　　　　　　　　　　　　　2 000 000

方法二：2024年12月20日，甲公司实际收到补助资金选择按净额法进行会计处理，其账务处理如下：

借：银行存款　　　　　　　　　　　　　　　　　　　　　　　　　2 000 000
　　贷：营业外支出　　　　　　　　　　　　　　　　　　　　　　　2 000 000

【例6-5】　甲公司生产一种政策支持的新能源设备，按照相关规定，该公司的这种产品适用增值税先征后返政策，按实际缴纳的增值税税额返还70%。2024年1月，该公司实际缴纳增值税税额240万元。2024年2月，该公司实际收到返还的增值税税额168万元。

本例中，甲公司收到返还的增值税税额属于与收益相关的政府补助，且用于补偿公司已经发生的相关费用，增值税先征后返属于与企业日常活动相关的补助，甲公司应当在实际收到返还税额时直接计入当期损益（其他收益）。

甲公司会计处理如下：

借：银行存款　　　　　　　　　　　　　　　　　　　　　　　　　1 680 000
　　贷：其他收益　　　　　　　　　　　　　　　　　　　　　　　　1 680 000

（五）政府补助的退回

已确认的政府补助需要退回的，应当在需要退回的当期分情况按照以下规定进行会计处理：

（1）初始确认时冲减相关资产账面价值的，调整资产账面价值。

（2）存在相关递延收益的，冲减相关递延收益账面余额，超出部分计入当期损益。

（3）属于其他情况的，直接计入当期损益。

此外，对属于前期差错的政府补助退回，应当按照前期差错更正进行追溯调整。

【例6-6】　甲公司于2024年11月与某开发区政府签订合作协议，在开发区内投资设立生产基地。协议约定，开发区政府自协议签订之日起6个月内向甲公司提供500万元产业补贴资金用于奖励该企业在开发区内投资，甲公司自获得补贴起5年内不得迁离本区，如果甲公司在此期限内搬离开发区，开发区政府允许甲公司按照实际留在本区的时间保留部分补贴，并按剩余时间追回补贴资金。甲公司于2025年1月3日收到补贴资金。

假设甲公司在实际收到补贴资金时，客观情况表明甲公司在未来5年内搬离开发区的可能性很小，甲公司应当在收到补贴资金时记入"递延收益"科目，由于协议约定如果甲公司提前搬离开发区，开发区政府有权追回部分补助，说明企业每多留在开发区内一年，就有权取得与这一年相关的补助，与这一年内补助有关的不确定性基本消除，补贴收益得以实现，所以甲公司应当将该补助在5年内平均摊销结转计入损益。甲公司的会计分录如下：

(1) 2025年1月3日甲公司实际收到补贴资金：

借：银行存款　　　　　　　　　　　　　　　　　　　　　　　　　5 000 000
　　贷：递延收益　　　　　　　　　　　　　　　　　　　　　　　　5 000 000

(2) 2025年12月31日及以后年度，甲公司分期将递延收益结转入当期损益：

借：递延收益　　　　　　　　　　　　　　　　　　　　　　　　　1 000 000
　　贷：其他收益　　　　　　　　　　　　　　　　　　　　　　　　1 000 000

假设2028年1月（过了3年），因甲公司进行重大战略调整，搬离开发区，开发区政府根据协议要求甲公司退回补贴200万元。

借：递延收益 2 000 000
　　贷：其他应付款 2 000 000

如果甲企业在收到补助资金时暂时无法确定能否满足政府补助所附条件（即未来5年内不得离开该地区），则应当将收到的补助资金先记入"其他应付款"科目，待客观情况表明企业能够满足政府补助所附条件后再转入"递延收益"科目。

（六）综合性项目政府补助

综合性项目政府补助指同时包含与资产相关的政府补助和与收益相关的政府补助。企业应当采取合理的方法对综合性项目政府补助进行分解并分别进行会计处理；难以区分的，应当整体归类为与收益相关的政府补助。

【例6-7】 2024年6月15日，某市科技创新委员会与乙企业签订了科技计划项目合同书，拟对乙企业的新药临床研究项目提供研究补助资金。该项目总预算为600万元，其中，市科技创新委员会资助200万元，乙企业自筹400万元。政府资助的200万元用于补助设备费60万元，材料费15万元，测试化验加工费95万元，差旅费10万元，会议费5万元，专家咨询费8万元，管理费用7万元。本例中除设备费外的其他各项费用都计入研究支出。市科技创新委员会应当在合同签订之日起30日内将资金拨付给乙企业。根据双方约定，乙企业应当按合同规定的开支范围，对市科技创新委员会资助的经费实行专款专用。项目实施期限为自合同签订之日起30个月，期满后乙企业如未通过验收，在该项目实施期满后3年内不得再向市政府申请科技补助资金。乙企业于2024年7月10日收到补助资金，在项目期内按照合同约定的用途使用了补助资金，其中，乙企业于2024年7月25日按项目合同书的约定购置了相关设备，设备成本150万元，使用补助资金60万元，该设备使用年限为10年，采用直线法计提折旧（不考虑净残值）。假设本例中不考虑相关税费。

本例中，乙企业收到的政府补助是综合性项目政府补助，需要区分与资产相关的政府补助和与收益相关的政府补助并分别进行处理，假设乙企业对收到的与资产相关的政府补助选择净额法进行会计处理。乙企业的账务处理如下：

（1）2024年7月10日乙企业实际收到补助资金时：
借：银行存款 2 000 000
　　贷：递延收益 2 000 000

（2）2024年7月25日购入设备：
借：固定资产 1 500 000
　　贷：银行存款 1 500 000
借：递延收益 600 000
　　贷：固定资产 600 000

（3）自2024年8月起每月月末计提折旧，折旧费用计入研发支出：
借：研发支出 7 500
　　贷：累计折旧 7 500

（4）对其他与收益相关的政府补助，乙企业应当按照相关经济业务的实质确定是计入其他收益还是冲减相关成本费用，在企业按规定用途实际使用补助资金时计入损益，或者在实际使用的当期期末根据当期累计使用的金额计入损益，借记"递延收益"科目，贷记有关损益科目。

（七）政府补助列报

企业应当在利润表中的"营业利润"项目之上单独列报"其他收益"项目，计入其他收益的政府补助在该项目中反映。冲减相关成本费用的政府补助，在相关成本费用项目中反映。与企业日常经营活动无关的政府补助，在利润表的营业外收支项目中列报。

章节练习题

一、单项选择题

1. 甲公司为响应政府绿色出行措施，给予乘公交车乘客0.5元/乘次的票价优惠，公司少收入的票款由政府补贴。2024年12月，甲公司实际收到乘客支付票款800万元。同时收到政府按乘次给予当月车票补贴200万元。不考虑其他因素，甲公司2024年12月应确认的营业收入为（　　）万元。

　　A. 600　　　　　　B. 200　　　　　　C. 1 000　　　　　　D. 800

2. 2024年12月，甲公司取得政府无偿拨付的技术改造资金150万元、增值税出口退税50万元、财政贴息20万元。不考虑其他因素，甲公司2024年12月获得的政府补助金额为（　　）万元。

　　A. 150　　　　　　B. 200　　　　　　C. 170　　　　　　D. 200

3. 下列各项中，不属于企业获得的政府补助的是（　　）。

　　A. 政府部门对企业银行贷款利息给予的补贴

　　B. 政府部门无偿拨付给企业进行技术改造的专项资金

　　C. 政府部门作为企业所有者投入的资本

　　D. 政府部门先征后返的增值税

4. 2024年5月10日，甲公司收到用于购买A环保设备的政府补贴560万元。2024年6月20日，甲公司以800万元的价格购入该环保设备并立即投入使用，预计使用年限为10年，预计净残值为0，采用年限平均法计提折旧。甲公司采用净额法核算政府补助。不考虑其他因素，2024年甲公司对A环保设备应计提的折旧额为（　　）万元。

　　A. 40　　　　　　B. 28　　　　　　C. 24　　　　　　D. 12

5. 甲公司为动漫软件开发企业，其增值税享受即征即退政策。2024年12月，甲公司收到当地税务部门以即征即退方式返还的2024年度增值税税款40万元。假定不考虑其他因素，甲公司实际收到返还的增值税税款时，会计处理正确的是（　　）。

　　A. 应计入营业外收入　　　　　　B. 应计入递延收益

　　C. 应冲减管理费用　　　　　　　D. 应计入其他收益

6. 甲公司发生的下列各项交易或事项中，应按与收益相关的政府补助进行会计处理的是（　　）。

　　A. 收到即征即退的增值税退税款　　　　B. 收到政府以股东身份投入的资本

　　C. 收到政府购买商品支付的货款　　　　D. 获得政府无偿划拨的土地使用权

7. 甲公司对政府补助采用总额法进行会计处理，甲公司2024年8月收到的下列各项政府补助款中，应在收到时确认为递延收益的是（　　）。

A. 上月用电补助款 5 万元 B. 新型实验设备购置补助款 20 万元

C. 失业保险稳岗返还款 15 万元 D. 即征即退的增值税税款 16 万元

8. 甲公司 2024 年财务报表于 2025 年 4 月 30 日批准报出，2024 年的所得税汇算清缴于 2025 年 5 月 31 日完成，所得税税率为 25%。甲公司生产的产品，按照国家相关规定适用增值税先征后返政策，即先按规定征收增值税，然后按实际缴纳的增值税税额返还 70%。2024 年甲公司实际缴纳增值税税额 300 万元。2025 年 4 月，甲公司收到当地税务部门返还其 2024 年度已交增值税税款的通知。甲公司实际收到返还的增值税税款时应贷记的会计科目及其金额分别是（　　）。

A. 其他收益 210 万元 B. 资本公积 210 万元

C. 递延收益 210 万元 D. 应交税费 210 万元

9. 2024 年，甲公司发生的有关交易或事项如下：①2 月 1 日，甲公司所在地政府与其签订的合同约定，甲公司为当地政府开发一套交通管理系统，合同价格 500 万元。该交通管理系统已于 2024 年 12 月 20 日经当地政府验收并投入使用，合同价款已收存甲公司银行账户。②经税务部门认定，免征甲公司 2024 年度企业所得税 150 万元。③甲公司开发的高新技术设备于 2024 年 9 月 30 日达到预定可使用状态并投入使用，该设备预计使用 10 年，预计净残值为零，采用年限平均法计提折旧。为鼓励甲公司开发高新技术设备，当地政府于 2024 年 7 月 1 日给予甲公司补助 100 万元。④收到税务部门退回的增值税税额 80 万元。甲公司对政府补助采用总额法进行会计处理，不考虑相关税费及其他因素，下列关于甲公司 2024 年度对上述交易或事项会计处理的表述中，正确的是（　　）。

A. 退回的增值税税额作为政府补助确认为其他收益

B. 为当地政府开发的交通管理系统取得的价款作为政府补助确认为其他收益

C. 当地政府给予的开发高新技术设备补助款作为政府补助于 2024 年确认 5 万元的其他收益

D. 免征企业所得税作为政府补助确认为其他收益

10. 2024 年 1 月 1 日，乙企业为建造一项环保工程向银行贷款 1 000 万元，期限为 3 年，年利率为 6%。当年 12 月 31 日，乙企业向当地政府提出财政贴息申请。经审核，当地政府批准自 2025 年 1 月 1 日起按照实际贷款额 1 000 万元给予年利率 2% 的财政贴息，并于每年年末直接拨付给贷款银行。乙企业按照实际收到的价款确认贷款金额，该环保工程于 2025 年年末完工。假设 2024 年全年均为资本化期间。不考虑其他因素，下列关于乙企业 2025 年利息费用的处理的表述中，正确的是（　　）。

A. 应确认财务费用 60 万元 B. 应确认在建工程 40 万元

C. 应确认递延收益 20 万元 D. 应确认其他收益 40 万元

二、多项选择题

1. 2024 年度，甲公司作为政府推广使用 A 产品的中标企业，以 800 万元的中标价格将一批生产成本为 700 万元的 A 产品出售给客户，该批产品的市场价格为 950 万元，销售当日该批 A 产品控制权已转移，满足收入确认条件，当年甲公司收到销售该批 A 产品的财政补贴 150 万元并存入银行，不考虑其他因素，下列关于经济业务对甲公司 2024 年度利润表项目影响的表述中，正确的有（　　）。

A. 增加营业外收入 150 万元 B. 增加营业利润 250 万元

C. 增加营业成本 700 万元 D. 增加营业收入 800 万元

2. 下列各项中，企业应按政府补助准则进行会计处理的有(   )。
   A. 收到政府无偿给予的环保设备
   B. 收到增值税出口退税
   C. 收到政府无偿拨款
   D. 收到政府贴息

3. 下列情况中，属于政府补助的有(   )。
   A. 增值税的出口退税
   B. 财政拨款
   C. 先征后返的税金
   D. 即征即退的税金

4. 下列与资产相关的政府补助会计处理的表述中，正确的有(   )。
   A. 净额法下，企业已确认的政府补助退回时，应当调整相关资产的账面价值
   B. 总额法下，企业提前处置使用不需退回的政府补助购建的固定资产，尚未摊销完毕的递延收益应当转入当期损益
   C. 净额法下，企业在购入相关资产时，应将原已收到并确认为递延收益的政府补助冲减所购资产账面价值
   D. 总额法下，企业收到政府补助时确认递延收益，在相关资产使用寿命内按合理、系统的方法分期转入损益

5. 下列关于企业政府补助会计处理的表述中，正确的有(   )。
   A. 收到以名义金额计量的非货币性资产政府补助，应计入当期损益
   B. 初始确认时冲减相关资产账面价值的政府补助，在退回时应调整资产账面价值
   C. 收到与企业日常活动相关的政府补助，应计入营业外收入
   D. 对于同类政府补助业务通常只能选用一种会计处理方法

6. 2024年12月，企业从政府取得的下列款项中，应计入2024年度损益的有(   )。
   A. 因2024年12月遭受洪灾而从政府部门收到的赈灾补贴
   B. 收到在建排污设施的补贴款
   C. 收到拟用于2025年度环保设备购置的补贴款
   D. 收到2024年11月已交增值税的退税额

7. 下列关于政府补助会计处理的表述中，正确的有(   )。
   A. 总额法下收到的自然灾害补贴款应确认为营业外收入
   B. 净额法下收到的人才引进奖励金应确认为营业外收入
   C. 收到的用于未来购买环保设备的补贴款应确认为递延收益
   D. 收到的即征即退增值税应确认为其他收益

8. 下列关于已确认的政府补助需要退回的会计处理的表述中，正确的有(   )。
   A. 初始确认时冲减资产账面价值的，调整资产账面价值
   B. 初始确认时冲减相关成本费用或营业外支出的，直接计入当期损益
   C. 初始确认时计入其他收益或营业外收入的，直接计入当期损益
   D. 初始确认时确认为递延收益的，冲减相关递延收益账面余额，超过部分计入当期损益

9. 甲公司在2024年发生的部分事项如下：①因增资取得母公司投入资金1 000万元；②联营企业持有的其他权益工具投资的公允价值增加140万元；③收到税务部门返还的增值税税款100万元；④收到政府对公司前期已发生亏损的补贴500万元。不考虑其他因素，则甲公司2024年对上

述交易或事项会计处理正确的有(　　)。

A. 将返还的增值税税款100万元确认为资本公积

B. 将亏损补贴500万元确认为当期损益

C. 将母公司投入的1 000万元资金确认为股本及资本公积

D. 将其在联营企业其他权益工具投资公允价值增加额中所享有的份额确认为其他综合收益

10. 下列关于与收益相关的政府补助的表述中,正确的有(　　)。

A. 用于补偿企业以后期间相关成本费用或损失的,且客观情况表明企业能够满足政府补助所附条件,则应当确认递延收益,并在确认相关费用或损失的期间,计入当期损益或冲减相关成本

B. 用于补偿企业以后期间相关成本费用或损失的,且客观情况暂时无法确定企业是否满足政府补助所附条件,则收到时应先确认为其他应付款

C. 实际收到用于补偿企业已经发生的相关成本费用或损失的补助资金时,应当按照实际收到的金额计入当期损益或冲减相关成本

D. 用于补偿企业已经发生的相关成本费用或损失的,如果会计期末企业尚未收到补助资金,则企业不能进行任何会计处理

三、判断题

1. 企业收到用于弥补以前年度自然灾害的政府补助资金,应调整本年期初留存收益。(　　)

2. 企业收到用于补偿其已发生损失的与收益相关的政府补助,将其直接计入当期损益或冲减相关成本费用。(　　)

3. 企业从政府取得的经济资源,如果和自身销售商品密切相关,且是企业商品对价的组成部分,不应作为政府补助进行会计处理。(　　)

4. 与企业日常活动相关的政府补助,应当按照经济业务实质,计入其他收益或冲减相关成本费用;与企业日常活动无关的政府补助,计入营业外收支。(　　)

5. 与资产相关的政府补助,收到时计入递延收益。(　　)

6. 企业对政府补助采用总额法进行会计处理,在收到与资产相关的政府补助时,应将收到的政府补助确认为递延收益,然后在资产的剩余使用寿命内按照合理、系统的方法分期计入损益。(　　)

7. 对于企业取得的针对综合性项目的政府补助,无须分解而将其全部作为与收益相关的政府补助处理。(　　)

8. 已确认的政府补助需要退回的,存在相关递延收益的,冲减相关递延收益账面余额,超出部分计入资本公积。(　　)

9. 增值税出口退税实际上属于政府补助。(　　)

10. 财政将贴息资金直接拨付给受益企业,企业冲减利息费用,不确认收益。(　　)

四、案例分析题

1. 甲公司对政府补助采用总额法进行会计处理。其与政府补助相关的资料如下:

资料一:2024年4月1日,根据国家相关政策,甲公司向政府有关部门提交了购置A环保设备的补贴申请。2024年5月20日,甲公司收到了政府补贴款12万元并存入银行。

资料二:2024年6月20日,甲公司以银行存款60万元购入A环保设备并立即投入使用。预

计使用年限为5年，预计净残值为零，采用年限平均法计提折旧。

资料三：2025年6月30日，因自然灾害导致甲公司的A环保设备报废且无残值，相关政府补助无须退回。

不考虑增值税等相关税费及其他因素。

要求：

（1）根据资料一编制甲公司的会计分录。

（2）根据资料二编制甲公司的会计分录。

（3）根据资料三编制甲公司的会计分录。

2. 2024年6月，甲公司发生的与政府补贴相关的交易或事项如下（甲公司对政府补助采用总额法进行会计处理）：

资料一：2024年6月10日，甲公司收到即征即退的增值税税款20万元，已存入银行。

资料二：2024年6月15日，甲公司与某市科技局签订科技研发项目合同书。该科技研发项目总预算为800万元，其中甲公司自筹500万元，市科技局资助300万元。市科技局资助的300万元用于补贴研发设备的购买，研发成果归甲公司所有。2024年6月20日，甲公司收到市科技局拨付的300万元补贴资金，款项已收存银行。2024年6月25日，甲公司以银行存款400万元购入研发设备，并立即投入使用。

资料三：2024年6月30日，甲公司作为政府推广使用的A产品的中标企业，以90万元的中标价格将一批生产成本为95万元的A产品出售给消费者。该批A产品的市场价格为100万元。当日，A产品的控制权已转移，满足收入确认条件。2024年6月30日，甲公司收到销售该批A产品的财政补贴资金10万元并存入银行。本题不考虑增值税、企业所得税及其他因素。

要求：

（1）判断甲公司2024年6月10日收到的即征即退的增值税税款是否属于政府补助，并编制收到该款项的会计分录。

（2）判断甲公司2024年6月20日收到的市科技局拨付的补贴资金是否属于政府补助，并编制收到补贴款的会计分录。

（3）编制甲公司2024年6月25日购入设备的会计分录。

（4）判断甲公司2024年6月30日收到的销售A产品的财政补贴资金是否属于政府补助，编制收到该款项的会计分录。

第七章 所得税

第一节 所得税概述

企业会计处理必须遵循企业会计准则的规定，所得税税收处理则应遵循企业所得税法的规定。由于企业会计准则和企业所得税法在资产、负债、收入、费用、利得、损失等方面的确认和计量的规定不尽相同，使得企业会计处理的结果与所得税税收处理的结果有所不同。一是某一会计期间的会计利润与应纳税所得额之间存在差异；二是某一时点资产、负债的账面价值与计税基础之间存在差异。这些差异在某一会计期间产生以后，有的在未来期间不能转回，有的在未来期间能够转回。前者对未来期间的所得税不会产生影响，而后者对未来期间的所得税会产生影响。因此，对所得税产生了不同的会计处理方法。我国企业会计准则要求企业应采用资产负债表债务法进行所得税的会计处理。

一、资产负债表债务法

资产负债表债务法是指从资产负债表出发，通过比较按照会计准则的规定确定的资产负债的账面价值与按照所得税的规定确定的资产、负债的计税基础，对于两者之间的差异分别以应纳税暂时性差异与可抵扣暂时性差异，确认相关的递延所得税负债与递延所得税资产，并在此基础上确定当期利润表中的所得税费用的一种方法。

资产负债表债务法在所得税的会计核算方面遵循了资产、负债的界定。从资产负债角度考虑，资产的账面价值代表的是某项资产在持续持有及最终处置的一定期间内为企业带来未来经济利益的总额，而其计税基础代表的是该期间内按照税法规定就该项资产可以税前扣除的总额。资产的账面价值小于其计税基础，表明该项资产于未来期间产生的经济利益流入低于按照税法规定允许税前扣除的金额，产生可抵减未来期间应纳税所得额的因素，减少未来期间以所得税税款的方式流出企业的经济利益，应确认为递延所得税资产。反之，一项资产的账面价值大于其计税基础，两者之间的差额会增加企业于未来期间的应纳税所得额及应交所得税，对企业形成经济利益流出的义务，应确认为递延所得税负债。

二、企业会计处理与所得税税收处理的差异

（一）会计利润与应纳税所得额之间的差异

会计利润是指企业按照企业会计准则的规定、采用一定的会计程序和方法确定的利润总额。应纳税所得额是指按照企业所得税法的规定、以一定期间的应税收入减去税法准予扣除的项目后计算的应税所得额。由于会计利润与应纳税所得额的确定依据不同，二者之间往往存在一定的差异。这种差异按其性质可以划分为永久性差异和暂时性差异。

永久性差异是指产生于当期，以后期间不能转回的会计利润与应纳税所得额之间的差异。这种差异是由于计入会计利润的收入、费用、利得、损失与计入应纳税所得额的收入、费用、利得、损失的口径不同而形成的。例如，企业持有国债所取得的利息收入，按照会计准则规定作为投资收益，计入会计利润，但按照所得税法的规定，属于免税收入，不计入应纳税所得额，从而使得当期的会计利润与应纳税所得额之间产生差异；企业支付的罚款和滞纳金，按照会计准则的规定作为营业外支出，计入会计利润，但按照所得税法的规定，在计算应纳税所得额时不允许扣除，从而使得当期的会计利润与应纳税所得额之间产生差异。

暂时性差异是指产生于当期、以后期间能够转回的会计利润与应纳税所得额之间的差异。这种差异是由于计入会计利润的收入、费用、利得、损失与计入应纳税所得额的收入、费用、利得、损失的确认时间不同而形成的。例如，某项固定资产的折旧费用，如果会计上所采用的折旧方法与企业所得税法所规定的折旧方法不同，就会使某一会计期间计入会计利润的折旧费用与准予从应纳税所得额中扣除的折旧费用不同，从而使得当期的会计利润与应纳税所得额之间产生差异。但是，在该固定资产的使用寿命期内，计入会计利润的折旧费用与从应纳税所得额中扣除的折旧费用相等，从而使得会计利润与应纳税所得额之间的差异最终消除。

（二）资产、负债的账面价值与其计税基础之间的差异

资产、负债的账面价值与其计税基础不同产生的差额属于暂时性差异。其中，账面价值是指按照会计准则规定确定的有关资产、负债在资产负债表中应列示的金额。由于资产、负债的账面价值与其计税基础不同，产生了在未来收回资产或清偿负债的期间内，应纳税所得额增加或减少并导致在未来期间应交所得税增加或减少的情况，在这些暂时性差异发生的当期，一般应当确认相应的递延所得税负债或递延所得税资产。

根据暂时性差异对未来期间应纳税所得额的影响，将其分为应纳税暂时性差异和可抵扣暂时性差异。

1. 应纳税暂时性差异

应纳税暂时性差异在未来期间转回时，会增加转回期间的应纳税所得额，即在未来期间不考虑该事项影响的应纳税所得额的基础上，由于该暂时性差异的转回，会进一步增加转回期间的应纳税所得额和应交所得税金额。在应纳税暂时性差异产生当期，应当确认相关的递延所得税负债。

应纳税暂时性差异通常产生于以下情况：

（1）资产的账面价值大于其计税基础。一项资产的账面价值代表的是企业在持续使用或最终出

售该项资产时会取得的经济利益的总额，而计税基础代表的是一项资产在未来期间可予税前扣除的总金额。资产的账面价值大于其计税基础，该项资产在未来期间产生的经济利益不能全部税前抵扣，两者之间的差额需要缴纳所得税，产生应纳税暂时性差异。

（2）负债的账面价值小于其计税基础。一项负债的账面价值为企业预计在未来期间清偿该项负债时的经济利益流出，而其计税基础代表的是账面价值在扣除税法规定在未来期间允许税前扣除的金额之后的差额。因负债的账面价值与其计税基础不同产生的暂时性差异，实质上是税法规定就该项负债在未来期间可以税前扣除的金额。负债的账面价值小于其计税基础则意味着就该项负债在未来期间可以税前抵扣的金额为负数，即应在未来期间应纳税所得额的基础上调增，增加应纳税所得额和应交所得税金额，产生应纳税暂时性差异，应确认相关的递延所得税负债。

2. 可抵扣暂时性差异

可抵扣暂时性差异在未来期间转回时会减少转回期间的应纳税所得额，减少未来期间的应交所得税。在可抵扣暂时性差异产生当期、符合确认条件的情况下，应当确认相关的递延所得税资产。

可抵扣暂时性差异一般产生于以下情况：

（1）资产的账面价值小于其计税基础。从经济含义来看，资产在未来期间产生的经济利益少，按照税法规定允许税前扣除的金额多，则企业在未来期间可以减少应纳税所得额并减少应交所得税，符合有关条件时，应确认相关的递延所得税资产。

（2）负债的账面价值大于其计税基础。负债产生的暂时性差异实质上是税法规定就该项负债可以在未来期间税前扣除的金额。一项负债的账面价值大于其计税基础，意味着未来期间按照税法规定构成负债的全部或部分金额可以自未来应税经济利益中扣除，减少未来期间的应纳税所得额和应交所得税。

三、所得税核算的基本原理和程序

所得税会计是研究处理会计收益和应纳税收益差异的会计理论和方法。《企业会计准则第18号——所得税》（以下简称所得税准则）规定所得税核算应采用资产负债表债务法。

资产负债表债务法是从资产负债表出发，通过比较资产负债表上的资产、负债按照会计准则规定确定的账面价值与按照税法规定的计税基础，对于两者之间的差异分别确定应纳税暂时性差异与可抵扣暂时性差异，确认相关的递延所得税负债与递延所得税资产的金额，并在此基础上确定每一会计期间利润表中的所得税费用。

在采用资产负债表债务法核算所得税的情况下，企业一般应于每一资产负债表日进行所得税核算。发生特殊交易或事项时，如企业合并，在确认因交易或事项产生的资产、负债时即应确认相关的所得税影响。企业进行所得税核算时一般应遵循以下程序：

（1）按照会计准则规定确定资产负债表中除递延所得税资产和递延所得税负债以外的其他资产和负债项目的账面价值。

（2）按照会计准则中对于资产和负债计税基础的确定方法，以适用的税法规定为基础，确定资产负债表中有关资产、负债项目的计税基础。

（3）比较资产、负债的账面价值与其计税基础，对于两者之间存在差异的，分析其性质，除会计准则中规定的特殊情况外，分别确定应纳税暂时性差异与可抵扣暂时性差异，确定资产负债表日递延所得税负债和递延所得税资产的应有金额,并与期初递延所得税资产和递延所得税负债的余额相比,确定当期应予进一步确认或应予转销的递延所得税资产和递延所得税负债金额,作为构成利润表中所得税费用的一个组成部分,即递延所得税。

(4) 按照适用的税法规定计算确定当期应纳税所得额。将应纳税所得额与适用的所得税税率计算的结果确认为当期应交所得税,作为利润表中应予确认的所得税费用中的另外一个组成部分,即当期所得税。

(5) 确定利润表中的所得税费用。利润表中的所得税费用包括当期所得税和递延所得税两个组成部分。企业在计算确定当期所得税和递延所得税后,两者之和(或之差)即为利润表中的所得税费用。

所得税会计的关键在于确定资产、负债的计税基础。资产、负债的计税基础虽然是会计准则中的概念,但实质上与税法的规定密切关联。企业应当严格遵循税法中对于资产的税务处理及可税前扣除的费用等规定确定有关资产、负债的计税基础。

四、资产的计税基础

资产的计税基础是指在企业收回资产账面价值过程中,计算应纳税所得额时按照税法规定可以自应税经济利益中抵扣的金额,即某一项资产在未来期间计税时可以税前扣除的金额。资产的计税基础是假定企业按照税法规定进行核算所提供的资产负债表中资产的应有金额。

资产在初始确认时,其计税基础一般为取得成本。从所得税角度考虑,某一单项资产产生的所得是指该项资产产生的未来经济利益流入扣除其取得成本之后的金额。一般情况下,税法认定的资产取得成本为购入时实际支付的金额。在资产持续持有的过程中,可在未来期间税前扣除的金额是指资产的取得成本减去以前期间按照税法规定已经税前扣除的金额后的余额。如固定资产、无形资产等长期资产,在某一资产负债表日的计税基础是指其成本扣除按照税法规定已在以前期间税前扣除的累计折旧额或累计摊销额后的金额。

企业应当按照适用的税法规定计算确定资产的计税基础。

(一) 固定资产

以各种方式取得的固定资产,初始确认时入账价值基本上是被税法认可的,即取得时其账面价值一般等于计税基础。

固定资产在持有期间进行后续计量时,会计上的基本计量模式是"实际成本-累计折旧-固定资产减值准备",税收上的基本计量模式是"实际成本-按照税法规定已在以前期间税前扣除的折旧额"。会计与税法处理的差异主要来自折旧方法、折旧年限的不同以及固定资产减值准备的计提。

1. 折旧方法、折旧年限产生的差异

会计准则规定,企业可以根据与固定资产有关的经济利益的预期实现方式合理选择折旧方法,如可以按直线法计提折旧,也可以按照双倍余额递减法、年数总和法等计提折旧,前提是有关的方法能够反映固定资产为企业带来经济利益的实现情况。税法一般会规定固定资产的折旧方法,除某些按照规定可以加速折旧的情况外,基本上可以税前扣除的是按照直线法计提的折旧。

另外,税法一般规定每一类固定资产的折旧年限,而会计处理时按照会计准则规定折旧年限是

由企业根据固定资产的性质和使用情况合理确定的。折旧年限不同，也会产生固定资产账面价值与计税基础之间的差异。

2. 因计提固定资产减值准备产生的差异

持有固定资产的期间内，在对固定资产计提了减值准备以后，因税法规定按照会计准则规定计提的减值准备在资产发生实质性损失之前不允许税前扣除，也会造成固定资产的账面价值与计税基础的差异。

【例 7-1】 甲公司于 2024 年 1 月 1 日开始计提折旧的某项固定资产，原价为 3 000 000 元，使用年限为 10 年，采用年限平均法计提折旧，预计净残值为 0。税法规定类似固定资产采用加速折旧方法计提的折旧可予税前扣除，该企业在计税时采用双倍余额递减法计提折旧，预计净残值为 0。2025 年 12 月 31 日，企业估计该项固定资产的可收回金额为 2 200 000 元。

2025 年 12 月 31 日，该项固定资产的账面价值为 2 400 000（3 000 000 - 300 000×2）元，可收回金额为 2 200 000 元，应当计提 200 000 元固定资产减值准备。计提该减值准备后，固定资产的账面价值为 2 200 000 元。

计税基础 = 3 000 000 - 3 000 000×20% - 2 400 000×20% = 1 920 000（元）

该项固定资产账面价值 2 200 000 元与其计税基础 1 920 000 元之间的 280 000 元差额，代表着将于未来期间计入企业应纳税所得额的金额，增加未来期间的应交所得税，应确认相关的递延所得税负债。

【例 7-2】 甲公司于 2024 年 12 月 20 日取得某设备，成本为 16 000 000 元，预计使用 10 年，预计净残值为 0，采用年限平均法计提折旧。2027 年 12 月 31 日，根据该设备生产产品的市场占有情况，甲公司估计其可收回金额为 9 200 000 元。假定税法规定的折旧方法、折旧年限与会计准则相同，企业的资产在发生实质性损失时可予税前扣除。

2027 年 12 月 31 日，甲公司该设备的账面价值 = 16 000 000 - 1 600 000×3 = 11 200 000（元），可收回金额为 9 200 000 元，应当计提 2 000 000 元固定资产减值准备。计提该减值准备后，该设备的账面价值为 9 200 000 元。

该设备的计税基础 = 16 000 000 - 1 600 000×3 = 11 200 000（元）

该设备的账面价值 9 200 000 元小于其计税基础 11 200 000 元，产生可抵扣暂时性差异。

（二）无形资产

除内部研究开发形成的无形资产以外，以其他方式取得的无形资产，初始确认时其入账价值与税法规定的成本之间一般不存在差异。

（1）对于内部研究开发形成的无形资产，会计准则规定有关内部研究开发活动分为两个阶段，研究阶段的支出应当费用化计入当期损益，而开发阶段符合资本化条件的支出应当计入所形成无形资产的成本。税法规定，自行开发的无形资产，以开发过程中该资产符合资本化条件后至达到预定用途前发生的支出为计税基础。对于研究开发费用，税法规定可以加计扣除，即企业为开发新技术、新产品、新工艺发生的研究开发费用，未形成无形资产计入当期损益的，在据实扣除的基础上，再按照实际发生额的 100% 在税前加计扣除；形成无形资产的，按照无形资产成本的 200% 税前摊销。

对于内部研究开发形成的无形资产，初始确认时按照会计准则规定确定的成本与其计税基础通常是相同的。对于享受税收优惠的研究开发支出，在形成无形资产时，按照会计准则规定确定的成本为研究开发过程中符合资本化条件后至达到预定用途前发生的支出，而因税法规定按照无形资产成本的200%税前摊销，则其计税基础应在会计期间入账价值的基础上加计100%，因而产生账面价值与计税基础在初始确认时的差异，但如果该无形资产的确认不是产生于企业合并交易，同时在确认时既不影响会计利润，也不影响应纳税所得额，按照所得税准则的规定，不确认该暂时性差异的所得税影响。

（2）无形资产在后续计量时，会计与税法的差异主要产生于对无形资产是否需要摊销及无形资产减值准备的计提。会计准则规定无形资产应根据使用寿命情况，区分为使用寿命有限的无形资产和使用寿命不确定的无形资产。对于使用寿命不确定的无形资产，不要求摊销，在会计期末应进行减值测试。税法规定，企业取得无形资产的成本，应在一定期限内摊销，有关摊销额允许税前扣除。

在对无形资产计提减值准备的情况下，因所计提的减值准备不允许税前扣除，也会造成其账面价值与计税基础的差异。

【例7-3】 甲公司当期发生研究开发支出共计10 000 000元，其中研究阶段发生支出2 000 000元，开发阶段符合资本化条件前发生的支出为2 000 000元，符合资本化条件后发生的支出为6 000 000元。假定开发形成的无形资产在当期期末已达到预定用途，但尚未进行摊销。

甲公司当年发生的研究开发支出中，按照会计准则规定应予费用化的金额为4 000 000（2 000 000+2 000 000）元，形成无形资产的成本为6 000 000元，即期末所形成无形资产的账面价值为6 000 000元。

甲公司于当期发生的10 000 000元研究开发支出，按照税法规定可在当期税前扣除的金额为8 000 000（4 000 000×200%）元；对于按照会计准则规定形成无形资产的部分，税法规定按照无形资产成本的200%作为计算未来期间摊销额的基础，即该项无形资产在初始确认时的计税基础为12 000 000（6 000 000×200%）元。

该项无形资产的账面价值6 000 000元与其计税基础12 000 000元之间的差额6 000 000元为暂时性差异，该差异产生于无形资产的初始确认，并非产生于企业合并，在初始确认时既不影响会计利润，也不影响应纳税所得额，因此，不确认其所得税影响。

【例7-4】 甲公司于2024年1月1日取得某项无形资产，成本为6 000 000元。企业根据各方面情况判断，无法合理预计其带来未来经济利益的期限，将其作为使用寿命不确定的无形资产。2024年12月31日，对该项无形资产进行减值测试表明未发生减值。企业在计税时，对该项无形资产按照10年的期限摊销，有关摊销额允许税前扣除。

会计上将该项无形资产作为使用寿命不确定的无形资产，在未发生减值的情况下，其账面价值为取得成本6 000 000元。

该项无形资产在2024年12月31日的计税基础为5 400 000（6 000 000-600 000）元。

该项无形资产的账面价值6 000 000元与其计税基础5 400 000元之间的差额600 000元将计入未来期间的应纳税所得额，产生在未来期间企业所得税税款流出的增加，为应纳税暂时性差异。

(三) 以公允价值计量且其变动计入当期损益的金融资产

按照《企业会计准则第 22 号——金融工具确认和计量》的规定，对于以公允价值计量且其变动计入当期损益的金融资产，其于某一会计期末的账面价值为公允价值。如果税法规定按照会计准则确认的公允价值变动损益在计税时不予考虑，即有关金融资产在某一会计期末的计税基础为其取得成本，会造成该类金融资产账面价值与计税基础之间的差异。

【例 7-5】 甲公司 2024 年 7 月以 520 000 元取得乙公司股票 50 000 股作为以公允价值计量且其变动计入当期损益的金融资产核算，2024 年 12 月 31 日，甲公司尚未出售所持有乙公司股票，乙公司股票公允价值为每股 12.4 元。税法规定，资产在持有期间公允价值的变动不计入当期应纳税所得额，待处置时一并计算应计入应纳税所得额的金额。

作为以公允价值计量且其变动计入当期损益的金融资产的乙公司股票在 2024 年 12 月 31 日的账面价值为 620 000（12.4×50 000）元，其计税基础为取得成本，即 520 000 元，两者之间产生了 100 000 元的应纳税暂时性差异。

(四) 其他资产

会计准则规定与税法规定不同，可能造成企业持有的其他资产账面价值与计税基础之间存在差异。如计提了资产减值准备的其他资产、采用公允价值模式进行后续计量的投资性房地产等。

【例 7-6】 甲公司的 C 建筑物于 2024 年 12 月 30 日投入使用并直接出租，成本为 6 800 000 元。甲公司对投资性房地产采用公允价值模式进行后续计量。2026 年 12 月 31 日，已出租 C 建筑物累计公允价值变动收益为 1 200 000 元，其中本年度公允价值变动收益为 500 000 元。根据税法规定，已出租 C 建筑物以历史成本扣除按税法规定计提折旧后作为其计税基础，折旧年限为 20 年，净残值为 0，自投入使用的次月起采用年限平均法计提折旧。

2026 年 12 月 31 日，该投资性房地产的账面价值为 8 000 000 元，计税基础为 6 120 000（6 800 000 - 6 800 000÷20×2）元。该投资性房地产账面价值与其计税基础之间的差额 1 880 000 元将计入未来期间的应纳税所得额，形成未来期间企业所得税税款流出的增加，为应纳税暂时性差异。

五、负债的计税基础

负债的计税基础是指负债的账面价值减去在未来期间计算应纳税所得额时按照税法规定可予抵扣的金额，即假定企业按照税法规定进行核算，在其按照税法规定确定的资产负债表上有关负债的应有金额。

负债的确认与偿还一般不会影响企业未来期间的损益，也不会影响其未来期间的应纳税所得额，因此未来期间计算应纳税所得额时按照税法规定可予抵扣的金额为 0，计税基础即为账面价值。例如企业的短期借款、应付账款等。但是，某些情况下，负债的确认可能会影响企业的损益，进而影响不同期间的应纳税所得额，使其计税基础与账面价值之间产生差额，如按照会计准则规定确认的某些预计负债。

(一) 预计负债

根据收入准则的相关规定，对于不能作为单项履约义务的质量保证，企业应当按照或有事项准则相关规定,将预计提供售后服务发生的支出在销售当期确认为费用,同时确认预计负债。如果税法规定,与销售产品相关的支出应于发生时税前扣除,因该类事项产生的预计负债在期末的计税基础为其账面价值与未来期间可税前扣除的金额之间的差额,如有关的支出实际发生时可全额税前扣除,其计税基础为0。

因其他事项确认的预计负债,应按照税法规定的计税原则确定其计税基础。某些情况下,因某些事项确认的预计负债,税法规定其支出无论是否实际发生均不允许税前扣除,即未来期间按照税法规定可予抵扣的金额为0,则其账面价值与计税基础相同。

【例7-7】 甲公司2024年因销售产品承诺提供3年的保修服务,在当年年度利润表中确认了8 000 000元销售费用,同时确认为预计负债,当年度发生保修支出2 000 000元,预计负债的期末余额为6 000 000元。假定税法规定,与产品售后服务相关的费用可以在实际发生时税前扣除。

该项预计负债在甲公司2024年12月31日的账面价值为6 000 000元。

该项预计负债的计税基础=账面价值-未来期间计算应纳税所得额时按照税法规定可予抵扣的金额=6 000 000-6 000 000=0(元)

2024年12月31日,该项预计负债的账面价值为6 000 000元,计税基础为0,两者之间产生了6 000 000元的可抵扣暂时性差异。

【例7-8】 2024年10月5日,甲公司因为乙公司银行借款提供担保,乙公司未如期偿还借款,而被银行提起诉讼,要求其履行担保责任;12月31日,该案件尚未结案。甲公司预计很可能履行的担保责任为3 000 000元。假定税法规定,企业为其他单位债务提供担保发生的损失不允许在税前扣除。

2024年12月31日,该项预计负债的账面价值为3 000 000元,计税基础为3 000 000(3 000 000-0)元。该项预计负债的账面价值等于计税基础,不产生暂时性差异。

(二)合同负债

企业在收到客户预付的销售商品款项时,因不符合收入确认条件,会计上将其确认为负债(合同负债),待履行了相关履约义务时再转为收入。税法对于收入的确认原则一般与会计准则规定相同,即会计上未确认收入时,计税时一般也不计入应纳税所得额,该部分经济利益在未来期间计税时可予税前扣除的金额为0,计税基础等于账面价值。

如果不符合会计准则规定的收入确认条件,未确认为收入而确认为合同负债,但按照税法规定应计入当期应纳税所得额时,未来期间无须纳税,有关合同负债的计税基础为0。

(三)应付职工薪酬

会计准则规定,企业为获得职工提供的服务而给予的各种形式的报酬以及其他相关支出均应作为企业的成本、费用,在未支付之前确认为负债。税法对于合理的职工薪酬基本允许税前扣除,相关应付职工薪酬负债的账面价值等于计税基础。

(四)其他负债

企业的其他负债项目,如应交的罚款和滞纳金等,在尚未支付之前按照会计准则规定确认为费用,同时作为负债反映。按照税法规定,罚款和滞纳金不允许税前扣除,其计税基础为账面价值减去未来期间计税时可予税前扣除的金额0之间的差额,即计税基础等于账面价值。

【例 7-9】 甲公司因未按照税法规定缴纳税金，需在 2024 年缴纳滞纳金 1 000 000 元，截至 2024 年 12 月 31 日，该款项尚未支付，形成其他应付款 1 000 000 元。按照税法规定，企业因违反国家法律、法规规定缴纳的罚款、滞纳金不允许税前扣除。

因应缴滞纳金形成的其他应付款账面价值为 1 000 000 元，因税法规定该支出不允许税前扣除，其计税基础 = 1 000 000 - 0 = 1 000 000（元）。

对于罚款和滞纳金支出，会计准则与税法规定存在差异，但该差异仅影响发生当期，对未来期间计税不产生影响，因而不产生暂时性差异。

需要注意的是，对于按照税法规定可以结转以后年度的未弥补亏损及税款抵减，虽不是因资产、负债的账面价值与计税基础不同产生的，但本质上可抵扣亏损和税款抵减与可抵扣暂时性差异具有同样的作用，均能够减少未来期间的应纳税所得额，进而减少未来期间的应交所得税，在会计处理上，视同可抵扣暂时性差异，符合确认条件的情况下，应确认相关的递延所得税资产。

某些交易或事项发生以后，因为不符合资产、负债的确认条件而未体现为资产负债表中的资产或负债，但按照税法规定能够确定其计税基础的，其账面价值与计税基础之间的差异也构成暂时性差异。如企业发生的符合条件的广告费和业务宣传费支出，除税法另有规定外，不超过当年销售收入 15% 的部分准予扣除；超过部分准予在以后纳税年度结转扣除。该类支出在发生时按照会计准则规定计入当期损益，不形成资产负债表中的资产，但因按照税法规定可以确定其计税基础，两者之间的差异也形成暂时性差异。

【例 7-10】 甲公司 2024 年发生广告费 10 000 000 元，至年末已全额支付给广告公司。根据税法规定，企业发生的广告费、业务宣传费不超过当年销售收入 15% 的部分允许税前扣除，超过部分允许结转以后年度税前扣除。甲公司 2024 年实现销售收入 60 000 000 元。

因广告费支出形成的资产的账面价值为 0，其计税基础 = 10 000 000 - 60 000 000 × 15% = 1 000 000（元）。

广告费支出形成的资产的账面价值 0 与其计税基础 1 000 000 元之间形成 1 000 000 元可抵扣暂时性差异。

第二节 递延所得税负债和递延所得税资产的确认与计量

一、递延所得税负债的确认和计量

应纳税暂时性差异在转回期间将增加未来期间的应纳税所得额和应交所得税，导致企业经济利益的流出，从其发生当期来看，构成企业应支付税金的义务，应作为负债确认。

确认应纳税暂时性差异产生的递延所得税负债时，交易或事项发生时影响到会计利润或应纳税所得额的，相关的所得税影响应作为利润表中所得税费用的组成部分；与直接计入所有者权益的交易或事项相关的，其所得税影响应增加或减少所有者权益；企业合并产生的，相关的递延所得税影响应调整购买日应确认的商誉或是计入当期损益的金额。

（一）递延所得税负债的确认

企业在确认因应纳税暂时性差异产生的递延所得税负债时，应遵循以下原则：

（1）除会计准则中明确规定可不确认递延所得税负债的情况以外，企业对于所有的应纳税暂时性差异均应确认相关的递延所得税负债。除直接计入所有者权益的交易或事项以及企业合并外，在确认递延所得税负债的同时，应增加利润表中的所得税费用。

【例7-11】 甲公司于2024年1月1日开始计提折旧的某设备，取得成本为2 000 000元，采用年限平均法计提折旧，使用年限为10年，预计净残值为0。假定计税时允许按双倍余额递减法计提折旧，使用年限及预计净残值与会计相同。甲公司适用的所得税税率为25%。假定该企业不存在其他会计与税收处理的差异。

2024年该项固定资产按照会计准则规定计提的折旧额为200 000元，计税时允许扣除的折旧额为400 000元，则该固定资产的账面价值1 800 000元与其计税基础1 600 000元的差额构成应纳税暂时性差异，企业应确认递延所得税负债50 000［（1 800 000 - 1 600 000）×25%］元。

（2）不确认递延所得税负债的特殊情况。有些情况下，虽然资产、负债的账面价值与其计税基础不同，产生了应纳税暂时性差异，但出于各方面考虑，会计准则规定不确认相关的递延所得税负债，主要包括：

①商誉的初始确认。非同一控制下的企业合并中，企业合并成本大于合并中取得的被购买方可辨认净资产公允价值份额的差额，确认为商誉。因会计与税收的划分标准不同，按照税法规定作为免税合并的情况下，税法不认可商誉的价值，即从税法角度，商誉的计税基础为0，两者之间的差额形成应纳税暂时性差异。但是，确认该部分暂时性差异产生的递延所得税负债，则意味着将进一步增加商誉的价值。因商誉本身即是企业合并成本在取得的被购买方可辨认资产、负债之间进行分配后的剩余价值，确认递延所得税负债进一步增加其账面价值会影响到会计信息的可靠性，而且增加了商誉的账面价值以后，可能很快就要计提减值准备，同时其账面价值的增加还会进一步产生应纳税暂时性差异，使得递延所得税负债和商誉价值量的变化不断循环。因此，会计上作为非同一控制下的企业合并，同时按照税法规定作为免税合并的情况下，商誉的计税基础为0，其账面价值与计税基础不同形成的应纳税暂时性差异，会计准则规定不确认相关的递延所得税负债。

应予说明的是，按照会计准则规定在非同一控制下企业合并中确认了商誉，并且按照税法规定该商誉在初始确认时计税基础等于账面价值的，该商誉在后续计量过程中因会计准则与税法规定不同产生暂时性差异的，应当确认相关的所得税影响。

【例7-12】 甲公司以增发市场价值为60 000 000元的本企业普通股为对价购入乙公司100%的净资产，假定该项企业合并符合税法规定的免税合并条件，且乙公司原股东选择进行免税处理。购买日乙公司各项可辨认资产、负债的公允价值及其计税基础如表7-1所示。

表7-1 乙公司各项可辨认资产、负债的公允价值及其计税基础

单位：元

项目	公允价值	计税基础	暂时性差异
固定资产	27 000 000	15 500 000	11 500 000
应收账款	21 000 000	21 000 000	0
存货	17 400 000	12 400 000	5 000 000
应付账款	(3 000 000)	0	(3 000 000)
其他应付款	(12 000 000)	(12 000 000)	0
不包括递延所得税的可辨认资产、负债的公允价值	50 400 000	36 900 000	13 500 000

假定乙公司适用的所得税税率为25%，该项交易中应确认递延所得税负债及商誉的金额计算如下：

企业合并成本 = 60 000 000（元）

可辨认净资产公允价值 = 50 400 000（元）

递延所得税资产 = 3 000 000 × 25% = 750 000（元）

递延所得税负债 = 16 500 000 × 25% = 4 125 000（元）

考虑递延所得税后可辨认资产、负债的公允价值 = 50 400 000 + 3 000 000 × 25% − 16 500 000 × 25% = 47 025 000（元）

商誉 = 60 000 000 − 47 025 000 = 12 975 000（元）

所确认的商誉金额 12 975 000 元与其计税基础 0 之间产生的应纳税暂时性差异，不再进一步确认相关的递延所得税影响。

②除企业合并以外的其他交易或事项中，如果该项交易或事项发生时既不影响会计利润，也不影响应纳税所得额，则所产生的资产、负债的初始确认金额与其计税基础不同，形成应纳税暂时性差异的，交易或事项发生时不确认相应的递延所得税负债。该规定主要是考虑到由于交易发生时既不影响会计利润，也不影响应纳税所得额，确认递延所得税负债的直接结果是增加有关资产的账面价值或是降低所确认负债的账面价值，使得资产、负债在初始确认时，违背历史成本原则，影响会计信息的可靠性。

（二）递延所得税负债的计量

递延所得税负债应以相关应纳税暂时性差异转回期间适用的所得税税率计量。在我国，除享受优惠政策的情况以外，企业适用的所得税税率在不同年度之间一般不会发生变化，企业在确认递延所得税负债时，可以现行适用所得税税率为基础计算确定。对于享受优惠政策的企业，如国家重点扶持的高新技术企业，享受一定时期的税率优惠，则所产生的暂时性差异应以其预计转回期间的适用所得税税率为基础计量。另外，无论应纳税暂时性差异的转回期间如何，递延所得税负债不要求折现。

二、递延所得税资产的确认和计量

（一）递延所得税资产的确认

1. 确认的一般原则

资产、负债的账面价值与其计税基础不同产生可抵扣暂时性差异的，在估计未来期间能够取得足够的应纳税所得额用以利用该可抵扣暂时性差异时，应当以很可能取得用来抵扣可抵扣暂时性差异的应纳税所得额为限，确认相关的递延所得税资产。与递延所得税负债的确认相同，有关交易或事项发生时，对会计利润或应纳税所得额产生影响的，所确认的递延所得税资产应作为利润表中所得税费用的调整；有关的可抵扣暂时性差异产生于直接计入所有者权益的交易或事项，则确认的递延所得税资产也应计入所有者权益；对于企业合并时产生的可抵扣暂时性差异的所得税影响，应相应调整企业合并中确认的商誉或是应计入当期损益的金额。

确认递延所得税资产时，应关注以下问题：

（1）递延所得税资产的确认应以未来期间可能取得的应纳税所得额为限。在可抵扣暂时性差异转回的未来期间内，企业无法产生足够的应纳税所得额用以抵减可抵扣暂时性差异的影响，使得与递延所得税资产相关的经济利益无法实现的，该部分递延所得税资产不应确认；企业有确凿的证据表明其于可抵扣暂时性差异转回的未来期间能够产生足够的应纳税所得额，进而利用可抵扣暂时性差异的，则应以可能取得的应纳税所得额为限，确认相关的递延所得税资产。

在判断企业于可抵扣暂时性差异转回的未来期间能否产生足够的应纳税所得额时，应考虑以下两个方面的影响：一是通过正常的生产经营活动能够实现的应纳税所得额，如企业通过销售商品、提供劳务等所实现的收入，扣除相关费用后的金额；二是以前期间产生的应纳税暂时性差异在未来期间转回时将产生应纳税所得额的增加额。

考虑到受可抵扣暂时性差异转回的期间内可能取得应纳税所得额的限制，因无法取得足够的应纳税所得额而未确认相关的递延所得税资产的，应在财务报表附注中进行披露。

（2）对于按照税法规定可以结转以后年度的未弥补亏损和税款抵减，应视同可抵扣暂时性差异处理。在预计可利用可弥补亏损或税款抵减的未来期间内能够取得足够的应纳税所得额时，应当以很可能取得的应纳税所得额为限，确认相关的递延所得税资产，同时减少确认当期的所得税费用。

与未弥补亏损和税款抵减相关的递延所得税资产的确认条件与可抵扣暂时性差异产生的递延所得税资产相同，在估计未来期间能否产生足够的应纳税所得额用于利用该部分未弥补亏损或税款抵减时，应考虑以下相关因素的影响：

①在未弥补亏损到期前，企业是否会因以前期间产生的应纳税暂时性差异转回而产生足够的应纳税所得额。

②在未弥补亏损到期前，企业是否可能通过正常的生产经营活动产生足够的应纳税所得额。

③未弥补亏损是否产生于一些在未来期间不可能再发生的特殊原因。

④是否存在其他的证据表明在未弥补亏损到期前能够取得足够的应纳税所得额。

2. 不确认递延所得税资产的特殊情况

某些情况下，如果企业发生的某项交易或事项不是企业合并，并且交易发生时既不影响会计利润也不影响应纳税所得额，且该项交易中产生的资产、负债的初始确认金额与其计税基础不同，产生可抵扣暂时性差异的，会计准则规定在交易或事项发生时不确认相关的递延所得税资产。其原因与该种情况下不确认相关的递延所得税负债相同，如果确认递延所得税资产，则需调整资产、负债的入账价值，对实际成本进行调整将有违历史成本原则，影响会计信息的可靠性，该种情况下不确认相关的递延所得税资产。

【例 7 – 13】 甲公司 2024 年发生资本化研究开发支出 8 000 000 元，截至年末，研发项目尚未完成。税法规定，按照会计准则规定资本化的开发支出按其 200% 作为计算摊销额的基础。

甲公司按照会计准则规定资本化的开发支出为 8 000 000 元，其计税基础为 16 000 000（8 000 000×200%）元，该开发支出及所形成无形资产在初始确认时其账面价值与计税基础即存在差异，因该差异并非产生于企业合并，同时在产生时既不影响会计利润也不影响应纳税所得额，按照所得税准则规定，不确认与该暂时性差异相关的所得税影响。

（二）递延所得税资产的计量

1. 适用税率的确定

同递延所得税负债的计量原则相一致，确认递延所得税资产时，应估计相关可抵扣暂时性差异的转回时间，采用转回期间适用的所得税税率为基础计算确定。另外，无论相关的可抵扣暂时性差异转回期间如何，递延所得税资产均不予折现。

2. 递延所得税资产的减值

与其他资产相一致，在资产负债表日，企业应当对递延所得税资产的账面价值进行复核。如果未来期间很可能无法取得足够的应纳税所得额用以利用递延所得税资产的利益，应当减记递延所得税资产的账面价值。对于预期无法实现的部分，一般应确认为当期所得税费用，同时减少递延所得税资产的账面价值；对于原确认时计入所有者权益的递延所得税资产，其减记金额也应计入所有者权益，不影响当期所得税费用。

递延所得税资产的账面价值因上述原因减记以后，以后期间根据新的环境和情况判断能够产生足够的应纳税所得额用以利用可抵扣暂时性差异，使得递延所得税资产包含的经济利益能够实现的，应相应恢复递延所得税资产的账面价值。

三、特定交易或事项涉及递延所得税的确认

与当期及以前期间直接计入所有者权益的交易或事项相关的当期所得税及递延所得税应当计入所有者权益。直接计入所有者权益的交易或事项主要有：对会计政策变更采用追溯调整法或对前期差错更正采用追溯重述法调整期初留存收益、以公允价值计量且其变动计入其他综合收益的金融资产的公允价值的变动金额、自用房地产转为采用公允价值模式计量的投资性房地产时公允价值大于原账面价值的差额计入其他综合收益等。

【例7-14】甲公司于2024年4月自公开市场以每股6元的价格购得A公司普通股200万股，作为以公允价值计量且其变动计入其他综合收益的非交易性权益工具投资核算（假定不考虑交易费用），2024年12月31日，甲公司该股票投资尚未出售，当日市价为每股9元。假定按照税法规定，资产在持有期间公允价值的变动不计入应纳税所得额，待处置时一并计算计入应纳税所得额。甲公司适用的所得税税率为25%，假定在未来期间不会发生变化。假定不考虑其他因素，终止确认时其他综合收益转入留存收益中的"利润分配"科目。

甲公司在期末的账务处理如下：

借：其他权益工具投资——公允价值变动　　　　　　　　　　　　　6 000 000
　　贷：其他综合收益——其他权益工具投资公允价值变动　　　　　　6 000 000
借：其他综合收益——其他权益工具投资公允价值变动　　　　　　　1 500 000
　　贷：递延所得税负债　　　　　　　　　　　　　　　　　　　　　1 500 000

假定甲公司以每股11元的价格将该股票于2025年对外出售，结转该股票出售损益时：

借：银行存款　　　　　　　　　　　　　　　　　　　　　　　　　22 000 000
　　贷：其他权益工具投资——成本　　　　　　　　　　　　　　　　12 000 000
　　　　　　　　　　　　——公允价值变动　　　　　　　　　　　　 6 000 000

	利润分配——未分配利润	4 000 000

借：其他综合收益——其他权益工具投资公允价值变动　　　4 500 000
　　递延所得税负债　　　　　　　　　　　　　　　　　　1 500 000
　　贷：利润分配——未分配利润　　　　　　　　　　　　　　　6 000 000

四、所得税税率变化对递延所得税资产和递延所得税负债影响的确认与计量

因适用税收法规的变化，导致企业在某一会计期间适用的所得税税率发生变化的，企业应对已确认的递延所得税资产和递延所得税负债进行重新计量。递延所得税资产和递延所得税负债的金额代表的是有关可抵扣暂时性差异或应纳税暂时性差异于未来期间转回时，导致应交所得税金额减少或增加的情况。适用所得税税率的变化必然导致应纳税暂时性差异或可抵扣暂时性差异在未来期间转回时产生增加或减少应交所得税金额的变化，在适用所得税税率变化的情况下应对原已确认的递延所得税资产和递延所得税负债的金额进行调整，反映所得税税率变化带来的影响。

除直接计入所有者权益的交易或事项产生的递延所得税资产和递延所得税负债相关的调整金额应计入所有者权益以外，其他情况下因所得税税率变化产生的递延所得税资产和递延所得税负债调整金额应确认为变化当期的所得税费用（或收益）。

第三节　所得税费用的确认和计量

企业核算所得税，主要是为确定当期应交所得税以及利润表中的所得税费用，从而确定各期实现的净利润。确认递延所得税资产和递延所得税负债，最终目的也是解决不同会计期间所得税费用的分配问题。按照资产负债表债务法进行核算的情况下，利润表中的所得税费用由两个部分组成：当期所得税和递延所得税。

一、当期所得税

当期所得税是指企业按照税法规定计算确定的针对当期发生的交易或事项，应缴纳给税务机关的所得税金额，即应交所得税。当期所得税应当以适用的税收法规为基础计算确定。企业在确定当期所得税时，对于当期发生的交易或事项，会计处理与税收处理不同的，应在会计利润的基础上，按照适用税收法规的要求进行调整（即纳税调整），计算出当期应纳税所得额，按照应纳税所得额与适用所得税税率计算确定当期应交所得税。一般情况下，应纳税所得额可在会计利润的基础上，考虑会计准则与税法规定之间的差异，按照以下公式计算确定：

应纳税所得额＝会计利润＋纳税调整增加额－纳税调整减少额＋境外应税所得弥补境内亏损－弥补以前年度亏损

当期所得税＝当期应交所得税＝应纳税所得额×适用税率－减免税额－抵免税额

二、递延所得税

递延所得税是指按照会计准则规定应予确认的递延所得税资产和递延所得税负债在会计期末应

有的金额相对于原已确认金额之间的差额,即递延所得税资产和递延所得税负债的当期发生额,但不包括计入所有者权益的交易或事项的所得税影响。用公式表示为:

递延所得税 = 当期递延所得税负债的增加 + 当期递延所得税资产的减少 - 当期递延所得税负债的减少 - 当期递延所得税资产的增加

需要注意的是,如果某项交易或事项按照会计准则规定应计入所有者权益,由该交易或事项产生的递延所得税资产或递延所得税负债及其变化也应计入所有者权益,不构成利润表中的递延所得税费用(或收益)。

【例7-15】 甲公司2024年9月取得的某项以公允价值计量且其变动计入其他综合收益的其他债权投资,成本为2 000 000元,2024年12月31日,其公允价值为2 400 000元。甲公司适用的所得税税率为25%。

(1) 会计期末在确认400 000(2 400 000 - 2 000 000)元的公允价值变动时:

借:其他债权投资——公允价值变动　　　　　　　　　　　　　　400 000
　　贷:其他综合收益——其他债权投资公允价值变动　　　　　　　　400 000

(2) 确认应纳税暂时性差异的所得税影响时:

借:其他综合收益——其他债权投资公允价值变动　　　　　　　　100 000
　　贷:递延所得税负债　　　　　　　　　　　　　　　　　　　　100 000

另外,非同一控制下的企业合并中因资产、负债的入账价值与其计税基础不同产生的递延所得税资产或递延所得税负债,其确认结果直接影响购买日确认的商誉或计入利润表当期损益的金额,不影响购买日的所得税费用。

三、所得税费用的计算与列报

计算确定了当期所得税及递延所得税以后,利润表中应予确认的所得税费用为两者之和,即:

所得税费用 = 当期所得税 + 递延所得税

【例7-16】 甲公司2024年度利润表中利润总额为12 000 000元,假定适用的所得税税率为25%,预计未来期间适用的所得税税率不会发生变化,未来期间能够产生足够的应纳税所得额用以抵扣可抵扣暂时性差异。递延所得税资产及递延所得税负债不存在期初余额。

该公司2024年发生的有关交易或事项中,会计处理与税收处理存在差别的有:

(1) 2023年12月31日取得的一项固定资产,成本为6 000 000元,使用年限为10年,预计净残值为0,会计处理按双倍余额递减法计提折旧,税收处理按直线法计提折旧。假定税法规定的使用年限及预计净残值与会计准则规定相同。

(2) 向关联企业捐赠现金2 000 000元。假定税法规定,企业向关联方的捐赠不允许税前抵扣。

(3) 当年度发生研究开发支出5 000 000元,较上年度增长20%。其中3 000 000元予以资本化;截至2024年12月31日,该研发项目仍在开发过程中。假定税法规定,企业费用化的研究开发支出按200%税前扣除,资本化的研究开发支出按资本化金额的200%确定应予摊销的金额。

(4) 应付违反环保法规规定罚款1 000 000元。

(5) 期末对持有的存货计提了300 000元的存货跌价准备。

分析：

(1) 2024 年度当期应交所得税：

应纳税所得额 = 12 000 000 + (6 000 000 ÷ 10 × 2 - 6 000 000 ÷ 10) + 2 000 000 - (5 000 000 - 3 000 000) × 100% + 1 000 000 + 300 000 = 13 900 000（元）

应交所得税 = 13 900 000 × 25% = 3 475 000（元）

(2) 2024 年度递延所得税：

甲公司 2024 年 12 月 31 日有关资产、负债的账面价值、计税基础及相应的暂时性差异如表 7 - 2 所示。

表 7 - 2　甲公司有关资产、负债的账面价值、计税基础、暂时性差异　　　　　　　单位：元

项目	账面价值	计税基础	差异	
			应纳税暂时性差异	可抵扣暂时性差异
存货	8 000 000	8 300 000		300 000
固定资产	25 400 000	26 000 000		600 000
开发支出	3 000 000	5 250 000		2 250 000
其他应付款	1 000 000	1 000 000		
合计				3 150 000

本例中，由于存货、固定资产的账面价值和其计税基础不同，产生可抵扣暂时性差异共 900 000 元，确认了递延所得税收益 225 000 元；对于资本化的开发支出 3 000 000 元，其计税基础为 6 000 000（3 000 000 × 200%）元，该开发支出及所形成的无形资产在初始确认时其账面价值与计税基础即存在差异，因该差异并非产生于企业合并，同时在产生时既不影响会计利润也不影响应纳税所得额，按照所得税准则规定，不确认与该暂时性差异相关的所得税影响。所以，递延所得税收益 = 900 000 × 25% = 225 000（元）。

(3) 利润表中应确认的所得税费用：

所得税费用 = 3 475 000 - 225 000 = 3 250 000（元）

借：所得税费用　　　　　　　　　　　　　　　　　　　　　　　　　　　　3 250 000
　　递延所得税资产　　　　　　　　　　　　　　　　　　　　　　　　　　　225 000
　　贷：应交税费——应交所得税　　　　　　　　　　　　　　　　　　　　　3 475 000

【例 7 - 17】　甲公司 2024 年初的递延所得税资产借方余额为 1 900 000 元，递延所得税负债贷方余额为 100 000 元，具体构成项目如表 7 - 3 所示。

表 7 - 3　甲公司递延所得税资产和递延所得税负债　　　　　　　　　　　　　　单位：元

项目	可抵扣暂时性差异	递延所得税资产	应纳税暂时性差异	递延所得税负债
应收账款	600 000	150 000		
交易性金融资产			400 000	100 000
其他债权投资	2 000 000	500 000		
预计负债	800 000	200 000		
可税前抵扣的经营亏损	4 200 000	1 050 000		

该公司 2024 年度利润表中利润总额为 16 100 000 元，适用的所得税税率为 25%，预计未来期间适

用的所得税税率不会发生变化,未来期间能够产生足够的应纳税所得额用以抵扣可抵扣暂时性差异。

该公司2024年发生的有关交易和事项中,会计处理与税收处理存在差别的有:

(1) 年末转回应收账款坏账准备200 000元。假定税法规定,转回的坏账损失不计入应纳税所得额。

(2) 年末根据交易性金融资产公允价值变动确认公允价值变动收益200 000元。假定税法规定,交易性金融资产公允价值变动收益不计入应纳税所得额。

(3) 年末根据其他债权投资公允价值变动增加其他综合收益400 000元。假定税法规定,其他债权投资公允价值变动金额不计入应纳税所得额。

(4) 当年实际支付产品保修费用500 000元,冲减前期确认的相关预计负债;当年确认产品保修费用100 000元,增加相关预计负债。假定税法规定,实际支付的产品保修费用允许税前扣除,但预计的产品保修费用不允许税前扣除。

(5) 当年发生业务宣传费8 000 000元,至年末尚未支付。该公司当年实现销售收入50 000 000元。假定税法规定,企业发生的业务宣传费支出,不超过当年销售收入15%的部分,准予税前扣除;超过部分,准予结转以后年度税前扣除。

分析:

(1) 2024年度当期应交所得税:

应纳税所得额 = 16 100 000 - 4 200 000 - 200 000 - 200 000 - 500 000 + 100 000 + (8 000 000 - 50 000 000 × 15%) = 11 600 000(元)

应交所得税 = 11 600 000 × 25% = 2 900 000(元)

(2) 2024年度递延所得税:

甲公司2024年12月31日有关资产、负债的账面价值、计税基础及相应的暂时性差异如表7-4所示。

表7-4 甲公司有关资产、负债的账面价值、计税基础、暂时性差异 单位:元

项目	账面价值	计税基础	差异	
			应纳税暂时性差异	可抵扣暂时性差异
应收账款	3 600 000	4 000 000		400 000
交易性金融资产	4 200 000	3 600 000	600 000	
其他债权投资	4 000 000	5 600 000		1 600 000
预计负债	400 000	0		400 000
其他应付款	8 000 000	7 500 000		500 000

递延所得税费用 = (600 000 × 25% - 100 000) - [(400 000 + 400 000 + 500 000) × 25% - (150 000 + 200 000 + 1 050 000)] = 1 125 000(元)

(3) 利润表中应确认的所得税费用:

所得税费用 = 2 900 000 + 1 125 000 = 4 025 000(元)

借:所得税费用 4 025 000
　　贷:应交税费——应交所得税 2 900 000
　　　　递延所得税资产 1 075 000
　　　　递延所得税负债 50 000

借：其他综合收益　　　　　　　　　　　　　　　　　　　　　　　　　　　100 000
　　贷：递延所得税资产　　　　　　　　　　　　　　　　　　　　　　　　　　100 000

递延所得税资产＝（150 000＋200 000＋1 050 000）－（400 000＋400 000＋500 000）×25%＝1 075 000（元）

递延所得税负债＝600 000×25%－100 000＝50 000（元）

其他综合收益＝400 000×25%＝100 000（元）

四、合并财务报表中因抵销未实现内部交易损益产生的递延所得税

企业在编制合并财务报表时，因抵销未实现内部销售损益导致合并资产负债表中资产、负债的账面价值与其纳入合并范围的企业按照适用税法规定确定的计税基础之间产生暂时性差异的，在合并资产负债表中应当确认递延所得税资产或递延所得税负债，同时调整合并利润表中的所得税费用，但与直接计入所有者权益的交易或事项及企业合并相关的递延所得税除外。

企业在编制合并财务报表时，应将纳入合并范围的企业之间发生的未实现内部交易损益予以抵销。因此，对于所涉及的资产负债项目在合并资产负债表中列示的账面价值与其在所属的企业个别资产负债表中的价值会不同，进而可能产生与有关资产、负债所属纳税主体计税基础的不同，从合并财务报表作为一个完整会计主体的角度来看，应当确认该暂时性差异的所得税影响。

章节练习题

一、单项选择题

1. 甲公司2024年当期确认应支付的职工工资及其他薪金性质支出共计5 000万元，尚未支付。按照税法规定的计税工资标准可以于当期扣除的部分为4 200万元。2024年12月31日甲公司应付职工薪酬产生的暂时性差异为(　　)万元。

　　A. 5 000　　　　B. 800　　　　C. 0　　　　D. 4 200

2. 2024年1月1日，甲公司自证券市场购入当日发行的一批3年期、票面金额1 000万元、票面年利率5%、到期一次还本付息的国债，实际支付价款1 022.35万元，不考虑相关费用，购买该项债券投资确认的实际年利率为4%，到期日为2026年12月31日。甲公司将该国债作为以摊余成本计量的金融资产核算。税法规定，国债利息收入免交所得税。2024年12月31日该项以摊余成本计量的金融资产产生的暂时性差异为(　　)万元。

　　A. 40.89　　　B. 63.24　　　C. 13.24　　　D. 0

3. 甲公司适用的所得税税率为25%。甲公司2024年分别销售A产品和B产品1万件和2万件，销售单价分别为100元和50元。甲公司向购买者承诺提供产品售后2年内免费保修服务，预计保修期内将发生的保修费在销售额的2%～8%，且该范围内各个概率发生的可能性相同。2024年实际发生保修费5万元，2024年1月1日预计负债的年初余额为3万元。税法规定，与产品售后服务相关的费用在实际发生时允许税前扣除，则甲公司2024年末因该事项确认的递延所得税资产余额为(　　)万元。

　　A. 2　　　　B. 3. 25　　　　C. 5　　　　D. 0

4. A公司2024年发生了1 200万元广告费，已用银行存款支付，发生时已作为销售费用计入当

期损益。税法规定，该类支出不超过当年销售收入15%的部分允许当期税前扣除，超过部分允许向以后纳税年度结转税前抵扣。A公司2024年实现销售收入6 000万元。A公司2024年广告费支出的计税基础为(　　)万元。

　　A.300　　　　　　B.1 200　　　　　　C.900　　　　　　D.0

5. B公司适用的所得税税率为25%。B公司于2024年12月31日取得某项固定资产，其初始入账价值为500万元，预计使用年限为10年，采用年限平均法计提折旧，预计净残值为0。税法规定，对于该项固定资产采用双倍余额递减法计提折旧，折旧年限、预计净残值与会计估计相同。则2026年12月31日该项固定资产应确认的递延所得税负债为(　　)万元。

　　A.7.5　　　　　　B.20　　　　　　C.12.5　　　　　　D.-7.5

6. 甲公司当期为研发新技术发生研究开发支出500万元，其中研究阶段支出120万元，开发阶段不符合资本化条件的支出160万元，符合资本化条件的支出220万元。假定该项新技术已经达到预定可使用状态，当期会计摊销额为22万元。税法规定，企业为开发新技术、新产品、新工艺发生的研究开发费用，未形成无形资产计入当期损益的，在按照规定据实扣除的基础上，按照研究开发费用的75%加计扣除；形成无形资产的，按照无形资产成本的175%摊销。假定税法对该项无形资产的摊销方法、年限及净残值规定与会计相同，则甲公司当期期末由于该项无形资产应确认的递延所得税资产金额为(　　)万元。

　　A.0　　　　　　B.99　　　　　　C.24.75　　　　　　D.198

7. 2024年12月31日，甲公司因以公允价值计量且其变动计入当期损益的金融资产和以公允价值计量且其变动计入其他综合收益的金融资产的公允价值变动，分别确认了15万元的递延所得税资产和23万元的递延所得税负债。甲公司当期应交所得税的金额为120万元。假定不考虑其他因素，该公司2024年度利润表"所得税费用"项目应列示的金额为(　　)万元。

　　A.105　　　　　　B.128　　　　　　C.120　　　　　　D.123

8. 甲公司将某一栋写字楼租赁给乙公司使用，并一直采用成本模式进行后续计量。2024年1月1日，甲公司认为，出租给乙公司使用的写字楼，其所在地的房地产交易市场比较成熟，具备了采用公允价值模式计量的条件，决定将该项投资性房地产从成本模式转换为公允价值模式计量。该写字楼的原价为5 000万元，至转换日已累计折旧600万元，未计提减值准备。2024年1月1日，该写字楼的公允价值为6 100万元，假设甲公司按净利润的15%提取盈余公积，适用的所得税税率为25%。则转换日影响资产负债表中期初"未分配利润"项目的金额为(　　)万元。

　　A.1 700　　　　　　B.1 275　　　　　　C.1 445　　　　　　D.1 083.75

9. 甲公司所得税采用资产负债表债务法核算，适用的所得税税率为25%。甲公司2024年年初因计提产品质量保证金确认递延所得税资产20万元，2024年计提产品质量保证金50万元，本期实际发生保修费用80万元。则甲公司2024年年末因产品质量保证金确认递延所得税资产的余额为(　　)万元。

　　A.12.5　　　　　　B.0　　　　　　C.15　　　　　　D.22.5

10. 企业当期发生的所得税费用，不正确的处理方法是(　　)。

　　A. 一般情况下记入利润表

　　B. 与直接计入所有者权益的交易或者事项相关的递延所得税，应当计入留存收益

　　C. 与直接计入所有者权益的交易或者事项相关的递延所得税，应当计入其他综合收益

D. 合并财务报表中因抵销未实现内部交易损益导致的合并资产负债表中资产、负债的账面价值与其按照税法规定的计税基础之间产生暂时性差异的，应当确认递延所得税资产或负债，同时调整所得税费用，但特殊情况的除外

二、多项选择题

1. 企业当年发生的下列会计事项中，能够产生可抵扣暂时性差异的有(　　)。

A. 预计产品质量保证损失

B. 年末以公允价值计量且其变动计入当期损益的金融负债的公允价值小于其账面成本（计税基础）并按公允价值调整

C. 年初新投入使用一台设备，会计上采用年数总和法计提折旧，而税法上要求采用年限平均法计提折旧

D. 发生超标的业务招待费

2. 以下关于递延所得税资产计量的表述中，正确的有(　　)。

A. 确认递延所得税资产时，应估计相关可抵扣暂时性差异的转回时间，采用转回期间适用的所得税率为基础计算确定

B. 无论相关的可抵扣暂时性差异转回期间如何，递延所得税资产均不予折现

C. 对于递延所得税资产，在资产负债表日，不需要对其账面价值进行复核

D. 如果未来期间很可能无法取得足够的应纳税所得额用以利用递延所得税资产的利益，应当减记递延所得税资产的账面价值

3. 下列有关负债计税基础确定的表述中，正确的有(　　)。

A. 企业因销售商品提供售后三包等原因于当期确认了 200 万元的预计负债，则该预计负债的账面价值为 200 万元，计税基础为 0

B. 企业因债务担保确认了预计负债 100 万元，则该项预计负债的账面价值为 100 万元，计税基础为 0

C. 企业收到客户的一笔款项 100 万元，因不符合收入确认条件，会计上作为合同负债反映，但符合税法规定的收入确认条件，该笔款项已计入当期应纳税所得额，则合同负债的账面价值为 100 万元，计税基础为 0

D. 企业当期期末确认应付职工薪酬 1 500 万元，按照税法规定可以于当期全部扣除，则应付职工薪酬的账面价值为 1 500 万元，计税基础为 1 500 万元

4. 下列经济业务或事项中，可能产生可抵扣暂时性差异的有(　　)。

A. 因预计销售产品退回而确认预计负债

B. 可以结转以后年度的未弥补亏损

C. 期末存货计提跌价准备

D. 交易性金融资产期末公允价值上升

5. 下列关于递延所得税资产的说法中，正确的有(　　)。

A. 递延所得税资产的确认应以未来期间可取得的应纳税所得额为限

B. 适用税率变动的情况下，原已确认的递延所得税资产及递延所得税负债的金额不需要进行调整

C. 确认递延所得税资产时，应估计相关可抵扣暂时性差异的转回时间，采用转回期间适用的所得税税率为基础计算确定

D. 与直接计入所有者权益的交易或事项相关的可抵扣暂时性差异，相应的递延所得税资产应计入所有者权益

6. 甲公司全年实现税前会计利润 200 万元，非公益性捐赠支出为 15 万元，各项税收的滞纳金和罚款为 3 万元，超标的业务宣传费为 5 万元，发生的其他可抵扣暂时性差异为 20 万元（该暂时性差异影响损益）。该公司适用的所得税税率为 25%，期初递延所得税资产及递延所得税负债的余额均为 0。不考虑其他因素，下列关于甲公司的处理正确的有( )。

A. 企业应交所得税为 60.75 万元

B. 企业应纳税所得额为 243 万元

C. 企业递延所得税资产期末余额为 6.25 万元

D. 本期所得税费用为 60.75 万元

7. 下列各项中，在计算应纳税所得额时应当纳税调增的有( )。

A. 计提固定资产减值准备

B. 研发符合"三新"条件的无形资产发生的研究阶段支出

C. 发生的业务招待费税法上不允许扣除部分

D. 确认国债利息收入

8. 甲公司 2024 年 1 月 1 日存货跌价准备余额为 10 万元，因本期销售结转存货跌价准备 2 万元。2024 年 12 月 31 日存货成本为 90 万元，可变现净值为 70 万元。税法规定，企业计提的资产减值损失在发生实质性损失时允许税前扣除，则下列表述中正确的有( )。

A. 甲公司 2024 年 12 月 31 日计提存货跌价准备 12 万元

B. 甲公司 2024 年 12 月 31 日存货账面价值为 70 万元

C. 甲公司 2024 年 12 月 31 日存货计税基础为 70 万元

D. 甲公司 2024 年 12 月 31 日存货计税基础为 90 万元

9. 下列项目中，不会形成暂时性差异的有（ ）。

A. 当期购入到期一次还本付息的国债，确认国债利息收入 20 000 元

B. 以 1 200 000 元购入一项固定资产，取得当期会计折旧为 100 000 元，计税时就该项固定资产税前扣除的折旧额为 400 000 元

C. 某企业本年年末长期资产的减值准备余额为 100 万元，上年年末相对应的资产减值准备余额为 60 万元。当年该类资产未发生相关的处置

D. 当年因违反税法规定应支付罚款 4 万元，确认为资产负债表中的负债。税法规定，因违反国家有关规定支付的罚款和滞纳金不允许税前扣除

10. 下列交易或事项中，能够产生暂时性差异的有( )。

A. 企业计提坏账准备 B. 企业支付违约金罚款

C. 企业计提存货跌价准备 D. 企业购买国债取得利息收入

三、判断题

1. 使用寿命不确定的无形资产不形成暂时性差异。 （ ）

2. 对于罚款、滞纳金，在尚未支付之前按照会计规定确认为费用，同时作为负债反映。税法规定，罚款和滞纳金不允许税前扣除，所以形成可抵扣暂时性差异。（　　）

3. 如果应纳税暂时性差异转回期间较长，那么应当以递延所得税负债折现后的金额进行确认。（　　）

4. 在资产负债表日，如果未来期间很可能无法获得足够的应纳税所得额用以利用递延所得税资产的利益，应当减记递延所得税资产的账面价值。（　　）

5. 国债利息收入免税会造成资产账面价值小于计税基础，形成递延所得税资产。（　　）

6. 除会计准则中明确规定可不确认递延所得税负债的情况以外，企业对于所有的应纳税暂时性差异均应确认相关递延所得税负债。（　　）

7. 按照会计准则规定在非同一控制下企业合并中确认了商誉，并且按照所得税法规的规定该商誉在初始确认时计税基础等于账面价值的，若该商誉在后续计量过程中因会计准则与税法规定不同产生暂时性差异，应当确认相关的所得税影响。（　　）

8. 未作为资产、负债确认的项目不产生暂时性差异。（　　）

9. 资产的账面价值小于其计税基础时，产生应纳税暂时性差异。从经济含义来看，资产在未来期间产生的经济利益少，按照税法规定允许税前扣除的金额多，则企业在未来期间可以减少应纳税所得额并减少应交所得税，应确认相关的递延所得税资产。（　　）

10. 可抵扣暂时性差异在未来期间转回时会减少转回期间的应纳税所得额，减少未来期间的应交所得税；应纳税暂时性差异在未来期间转回时会增加转回期间的应纳税所得额，增加未来期间的应交所得税金额。（　　）

四、案例分析题

1. 甲公司2024年年初的递延所得税资产借方余额为25万元，与之对应的预计负债贷方余额为100万元；递延所得税负债无期初余额。甲公司2024年度实现的利润总额为4 760万元，适用的企业所得税税率为25%且预计在未来期间保持不变；预计未来期间能够产生足够的应纳税所得额用以抵扣可抵扣暂时性差异。甲公司2024年度发生的有关交易和事项中，会计处理与税收处理存在差异的相关资料如下：

资料一：2024年7月，甲公司向非关联企业捐赠现金250万元。

资料二：2024年8月，甲公司以银行存款支付产品保修费用150万元，同时冲减了预计负债年初贷方余额100万元。2024年年末，保修期结束，甲公司不再预提保修费。

资料三：2024年12月31日，甲公司采用预期信用损失法对应收账款计提了坏账准备90万元。假定不考虑其他因素。

要求：

（1）根据资料一至资料三，计算甲公司2024年度的应纳税所得额和应交所得税。

（2）根据资料一至资料三，逐项分析甲公司每一交易或事项对递延所得税的影响金额（如无影响，也明确指出无影响的原因）。

（3）根据资料一至资料三，逐笔编制甲公司与递延所得税有关的会计分录（不涉及递延所得税的，不需要编制会计分录）。

（4）根据资料一至资料三，计算甲公司利润表中应列示的2024年度所得税费用。

2. 甲公司采用资产负债表债务法核算所得税，适用的所得税税率为25%。2024年年初甲公司递延所得税资产及递延所得税负债的期初余额均为0。2024年度甲公司实现利润总额2 000万元。假定甲公司未来年度能够产生足够的应纳税所得额用以抵扣可抵扣暂时性差异。由于满足税收优惠条件，自2025年1月起甲公司适用的所得税税率将调整为15%。与所得税核算有关的情况如下：

（1）2024年1月开始计提折旧的一项固定资产，成本为600万元，预计使用年限为5年，预计净残值为0，会计处理按年数总和法计提折旧，税法规定按年限平均法计提折旧。假定税法规定的使用年限及净残值与会计估计相同。

（2）以银行存款向关联企业捐赠1 000万元。假定按照税法规定，企业向关联方的捐赠支出不允许税前扣除。

（3）甲公司当年取得以公允价值计量且其变动计入当期损益的金融资产的成本为1 400万元，2024年年末其公允价值为1 800万元。税法规定，以公允价值计量的金融资产持有期间确认的公允价值变动金额不计入当期应纳税所得额，待处置时一并计算应计入应纳税所得额的金额。

（4）2024年甲公司违反环保规定应支付罚款100万元，罚款尚未支付。税法规定，违反环保规定的罚款支出不允许税前扣除。

假定不考虑其他因素。

要求：

（1）计算甲公司2024年度应交所得税的金额。

（2）计算甲公司2024年度递延所得税资产的发生额和递延所得税负债的发生额。

（3）编制甲公司2024年度与所得税有关的会计分录。

（答案中的金额单位用万元）

3. A公司2024年度利润表中利润总额为3 000万元，该公司适用的所得税税率为25%。递延所得税资产及递延所得税负债不存在期初余额。

2024年发生的有关交易和事项中，会计处理与税收处理存在差别的有：

（1）2024年1月开始计提折旧的一项固定资产，成本为1 500万元，使用年限为10年，净残值为0，会计处理按双倍余额递减法计提折旧，税收处理按直线法计提折旧。假定税法规定的使用年限及净残值与会计规定相同。

（2）向关联企业捐赠现金500万元。假定按照税法规定，企业向关联方的捐赠不允许税前扣除。

（3）当期取得作为交易性金融资产核算的股票投资成本为800万元，2024年12月31日的公允价值为1 200万元。税法规定，以公允价值计量的金融资产持有期间市价变动不计入应纳税所得额。

（4）违反环保法规规定应支付罚款250万元。

（5）期末对持有的存货计提了75万元的存货跌价准备。

要求：

（1）计算2024年A公司应交的所得税。

（2）计算2024年A公司递延所得税发生额。

（3）计算2024年A公司利润表中所得税费用金额。

（4）编制与所得税相关的会计分录。

第八章

会计政策、会计估计变更和差错更正

第一节　会计政策及其变更

一、会计政策概述

（一）会计政策的概念

会计政策是指企业在会计确认、计量和报告中所采用的原则、基础和会计处理方法。会计政策包括会计原则、基础和处理方法。其中，会计原则是指按照企业会计准则规定的、适合于企业会计核算所采用的具体会计原则。会计基础是指为了将会计原则应用于交易或者事项而采用的基础，主要是指会计计量基础，包括历史成本、重置成本、可变现净值、现值和公允价值等。会计处理方法是指企业在会计核算中按照法律、行政法规或者国家统一的会计制度等规定采用或者选择的、适合于本企业的具体会计处理方法。

（二）会计政策的特点

在我国，会计准则属于法规，会计政策所包括的具体会计原则、基础和具体会计处理方法由企业会计准则规定。企业基本上是在法规所允许的范围内选择适合本企业实际情况的会计政策。所以，会计政策具有选择性、强制性和层次性特点。

1. 会计政策的选择性

会计政策是在允许的会计原则、计量基础和会计处理方法中做出指定或具体选择。由于企业经济业务的复杂性和多样性，某些经济业务在符合会计原则和计量基础的要求基础上，可以有多种会计处理方法，即存在不止一种可供选择的会计政策。例如，确定发出存货的实际成本时可以在先进先出法、加权平均法或者个别计价法中进行选择。如果企业发生的某种交易或事项没有具体会计准则规定其相应的会计政策，企业应当运用其判断并在考虑与财务报告使用者的经济决策需求是否相关，以及所提供的财务信息是否可靠的前提下，自行确定一项恰当的会计政策并应用于该交易或事项。

2. 会计政策的强制性

会计政策应当在会计准则规定的范围内选择。在我国，会计准则和会计制度属于行政规章，会计政策所包括的具体会计原则、计量基础和具体会计处理方法由会计准则或会计制度规定，具有一定的强制性。企业必须在法规所允许的范围内选择适合本企业实际情况的会计政策，即企业在发生某项经济业务时，必须从允许的会计原则、计量基础和会计处理方法中选择出适合本企业特点的会计政策。

3. 会计政策的层次性

会计政策包括会计原则、基础和会计处理方法三个层次。其中，会计原则是指导企业会计核算的具体原则，如收入要同时具备规定的条件才能确认；会计基础是为将会计原则体现在会计核算中而采用的基础，如计量基础（即计量属性）；会计处理方法是按照会计原则和基础的要求，由企业在会计核算中采用或者选择的、适合于本企业的具体会计处理方法，如发出存货计价方法。会计原则、基础和会计处理方法三者之间是一个具有逻辑性、密不可分的整体，通过这个整体，会计政策才得以应用和落实。

（三）重要的会计政策

企业应当披露重要的会计政策，不具有重要性的会计政策可以不予披露。判断会计政策是否重要，应当主要考虑与会计政策相关项目的性质和金额：一是判断该项目在性质上是否属于企业日常活动；二是判断项目金额大小的重要性。企业应当披露的重要会计政策包括：

（1）发出存货成本的计量，是指企业确定发出存货成本所采用的会计处理方法。例如，企业发出存货成本的计量是采用先进先出法，还是采用其他计量方法。

（2）长期股权投资的后续计量，是指企业取得长期股权投资后的会计处理。例如，企业对被投资单位的长期股权投资是采用成本法，还是采用权益法核算。

（3）投资性房地产的后续计量，是指企业对投资性房地产进行后续计量所采用的会计处理方法。例如，企业对投资性房地产的后续计量是采用成本模式，还是采用公允价值模式。

（4）固定资产的初始计量，是指对取得的固定资产初始成本的计量。例如，企业取得的固定资产初始成本是以购买价款为基础进行计量，还是以购买价款的现值为基础进行计量。

（5）生物资产的初始计量，是指对取得的生物资产初始成本的计量。例如，企业为取得生物资产而产生的借款费用，是予以资本化，还是计入当期损益。

（6）无形资产的确认，是指对无形项目的支出是否确认为无形资产。例如，企业内部研究开发项目开发阶段的支出是确认为无形资产，还是在发生时计入当期损益。

（7）非货币性资产交换的计量，是指在非货币性资产交换事项中对换入资产成本的计量。例如，非货币性资产交换是以换出资产的公允价值作为确定换入资产成本的基础，还是以换出资产的账面价值作为确定换入资产成本的基础。

（8）收入的确认，是指收入确认所采用的会计原则。例如，企业确认收入时是按照购货方已收的合同或协议价款确定销售商品收入金额，还是按照应收的合同或协议价款的公允价值确定销售商品收入金额。

（9）借款费用的处理，是指借款费用的会计处理方法是采用资本化方法，还是采用费用化方法。

（10）合同收入与费用的确认，是指确认建造合同的收入和费用所采用的会计处理方法。例如，企业确认建造合同的收入和费用采用完工百分比法。

（11）合并政策，是指编制合并财务报表所采纳的原则。例如，母公司与子公司的会计年度不一致的处理原则及合并范围的确定原则等。

（12）其他重要会计政策等。

二、会计政策变更概述

会计政策变更是指企业对相同的交易或者事项由原来采用的会计政策改用另一会计政策的行为。为保证会计信息的可比性，使财务报表使用者在比较企业一个以上期间的财务报表时，能够正确判断企业的财务状况、经营成果和现金流量的趋势，在一般情况下，企业采用的会计政策，在每一会计期间和前后各期应当保持一致，不得随意变更。否则，势必会削弱会计信息的可比性。

（一）会计政策变更的条件

企业只有在以下两种情况下才可以变更会计政策：

（1）依法变更。依法变更是指按照法律、行政法规以及国家统一的会计制度的规定，要求企业采用新的会计政策，则企业应当按照法律、行政法规以及国家统一的会计制度的规定改变原会计政策，按照新的会计政策执行。例如，《企业会计准则第1号——存货》对发出存货实际成本的计价排除了后进先出法，这就要求企业将原来以后进先出法计量的发出存货成本改为现行准则规定可以采用的其他存货成本计价方法。

（2）自行变更。自行变更是指由于经济环境、客观情况的改变，企业原来采用的会计政策所提供的会计信息，已不能恰当地反映企业的财务状况、经营成果和现金流量等情况，应改变原有会计政策，按变更后新的会计政策进行会计处理，以便对外提供更可靠、更相关的会计信息。

例如，某企业一直采用成本模式对投资性房地产进行后续计量，如果该企业能够从房地产交易市场上持续地取得同类或类似房地产的市场价格及其他相关信息，从而能够对投资性房地产的公允价值做出合理的估计，此时采用公允价值模式对投资性房地产进行后续计量可以更好地反映其价值，在这种情况下，该企业可以将投资性房地产的后续计量方法由成本模式变更为公允价值模式。

需要注意的是，自行变更会计政策时，必须有充分、合理的证据表明其变更的合理性并说明变更会计政策后，能够提供关于企业财务状况、经营成果和现金流量等更可靠、更相关的会计信息的理由。对会计政策的变更，企业应经股东大会或董事会、经理（厂长）会议或类似机构批准，并按照法律、行政法规等的规定报送有关各方备案。如无充分、合理的证据表明会计政策变更的合理性，或者未经股东大会或董事会、经理（厂长）会议或类似机构批准擅自变更会计政策，或者连续、反复地自行变更会计政策，视为滥用会计政策，按照前期差错更正的方法进行处理。

上市公司的会计政策目录及变更会计政策后重新制定的会计政策目录，除应当按照信息披露的要求对外公布外，还应当报公司上市地交易所备案。未报公司上市地交易所备案的视为滥用会计政策，按照前期差错更正的方法进行处理。

（二）不属于会计政策变更的情况

企业在以下两种情况下改变会计政策，不属于会计政策变更：

（1）企业本期发生的交易或事项与以前相比具有本质的差别而采用新的会计政策。

这是因为，会计政策是针对特定类型的交易或事项，如果发生的交易或事项与其他交易或事项有本质区别，那么，企业实际上是为新的交易或事项选择适当的会计政策，并没有改变原有的会计政策。例如，企业以往租入的设备均为临时需要而租入的，因此按经营租赁会计处理方法核算，但自本年度起租入的设备均采用融资租赁方式，则该企业自本年度起对新租赁的设备采用融资租赁会计处理方法核算。由于该企业原租入的设备均为经营性租赁，本年度起租赁的设备均改为融资租赁，经营租赁和融资租赁有着本质差别，因而改变会计政策不属于会计政策变更。

（2）对初次发生的或不重要的交易或者事项采用新的会计政策。

例如，某企业初次签订一项建造合同，为另一企业建造三栋厂房，该企业对该项建造合同采用完工百分比法确认收入。由于该企业初次发生该项交易，采用完工百分比法确认该项交易的收入，不属于会计政策变更。

三、会计政策变更的会计处理

（一）会计政策变更的会计处理原则

企业要根据具体情况进行会计政策变更。

（1）企业依法变更会计政策时，应当分别按以下情况进行会计处理：

①国家发布了相关的会计处理办法的，则按照国家发布的相关的会计处理规定进行处理。

②国家没有发布相关的会计处理办法的，则采用追溯调整法进行会计处理。

（2）企业自行变更会计政策时，应采用追溯调整法进行会计处理。

（3）确定会计政策变更对列报前期影响数不切实可行的，应当从可追溯调整的最早期间期初开始应用变更后的会计政策；在当期期初确定会计政策变更对以前各期累积影响数不切实可行的，应当采用未来适用法处理。

不切实可行是指企业在采取所有合理的方法后，仍然不能获得采用某项规定所必需的相关信息，而导致无法采用该项规定，则该项规定在此时是不切实可行的。

对于以下特定前期，对某项会计政策变更应用追溯调整法是不切实可行的：

①应用追溯调整法的累积影响数不能确定。

②应用追溯调整法要求对管理层在该期当时的意图做出假定。

③应用追溯调整法要求对有关金额进行重大估计，并且不可能将提供有关交易发生时存在状况的证据（例如，有关金额确认、计量或披露日期存在事实的证据，以及在受变更影响的当期和未来期间确认会计估计变更影响的证据）和该期间财务报表批准报出时能够取得的信息与其他信息客观地加以区分。

在某些情况下，调整一个或者多个前期比较信息以获得与当期会计信息的可比性是不切实可行的。例如，企业因账簿、凭证超过法定保存期限而销毁，或因不可抗力而毁坏、遗失，如火灾、水灾等，或因人为因素，如盗窃、故意毁坏等，可能使当期期初确定会计政策变更对以前各期累积影响数无法计算，即不切实可行，此时，会计政策变更应当采用未来适用法进行处理。对根据某项交易或者事项确认、披露的财务报表项目应用会计政策时常常需要进行估计。本质上，估计是根据现有状况所做出的最佳判断，而且可能在资产负债表日后才做出。当追溯调整会计政策变更或者追溯重述前期差错更正时，要做出切实可行的估计更加困难，因为有关交易或者事项已经发生较长一段时间，要获得做出切实可行的估计所需要的相关信息往往比较困难。

当在前期采用一项新会计政策时，不论是对管理层在某个前期的意图做出假定，还是估计在前期确认、计量或者披露的金额，都不应当使用"后见之明"。例如，按照《企业会计准则第22号——金融工具确认和计量》的规定，企业对原先划归为按摊余成本计量的金融资产计量的前期差错，即便管理层随后决定不将这些投资划归为按摊余成本计量，也不能改变它们在前期的计量基础，即该项金融资产应当仍然按照摊余成本进行计量。

（二）会计政策变更的追溯调整法

追溯调整法是指对某项交易或事项变更会计政策，视同该项交易或事项初次发生时即采用变更后的会计政策，并以此对财务报表相关项目进行调整的方法。

企业采用追溯调整法时，对于比较财务报表期间的会计政策变更，应调整各期间净损益项目和财务报表其他相关项目，视同该政策在比较财务报表期间一直采用。应当将会计政策变更的累积影响数调整期初留存收益。留存收益包括当年和以前年度的未分配利润和按照相关法律规定提取并累积的盈余公积。调整期初留存收益是指对期初未分配利润和盈余公积两个项目的调整。

1. 追溯调整法的步骤

追溯调整法的运用通常由以下几步构成：

第一步，计算会计政策变更的累积影响数。

第二步，编制相关项目的调整分录。

第三步，调整列报前期最早期初财务报表相关项目及其金额。

第四步，附注说明。

其中，会计政策变更累积影响数是指按照变更后的会计政策对以前各期追溯计算的列报前期最早期初留存收益应有金额与现有金额之间的差额。会计政策变更的累积影响数又可以分解为以下两个金额之间的差额：

①在变更会计政策当期，按变更后的会计政策对以前各期追溯计算，所得到的列报前期最早期初留存收益金额。

②在变更会计政策当期，列报前期最早期初留存收益金额。上述留存收益金额包括盈余公积和未分配利润等项目，不考虑由于损益的变化而应当补分的利润或股利。例如，由于会计政策变化，增加了以前期间可供分配的利润，该企业通常按净利润的20%分派股利。但在计算调整会计政策变更当期期初的留存收益时，不应当考虑由于以前期间净利润的变化而需要分派的股利。

在财务报表只提供列报项目上一个可比会计期间比较数据的情况下，上述第②项，在变更会计政策当期，列报前期最早期初留存收益金额，即为上期资产负债表所反映的期初留存收益，可以从上年资产负债表项目中获得。真正需要计算确定的是第①项，即按变更后的会计政策对以前各期追溯计算，所得到的上期期初留存收益金额。

累积影响数通常可以通过以下各步计算获得：

第一步，根据新会计政策重新计算受影响的前期交易或事项。

第二步，计算两种会计政策下的差异。

第三步，计算差异的所得税影响金额。
第四步，确定前期中的每一期的税后差异。
第五步，计算会计政策变更的累积影响数。

2. 追溯调整法示例

【例8-1】 甲股份有限公司2024年、2025年分别以900 000元和220 000元的价格从股票市场购入A、B两只以交易为目的的股票，市价一直高于购入成本。假定不考虑相关税费，且公司采用成本与市价孰低法对购入的股票进行计量。自2026年起，公司对其以交易为目的的股票由成本与市价孰低法计量改为公允价值计量，公司保存的会计资料比较齐备，可以通过会计资料追溯计算。公司适用的所得税税率为25%，公司按净利润的10%提取法定盈余公积，按净利润的5%提取任意盈余公积。2025年公司发行在外的普通股加权平均数为900万股。A、B股票的有关成本及公允价值见表8-1。

表8-1 A、B股票有关成本及公允价值　　　　　　　　　　　　　　　　　　单位：元

	购入成本	2024年年末公允价值	2025年年末公允价值
A股票	900 000	1 020 000	1 020 000
B股票	220 000	—	260 000

根据上述资料，甲股份有限公司的会计处理如下：

（1）计算改变交易性金融资产计量方法后的累积影响数，见表8-2。

表8-2 改变交易性金融资产计量方法后的累积影响数　　　　　　　　　　　单位：元

	公允价值	成本与市价孰低	税前差异	所得税影响	税后差异
2024年年末	1 020 000	900 000	120 000	30 000	90 000
2025年年末	1 280 000	1 120 000	160 000	40 000	120 000

分析如下：

甲股份有限公司2026年12月31日的比较财务报表列报前期最早期初为2025年1月1日。

甲股份有限公司在2024年年末按公允价值计量的账面价值为1 020 000元，按成本与市价孰低计量的账面价值为900 000元，两者的所得税影响额为30 000元，两者差异的税后净影响额为90 000元，即为该公司2025年期初由成本与市价孰低计量改为公允价值计量的累积影响数。

甲股份有限公司在2025年年末按公允价值计量的账面价值为1 280 000元，按成本与市价孰低计量的账面价值为1 120 000元，两者的所得税影响额为40 000元，两者差异的税后净影响额为120 000元，即90 000元是调整2025年累积影响数，120 000元是调整2025年当期金额。

甲股份有限公司按照公允价值重新计量2025年年末A股票账面价值，结果为公允价值变动收益少计了120 000元，所得税费用少计了30 000元，净利润少计了90 000元。甲股份有限公司按照公允价值重新计量2025年年末B股票账面价值，其结果为公允价值变动收益少计了160 000元，所得税费用少计了40 000元，净利润少计了120 000元。

（2）编制有关项目的调整分录。

①调整交易性金融资产：

借：交易性金融资产——公允价值变动　　　　　　　　　　　　　　　　160 000

  贷：利润分配——未分配利润   120 000
    递延所得税负债   40 000
②调整利润分配：
  借：利润分配——未分配利润   18 000
    贷：盈余公积   18 000

18 000 = 120 000 × 15%，其中，按净利润的 10% 提取法定盈余公积，按净利润的 5% 提取任意盈余公积。

（3）财务报表调整和重述（财务报表略）。

甲股份有限公司在列报 2026 年度的财务报表时，应调整 2026 年年末资产负债表有关项目的年初余额、利润表有关项目的上年金额及所有者权益变动表有关项目的上年余额和本年金额。

①资产负债表项目的调整：

调增交易性金融资产年初余额 160 000 元；调增递延所得税负债年初余额 40 000 元；调增盈余公积年初余额 18 000 元；调增未分配利润年初余额 102 000（120 000 − 18 000）元。

②利润表项目的调整：

调增公允价值变动收益上年金额 40 000（160 000 − 120 000）元；调增所得税费用上年金额 10 000（40 000 − 30 000）元；调增净利润上年金额 30 000（120 000 − 90 000）元；调增基本每股收益上年金额 0.0033（30 000 元/900 万股）元。

③所有者权益变动表项目的调整：

调增会计政策变更项目中盈余公积上年金额 13 500（90 000 × 15%）元；调增未分配利润上年金额 76 500（90 000 − 13 500）元；调增所有者权益合计上年金额 90 000 元。这里的上年金额要结合所有者权益变动表中栏目内容理解。

调增本年金额栏下上年年末余额下的会计政策变更项目中盈余公积 4 500 元、未分配利润 25 500 元。

（4）附注说明。

甲股份有限公司 2026 年按照会计准则的规定，对交易性金融资产计量由成本与市价孰低改为以公允价值计量，此项会计政策变更采用追溯调整法，2026 年的比较财务报表已重新表述。2025 年年初运用新会计政策追溯计算的会计政策变更累积影响数为 90 000 元，调增 2025 年的年初留存收益 90 000 元，其中，调增未分配利润 76 500 元，调增盈余公积 13 500 元。会计政策变更对 2026 年度财务报表的影响为，调增本年年初未分配利润 102 000 元、盈余公积 18 000 元，调增净利润上年数 30 000 元。

【例 8 – 2】 甲公司 2024 年、2025 年分别以 4 500 000 元和 1 100 000 元的价格从股票市场购入 A、B 两只以交易为目的的股票（假设不考虑购入股票发生的交易费用），市价一直高于购入成本。公司采用成本与市价孰低法对购入股票进行计量。公司从 2026 年起对其以交易为目的购入的股票由成本与市价孰低改为公允价值计量，公司保存的会计资料比较齐备，可以通过会计资料追溯计算。假设所得税税率为 25%，公司按净利润的 10% 提取法定盈余公积，按净利润的 5% 提取任意盈余公积。公司发行普通股 4 500 万股，未发行任何稀释性潜在普通股。两种方法计量的交易性金融资产账面价值如表 8 – 3 所示。

表 8-3 两种方法计量的交易性金融资产账面价值
单位：元

	成本与市价孰低	2024 年年末公允价值	2025 年年末公允价值
A 股票	4 500 000	5 100 000	5 100 000
B 股票	1 100 000	—	1 300 000

根据上述资料，甲公司的会计处理如下：

(1) 计算改变交易性金融资产计量方法后的累积影响数（见表 8-4）：

表 8-4 改变交易性金融资产计量方法后的累积影响数
单位：元

	公允价值	成本与市价孰低	税前差异	所得税影响	税后差异
2024 年年末	5 100 000	4 500 000	600 000	150 000	450 000
2025 年年末	6 400 000	5 600 000	800 000	200 000	600 000

甲公司 2026 年 12 月 31 日的比较财务报表列报前期最早期初为 2025 年 1 月 1 日。

甲公司在 2024 年年末按公允价值计量的账面价值为 5 100 000 元，按成本与市价孰低计量的账面价值为 4 500 000 元，两者的所得税影响合计为 150 000 元，两者差异的税后净影响额为 450 000 元，即为该公司 2025 年期初由成本与市价孰低计量改为公允价值计量的累积影响数。

甲公司在 2025 年年末按公允价值计量的账面价值为 6 400 000 元，按成本与市价孰低计量的账面价值为 5 600 000 元，两者的所得税影响合计为 200 000 元，两者差异的税后净影响额为 600 000 元，其中，450 000 元是调整 2025 年年初累积影响数，150 000 元是调整 2025 年当期金额。

甲公司按照公允价值重新计量 2025 年年末 B 股票账面价值，其结果为公允价值变动收益少计了 200 000 元，所得税费用少计了 50 000 元，净利润少计了 150 000 元。

(2) 编制有关项目的调整分录：

1) 对 2024 年有关事项的调整分录。

①调整会计政策变更累积影响数。

借：交易性金融资产——公允价值变动　　　　　　　　　　　　　　　　600 000
　　贷：利润分配——未分配利润　　　　　　　　　　　　　　　　　　　　450 000
　　　　递延所得税负债　　　　　　　　　　　　　　　　　　　　　　　　150 000

②调整利润分配。

按照净利润的 10% 提取法定盈余公积，按照净利润的 5% 提取任意盈余公积，共计提取盈余公积 67 500（450 000×15%）元。

借：利润分配——未分配利润　　　　　　　　　　　　　　　　　　　　　67 500
　　贷：盈余公积　　　　　　　　　　　　　　　　　　　　　　　　　　　67 500

2) 对 2025 年有关事项的调整分录。

①调整交易性金融资产。

借：交易性金融资产——公允价值变动　　　　　　　　　　　　　　　　200 000
　　贷：利润分配——未分配利润　　　　　　　　　　　　　　　　　　　　150 000
　　　　递延所得税负债　　　　　　　　　　　　　　　　　　　　　　　　50 000

②调整利润分配。

按照净利润的10%提取法定盈余公积，按照净利润的5%提取任意盈余公积，共计提取盈余公积22 500（150 000×15%）元。

借：利润分配——未分配利润　　　　　　　　　　　　　　22 500
　　　贷：盈余公积　　　　　　　　　　　　　　　　　　　　　　22 500

（3）财务报表调整和重述（财务报表略）：

甲公司在列报2026年财务报表时，应调整2026年资产负债表有关项目的年初余额、利润表有关项目的上年金额及所有者权益变动表有关项目的上年金额和本年金额。

①资产负债表项目的调整：

调增交易性金融资产年初余额800 000元；调增递延所得税负债年初余额200 000元；调增盈余公积年初余额90 000元；调增未分配利润年初余额510 000元。

②利润表项目的调整：

调增公允价值变动收益上年金额200 000元；调增所得税费用上年金额50 000元；调增净利润上年金额150 000元；调增基本每股收益上年金额0.0033元。

③所有者权益变动表项目的调整：

调增盈余公积上年年初金额67 500元，未分配利润上年年初金额382 500元，所有者权益合计上年年初金额450 000元。

调增盈余公积上年金额22 500元，未分配利润上年金额127 500元，所有者权益合计上年金额150 000元。

调增盈余公积本年年初金额90 000元，未分配利润本年年初金额510 000元，所有者权益合计本年年初金额600 000元。

（三）会计政策变更的未来适用法

未来适用法是指将变更后的会计政策应用于变更日及以后发生的交易或者事项，或者在会计估计变更当期和未来期间确认会计估计变更影响数的方法。在未来适用法下，不需要计算会计政策变更产生的累积影响数，也无须重编以前年度的财务报表。变更之日仍保留企业会计账簿记录及财务报表上反映的原有金额，不因会计政策变更而改变以前年度的既定结果，并在现有金额的基础上再按新的会计政策进行处理。

【例8-3】 乙实业股份有限公司2024年以前存货计价采用后进先出法。该公司从2024年1月1日起改用先进先出法。公司依法改变存货计价方法，因而属于会计政策变更。假设企业对以前年度的存货成本不能进行合理的调整，因此，采用未来适用法进行处理，即对存货采用先进先出法从2024年及以后年度才适用，不需要计算2024年1月1日以前按先进先出法计算的存货应有余额，以及对留存收益的影响金额。计算确定会计政策变更对当期净利润的影响数见表8-5。

表8-5　当期净利润的影响数计算简表　　　　　　　　　　　　　　单位：元

项目	后进先出法	先进先出法
营业收入	10 000 000	10 000 000
减：营业成本	7 320 000	6 400 000

续表

项目	后进先出法	先进先出法
其他费用	480 000	480 000
利润总额	2 200 000	3 120 000
减：所得税费用	550 000	780 000
净利润	1 650 000	2 340 000
差额	690 000	

由于会计政策变更，乙实业股份有限公司2024年净利润增加了690 000元。

四、会计政策变更的披露

企业应当在附注中披露与会计政策变更有关的下列信息：

（1）会计政策变更的性质、内容和原因。包括：对会计政策变更的简要阐述、变更的日期、变更前采用的会计政策和变更后所采用的新会计政策及会计政策变更的原因。

（2）当期和各个列报前期财务报表中受影响的项目名称和调整金额。包括：采用追溯调整法时，计算出的会计政策变更的累积影响数；当期和各个列报前期财务报表中需要调整的净损益及其影响金额，以及其他需要调整的项目名称和调整金额。

（3）无法进行追溯调整的，说明事实和原因，以及开始应用变更后会计政策的时点和具体应用情况。包括：无法进行追溯调整的事实；确定会计政策变更对列报前期累积影响数不切实可行的原因；在当期期初确定会计政策变更对以前各期累积影响数不切实可行的原因；开始应用新会计政策的时点和具体应用情况。需要注意的是，在以后期间的财务报表中，无须重复披露在以前期间的附注中已披露的会计政策变更的信息。

五、会计政策变更与会计估计变更的划分

企业应当以变更事项的会计确认、计量基础和列报项目是否发生变更作为判断标准，用以正确划分会计政策变更与会计估计变更。

（1）以会计确认是否发生变更作为判断标准。《企业会计准则——基本准则》规定了资产、负债、所有者权益、收入、费用和利润六项会计要素的确认标准，是会计处理的首要环节。一般地，对会计确认的指定或选择是会计政策，其相应的变更是会计政策变更。会计确认的变更一般会引起列报项目的变更。

（2）以计量基础是否发生变更作为判断标准。《企业会计准则——基本准则》规定了历史成本、重置成本、可变现净值、现值和公允价值五项会计计量属性，是会计处理的计量基础。一般地，对计量基础的指定或选择是会计政策，其相应的变更是会计政策变更。

（3）以列报项目是否发生变更作为判断标准。《企业会计准则第30号——财务报表列报》规定了财务报表项目应采用的列报原则。一般地，对列报项目的指定或选择是会计政策，其相应的变更是会计政策变更。

（4）根据会计确认、计量基础和列报项目所选择的，为取得与资产负债表项目有关的金额或数值（如预计使用寿命、净残值等）所采用的处理方法，不是会计政策，而是会计估计，其相应的变

更是会计估计变更。例如，企业需要对某项资产采用公允价值进行计量，而公允价值的确定需要根据市场情况选择不同的处理方法。相应地，当企业面对的市场情况发生变化时，其采用的确定公允价值的方法变更是会计估计变更，不是会计政策变更。

企业可以采用以下具体方法划分会计政策变更与会计估计变更：分析并判断该事项是否涉及会计确认、计量基础选择或列报项目的变更，当至少涉及上述一项划分基础变更时，该事项是会计政策变更；不涉及上述划分基础变更时，该事项可以判断为会计估计变更。

如果企业通过判断会计政策变更和会计估计变更的划分基础仍然难以对某项变更进行区分，应当将其作为会计估计变更处理。

第二节 会计估计及其变更

一、会计估计概述

（一）会计估计的概念

会计估计是指企业对结果不确定的交易或者事项以最近可利用的信息为基础所做的判断。由于受经营活动中内在的不确定因素影响，许多财务报表中的项目不能精确地计量，而只能加以估计。估计涉及以最近可利用的、可靠的信息为基础所做的判断。例如，以下项目可能要求估计：坏账、陈旧过时的存货、应折旧资产的使用寿命或者体现在应折旧资产中的未来经济利益的预期消耗方式、担保债务等。

（二）会计估计的特点

1. 会计估计的存在是由于经营活动中内在的不确定因素的影响

在会计核算中，企业总是力求保持会计核算的准确性，但有些经济业务本身具有不确定性（如坏账、固定资产折旧年限、固定资产残余价值、无形资产摊销年限、收入确认等），因而需要根据经验做出估计。可以说，在进行会计核算和相关信息披露的过程中，会计估计是不可避免的，并不会削弱会计确认和计量的可靠性。

2. 在进行会计估计时，往往以最近可利用的信息或资料为基础

企业在会计核算中，由于经营活动内在的不确定性，不得不经常进行估计。一些估计的主要目的是确定资产或负债的账面价值，如坏账准备、担保责任产生的负债；另一些估计的主要目的是确定将在某一期间记录的收益或费用的金额，如某一期间的折旧、摊销的金额。企业在进行会计估计时，通常应根据当时的情况和经验，以一定的信息或资料为基础。但是，随着时间的推移、环境的变化，进行会计估计的基础可能会发生变化，因此，进行会计估计所依据的信息或者资料不得不经常发生变化。由于最新的信息是最接近目标的信息，以其为基础所做的估计最接近实际，所以在进行会计估计时，应以最近可利用的信息或资料为基础。

3. 进行会计估计并不会削弱会计确认和计量的可靠性

企业为了定期、及时地提供有用的会计信息，将连续不断的经营活动人为地划分为一定的期

间,并在权责发生制的基础上对企业的财务状况和经营成果进行定期确认和计量。例如,在会计分期的情况下,许多企业的交易跨越若干会计年度,以至于需要在一定程度上做出决定:某一年度发生的开支,哪些可以合理地预期能够产生其他年度以收益形式表示的利益,从而全部或部分向后递延;哪些可以合理地预期能够在当期得到补偿,从而确认为费用。也就是说,需要在结算日决定,哪些开支可以在资产负债表中处理,哪些开支可以在利润表中作为当期费用处理。因此,由于会计分期和货币计量的前提,在确认和计量过程中,不得不对许多尚在延续中、其结果尚未确定的交易或事项予以估计入账。

(三) 会计估计的判断

企业会计估计的判断,应当考虑与会计估计相关项目的性质和金额。通常情况下,下列情况属于会计估计:

(1) 存货可变现净值的确定。

(2) 采用公允价值模式下的投资性房地产公允价值的确定。

(3) 固定资产的预计使用寿命、预计净残值和折旧方法、弃置费用的确定。

(4) 存货及消耗性生物资产可变现净值的确定,生产性生物资产的使用寿命、预计净残值和折旧方法的确定。

(5) 使用寿命有限的无形资产预计使用寿命与净残值和摊销方法的确定。

(6) 非货币性资产公允价值的确定。

(7) 固定资产、无形资产、长期股权投资等非流动资产可收回金额的确定。

(8) 职工薪酬金额的确定。

(9) 与股份支付相关的公允价值的确定。

(10) 与债务重组相关的公允价值的确定。

(11) 预计负债金额的确定。

(12) 收入金额的确定、提供服务完工进度的确定。

(13) 与政府补助相关的公允价值的确定。

(14) 一般借款资本化金额的确定。

(15) 应纳税暂时性差异和可抵扣暂时性差异的确定。

(16) 与非同一控制下的企业合并相关的公允价值的确定。

二、会计估计变更概述

会计估计变更是指由于资产和负债的当前状况及预期经济利益和义务发生了变化,从而对资产或负债的账面价值或者资产的定期消耗金额进行调整。

由于企业在经营活动中内在的不确定因素,许多财务报表项目不能准确地计量,只能加以估计,估计过程涉及以最近可以得到的信息为基础所做的判断。但是,估计毕竟是就现有资料对未来所做的判断,随着时间的推移,如果赖以进行估计的基础发生变化,或者由于取得了新的信息、积累了更多的经验或后来的发展,可能不得不对估计进行修订,但会计估计变更的依据应当真实、可靠。会计估计变更的情形包括:

(1) 赖以进行估计的基础发生了变化。企业进行会计估计,总是依赖于一定的基础。如果其所依赖的基础发生了变化，则会计估计也应相应发生变化。例如，某企业的一项无形资产摊销年限原定为 10 年，以后发生的情况表明，该资产的受益年限已不足 10 年，相应调减摊销年限。

（2）取得了新的信息、积累了更多的经验。企业进行会计估计是就现有资料对未来所做的判断。随着时间的推移，企业有可能取得新的信息、积累更多的经验，在这种情况下，企业可能不得不对会计估计进行修订，即发生会计估计变更。例如，某企业根据当时能够得到的信息，对应收账款计划每年按其余额的 5% 计提坏账准备。现在掌握了新的信息，判定不能收回的应收账款比例已达 15%，企业改按 15% 的比例计提坏账准备。会计估计变更，并不意味着以前期间会计估计是错误的，只是由于情况发生变化，或者掌握了新的信息，积累了更多的经验，变更会计估计能够更好地反映企业的财务状况和经营成果。如果以前期间的会计估计是错误的，则属于会计差错，按会计差错更正的会计处理办法进行处理。

三、会计估计变更的会计处理

企业对会计估计变更应当采用未来适用法处理，其具体处理方法如下：

（1）会计估计变更仅影响变更当期的，其影响数应当在变更当期予以确认。例如，某企业原按应收账款余额的 5% 提取坏账准备，由于企业不能收回应收账款的比例已达 10%，则企业改按应收账款余额的 10% 提取坏账准备。这类会计估计的变更，只影响变更当期，因此，应于变更当期确认。

（2）既影响变更当期又影响未来期间的，其影响数应当在变更当期和未来期间予以确认。例如，某企业的一项可计提折旧的固定资产，其有效使用年限或预计净残值的估计发生变更，影响了变更当期及资产以后使用年限内各个期间的折旧费用，这项会计估计的变更应于变更当期及以后各期确认，并将会计估计变更的影响数计入变更当期与以后各期相同的项目中。为了保证不同期间的财务报表具有可比性，会计估计变更的影响数如果以前包括在企业日常经营活动的损益中，则以后也应包括在相应的损益类项目中；如果会计估计变更的影响数以前包括在特殊项目中，则以后也相应作为特殊项目反映。

【例 8-4】 丙实业股份有限公司有一台于 2020 年 1 月 1 日起计提折旧的管理用设备，价值 67 200 元，估计使用年限为 8 年，净残值为 3 200 元，按直线法计提折旧。截至 2024 年年初，由于新技术的发展等原因，需要对原估计的使用年限和净残值进行修改，修改后该设备的使用年限为 6 年，净残值为 1 600 元。该公司对上述估计变更的处理方式如下：

（1）不调整以前各期折旧，也不计算累积影响数。

（2）变更日及以后改按新估计使用年限及净残值提取折旧。

按原估计每年折旧额为 8 000 元，已提折旧 4 年，共计 32 000 元，固定资产净值为 35 200 元。改变估计使用年限后，自 2024 年起每年计提的折旧费用为 16 800 [（35 200 - 1 600）÷（6 - 4）] 元，2024 年不必对以前年度已提折旧进行调整，需按重新预计的使用年限和净残值计算确定年折旧费用，编制会计分录如下：

借：管理费用　　　　　　　　　　　　　　　　　　　　　　　　　16 800
　　贷：累计折旧　　　　　　　　　　　　　　　　　　　　　　　　　　16 800

四、会计估计变更的披露

企业应当在附注中披露与会计估计变更有关的下列信息:

(1) 会计估计变更的内容和原因。包括:变更的内容、变更日期以及会计估计变更的原因。

(2) 会计估计变更对当期和未来期间的影响数。包括:会计估计变更对当期和未来期间损益的影响金额,以及对其他各项目的影响金额。

(3) 会计估计变更的影响数不能确定的,披露这一事实和原因。

以【例 8-4】资料为例,丙实业股份有限公司对其会计估计变更,应在附注中披露信息如下:

本公司一台管理用设备,原始价值 67 200 元,原估计使用年限为 8 年,预计净残值为 3 200 元,按直线法计提折旧。由于新技术的发展,该设备已不能按原估计使用年限计提折旧,本公司于 2024 年年初变更该设备的使用年限为 6 年,预计净残值为 1 600 元,以反映该设备的真实使用年限和净残值。此会计估计变更影响本年度净利润的减少数为 6 600 [(16 800 - 8 000) × (1 - 25%)] 元。

第三节 前期差错更正

一、前期差错概述

(一) 前期差错的概念

前期差错是指由于没有运用或错误运用下列两种信息,而对前期财务报表造成省略或错报:

(1) 编报前期财务报表时预期能够取得并加以考虑的可靠信息。

(2) 前期财务报表批准报出时能够取得的可靠信息。

(二) 前期差错的类型

前期差错通常包括计算错误、应用会计政策错误、疏忽或曲解事实及舞弊产生的影响以及存货、固定资产盘盈等。没有运用或错误运用上述两种信息而形成前期差错的情形主要有:

(1) 计算以及账户分类错误。例如,企业购入的五年期国债,意图长期持有,但在记账时记入了交易性金融资产,导致账户分类上的错误,并导致在资产负债表上流动资产和非流动资产的分类也有误。

(2) 采用法律、行政法规或者国家统一的会计制度等不允许的会计政策。例如,按照《企业会计准则第 17 号——借款费用》的规定,为购建固定资产的专门借款而发生的借款费用满足一定条件的,在固定资产达到预定可使用状态前发生的应予资本化,计入所购建固定资产的成本;在固定资产达到预定可使用状态后发生的计入当期损益。如果企业将固定资产已达到预定可使用状态后发生的借款费用,也计入该项固定资产的价值,则属于采用法律或会计准则等行政法规、规章所不允许的会计政策。

(3) 对事实的疏忽或曲解以及舞弊。例如,企业对某项建造合同收入应按某一时段内的履约进度确认收入,但该企业却按一般确认商品销售收入的原则确认收入。

（4）在期末对应计项目与递延项目未予调整。例如，企业应在本期摊销的长期待摊费用在期末未予摊销。

（5）漏记已完成的交易。例如，企业销售一批商品，商品已经发出，开出增值税专用发票，商品销售收入已达到规定的确认条件，但企业在期末未将已实现的销售收入入账。

（6）提前确认尚未实现的收入或不确认已实现的收入。例如，在采用委托代销商品的销售方式下，应在收到代销单位的代销清单时确认商品销售收入的实现，但企业在发出委托代销商品时即确认收入，则为提前确认尚未实现的收入。

（7）资本性支出与收益性支出划分差错等。例如，企业发生的管理人员的工资应作为收益性支出，而发生的在建工程人员工资应作为资本性支出。如果企业将发生的在建工程人员工资计入了当期损益，则属于资本性支出与收益性支出的划分差错。

二、前期差错重要性的判断

如果财务报表项目的遗漏或错误表述可能影响财务报表使用者根据财务报表做出的经济决策，则该项目的遗漏或错误是重要的。重要的前期差错，足以影响财务报表使用者对企业财务状况、经营成果和现金流量做出正确判断。不重要的前期差错，是指不足以影响财务报表使用者对企业财务状况、经营成果和现金流量做出正确判断的前期差错。

前期差错的重要性取决于在相关环境下对遗漏或错误表述的规模和性质的判断。前期差错所影响的财务报表项目的金额或性质，是判断该前期差错是否具有重要性的决定性因素。一般来说，前期差错所影响的财务报表项目的金额越大，性质越严重，就越重要。

需要特别注意的是，企业应当严格区分会计估计变更和前期差错更正，对于前期根据当时的信息、假设等做了合理估计，在当期按照新的信息、假设等需要对前期估计金额做出变更的，应当作为会计估计变更处理，不应作为前期差错更正处理。

三、前期差错更正的会计处理

会计差错产生于财务报表项目的确认、计量、列报或披露的会计处理过程中，如果财务报表中包含重要差错，或者差错不重要但是故意造成的（以便形成对企业财务状况、经营成果和现金流量等会计信息某种特定形式的列报），即应认为该财务报表未遵循企业会计准则的规定进行编报。在当期发现的当期差错应当在财务报表发布之前予以更正。当重要差错直到下一期间才被发现，就形成了前期差错。

企业应当采用追溯重述法更正重要的前期差错，但确定前期差错累积影响数不切实可行的除外。追溯重述法，是指在发现前期差错时，视同该项前期差错从未发生过，从而对财务报表相关项目进行更正的方法。

（一）不重要的前期差错的会计处理

对于不重要的前期差错，企业无须调整财务报表相关项目的期初数，但应调整发现当期与前期相同的相关项目。属于影响损益的，应直接计入本期与前期相同的净损益项目；属于不影响损益的，应调整本期与前期相同的相关项目。

【例8-5】 2024年12月31日，丁公司发现2023年度的一台管理用设备少计提折旧5 400

元。这笔折旧相对于折旧费用总额而言金额不大,所以直接计入2024年有关项目。其更正的会计分录为:

  借:管理费用   5 400
    贷:累计折旧   5 400

【例8-6】 丁公司在2024年发现2023年漏记了管理人员工资5 000元,则2024年更正此差错的会计分录为:

  借:管理费用   5 000
    贷:应付职工薪酬   5 000

【例8-7】 丁公司于2024年发现,2023年从银行存款中支付全年机器设备商品展销费12 000元,账上借记"财务费用"12 000元,贷记"银行存款"12 000元。则2024年发现时更正此项差错的会计分录为:

  借:销售费用   12 000
    贷:财务费用   12 000

【例8-8】 丁公司于2024年发现,2023年从承租单位收到两个年度的房屋租金收入18 000元,账上借记"银行存款"18 000元,贷记"预收账款"18 000元,2023年年底未做任何调整分录,则2024年发现时更正此差错的会计分录为:

  借:预收账款   9 000
    贷:其他业务收入   9 000

【例8-9】 丁公司在2024年12月31日发现,自2023年1月1日开始计提折旧的一台价值为8 000元的管理用设备未入固定资产账,而在2023年将其折旧费计入了当期管理费用。该公司固定资产折旧采用直线法,该设备估计使用年限为4年,假设不考虑净残值因素,则在2024年12月31日更正此差错的会计分录为:

  借:固定资产   8 000
    贷:管理费用   4 000
      累计折旧   4 000

(二) 重要的前期差错的会计处理

对于重要的前期差错,企业应当在其发现当期的财务报表中调整前期比较数据。具体地说,企业应当在重要的前期差错发现当期的财务报表中,通过下述处理对其进行追溯更正:

(1) 追溯重述差错发生期间列报的前期比较金额。

(2) 如果前期差错发生在列报的最早前期之前,则追溯重述列报的最早前期的资产、负债和所有者权益相关项目的期初余额。

对于发生的重要前期差错,如影响损益,企业应以其对损益的影响数调整发现当期的期初留存收益,财务报表其他相关项目的期初数也应一并调整;如不影响损益,应调整财务报表相关项目的期初数。企业在编制比较财务报表时,对于比较财务报表期间的重要的前期差错,应调整该期间的净损益和财务报表其他相关项目,视同该差错在产生的当期已经更正;对于比较财务报表期间以前的重要的前期差错,应调整比较财务报表最早期间的期初留存收益,财务报表其他相关项目的期初数也应一并调整。

确定前期差错影响数不切实可行的，可以从可追溯重述的最早期间开始调整留存收益的期初余额，财务报表其他相关项目的期初余额也应当一并调整，也可以采用未来适用法。当企业确定前期差错对所有前期的累积影响数不切实可行时，应当追溯重述切实可行的最早期间的资产、负债和所有者权益相关项目的期初余额。

需要注意的是，为了保证经营活动的正常进行，企业应当建立健全内部控制制度，保证会计资料真实、完整。对于年度资产负债表日至财务报告批准报出日之间发现的报告年度的会计差错及报告年度前不重要的前期差错，企业应按照资产负债表日后事项的规定进行处理。

【例 8-10】 戊实业股份有限公司在 2024 年发现，2023 年公司漏记一项固定资产的折旧费用 300 000 元，所得税纳税申报表中未扣除该项折旧费用，税法允许调整应交所得税。假设 2023 年适用的所得税税率为 25%，无其他纳税调整事项。该公司按净利润的 10% 提取法定盈余公积，按净利润的 5% 提取任意盈余公积。公司 2023 年发行在外的普通股加权平均数为 360 万股。

(1) 分析差错的影响数：

戊实业股份有限公司于 2023 年少计折旧费用 300 000 元；少计累计折旧 300 000 元；多计所得税费用 75 000（300 000×25%）元；多计净利润 225 000 元；多计应交税费 75 000（300 000×25%）元；多提法定盈余公积 22 500（225 000×10%）元；多提任意盈余公积 11 250（225 000×5%）元。

(2) 编制有关项目的调整分录：

①补提折旧：

借：以前年度损益调整　　　　　　　　　　　　　　　　　　　　　300 000
　　贷：累计折旧　　　　　　　　　　　　　　　　　　　　　　　　　　300 000

②调整应交所得税：

借：应交税费——应交所得税　　　　　　　　　　　　　　　　　　　75 000
　　贷：以前年度损益调整　　　　　　　　　　　　　　　　　　　　　　75 000

③将"以前年度损益调整"科目的余额转入利润分配：

借：利润分配——未分配利润　　　　　　　　　　　　　　　　　　　225 000
　　贷：以前年度损益调整　　　　　　　　　　　　　　　　　　　　　　225 000

④调整利润分配有关数字：

借：盈余公积　　　　　　　　　　　　　　　　　　　　　　　　　　33 750
　　贷：利润分配——未分配利润　　　　　　　　　　　　　　　　　　　33 750

(3) 财务报表调整和重述（财务报表略）：

戊实业股份有限公司在列报 2024 年财务报表时，应调整 2024 年年末资产负债表有关项目的年初余额、利润表有关项目的上年金额及所有者权益变动表有关项目的上年金额。

①资产负债表项目的调整：

调减固定资产 300 000 元（因折旧增加，故固定资产价值减少）；调减应交税费 75 000 元；调减盈余公积 33 750 元；调减未分配利润 191 250 元。

②利润表项目的调整：

调增营业成本上年金额 300 000 元；调减所得税费用上年金额 75 000 元；调减净利润上年金额 225 000 元；调减基本每股收益 0.062 5（225 000÷3 600 000）元。

③所有者权益变动表项目的调整：

调减前期差错更正项目中盈余公积上年金额 33 750 元，未分配利润上年金额 191 250 元，所有者权益合计上年金额 225 000 元。

（4）附注说明：

本年度发现 2023 年漏记固定资产折旧 300 000 元，在编制 2023 年与 2024 年可比财务报表时，已对该项差错进行了更正。更正后，调减 2023 年净利润及留存收益 225 000 元，调减固定资产 300 000 元。

四、前期差错更正的披露

企业应当在附注中披露与前期差错更正有关的下列信息：

（1）前期差错的性质。

（2）各个列报前期财务报表中受影响的项目名称和更正金额。

（3）无法进行追溯重述的，说明事实和原因以及对前期差错开始进行更正的时点、具体更正情况。

在以后期间的财务报表中，无须重复披露在以前期间的附注中已披露的前期差错更正的信息。

章节练习题

一、单项选择题

1. 下列项目中，属于会计政策的是（　　）。

A. 收入确认的方法　　　　　　　　B. 无形资产的使用寿命

C. 估计坏账的方法　　　　　　　　D. 固定资产的使用年限

2. 在会计实务中，企业会计政策主要指的是（　　）。

A. 会计信息的质量要求　　　　　　B. 会计核算的假设前提条件

C. 企业采纳的具体会计处理方法　　D. 复式记账方法

3. 会计政策变更的追溯调整法，应将会计政策变更的累积影响数（　　）。

A. 计入当期损益　　　　　　　　　B. 计入某项资产价值

C. 调整期初留存收益　　　　　　　D. 计入管理费用

4. 下列各项中，属于会计估计项目的是（　　）。

A. 固定资产的使用年限和预计净残值　　B. 借款费用是资本化还是费用化

C. 发出存货的计价方法　　　　　　　　D. 长期股权投资后续计量的成本法与权益法

5. 下列各项中，属于会计政策的是（　　）。

A. 会计信息质量达到客观性　　　　B. 会计信息质量达到可比性

C. 会计信息质量达到谨慎性　　　　D. 存货计价采用先进先出法

6. 某项固定资产原估计使用年限为 12 年，采用平均年限法计提折旧。因环境变化，重新估计的折旧年限为 6 年，折旧方法调整为年数总和法。该事项应纳入（　　）。

A. 非重要会计差错　　　　　　　　C. 会计估计变更

B. 重要会计差错　　　　　　　　　D. 会计政策变更

7. 甲公司专门从事大型设备制造与销售，设立后即召开董事会会议，确定有关会计政策和会计估计事项。下列各项关于甲公司董事会确定的事项中不属于会计政策的是(　　)。

　　A. 母公司与子公司的会计年度不一致的处理原则

　　B. 存货发出采用先进先出法计价

　　C. 固定资产折旧方法

　　D. 投资性房地产采用成本模式进行后续计量

8. 下列各项中，属于会计政策变更的是(　　)。

　　A. 因增加投资份额，股权投资由公允价值计量改为权益法核算

　　B. 无形资产摊销方法由产量法改为直线法

　　C. 资产负债表日将奖励积分的预计兑换率由95%改为90%

　　D. 按新的控制定义调整合并财务报表合并范围

9. 甲公司2024年5月购置了一栋办公楼，预计使用寿命40年，因此，该公司2024年6月30日发布公告称：经公司董事会审议通过《关于公司固定资产折旧年限会计估计变更的议案》，决定调整公司房屋建筑物的预计使用寿命，从原定的20年至30年调整为20年至40年。不考虑其他因素，下列关于甲公司对该公告所述折旧年限调整会计处理的表述中，正确的是(　　)。

　　A. 对房屋建筑物折旧年限的变更应当作为会计估计变更并采用未来适用法进行会计处理

　　B. 对房屋建筑物折旧年限的变更作为会计估计变更并应当从2024年1月1日起开始未来适用

　　C. 对2024年5月新购置的办公楼按照新的会计估计40年折旧属于会计估计变更

　　D. 对因2024年5月新购置办公楼折旧年限的确定导致对原有房屋建筑物折旧年限的变更应当作为重大会计差错进行追溯重述

10. 甲公司2024年12月31日发现2023年度多计管理费用200万元，并进行了企业所得税申报，甲公司适用企业所得税税率为25%，按净利润的10%提取盈余公积。假设甲公司2023年度企业所得税申报的应纳税所得额大于零，则下列甲公司对此项重要前期差错进行更正的会计处理中正确的是(　　)。

　　A. 调减2024年度当期管理费用200万元　　B. 调增2023年利润总额15万元

　　C. 调增2024年年初未分配利润135万元　　D. 调减2024年年初盈余公积15万元

二、多项选择题

1. 下列会计事项中，属于会计政策变更但不需要调整当期期初未分配利润的有(　　)。

　　A. 采用公允价值模式进行后续计量的投资性房地产转换为固定资产

　　B. 存货发出计价方法由先进先出法改为月末一次加权平均法

　　C. 政府补助的会计处理方法由总额法改为净额法

　　D. 投资性房地产后续计量由成本模式改为公允价值模式

2. 下列项目中，属于企业应当披露的重要会计政策的有(　　)。

　　A. 投资性房地产期末公允价值的确定

　　B. 投资性房地产的后续计量模式

　　C. 无形资产的初始确认

　　D. 其他权益工具投资期末公允价值的确定

3. 下列各项中,属于会计政策变更的有( )。
   A. 因市场条件变化,将某项以公允价值计量的金融资产公允价值的确定由市场法转变为收益法
   B. 改变离职后福利核算方法,按照新的会计准则有关设定受益计划的规定进行追溯
   C. 政府补助会计处理方法由总额法改为净额法
   D. 因管理金融资产的业务模式变更,将债券投资由以摊余成本计量的金融资产改为以公允价值计量且其变动计入当期损益的金融资产

4. 甲公司2024年经董事会决议做出的下列变更中,属于会计估计变更的有( )。
   A. 将发出存货的计价方法由移动加权平均法改为先进先出法
   B. 借款费用由全部费用化,改为符合条件的可以资本化
   C. 因车流量不均衡,将高速公路收费权的摊销方法由年限平均法改为车流量法
   D. 因市场条件变化,将某项采用公允价值计量的金融资产的公允价值确定方法由第一层级转变为第二层级

5. 会计政策变更采用追溯调整法时,属于追溯调整的内容有( )。
   A. 应计算会计政策变更的累积影响数
   B. 应调整变更当期的期初留存收益
   C. 应调整财务报表其他相关项目的期初数
   D. 重新编制以前年度财务报表

6. 通常在财务报表附注中披露的企业会计政策有( )。
   A. 外币报表折算方法
   B. 所得税会计处理方法
   C. 发出存货的计价方法
   D. 或有损失

7. 下列项目中,应改变原会计政策的有( )。
   A. 增加一条生产线
   B. 企业管理层的意愿
   C. 法律或会计准则等行政法规、规章的要求
   D. 会计政策的变更能够提供企业更可靠、更相关的会计信息

8. 下列各项中,属于会计政策变更的有( )。
   A. 存货计价方法由原来的先进先出法变为个别计价法
   B. 因租约条件的改变而将经营租赁会计改为融资租赁会计
   C. 投资人新投入的某项专利
   D. 因修订了会计准则而改变长期股权投资权益法的使用标准

9. 下列项目中,属于会计估计变更的有( )。
   A. 因固定资产改扩建而将其使用年限由5年延长至10年
   B. 将发出存货的计价方法由先进先出法改为加权平均法
   C. 将坏账准备按应收账款余额的3%计提改为按5%计提
   D. 将某一已使用的电子设备的使用年限由5年改为3年

10. 下列关于年度资产负债表日至财务报告批准报出日之间发生的事项中,属于资产负债表日后事项的有( )。
    A. 支付生产工人工资
    B. 固定资产和投资发生严重减值

C. 股票和债券的发行 D. 火灾造成重大损失

三、判断题

1. 企业在估计某项固定资产的预计使用年限时，多估计或少估计预计使用年限，属于会计差错范围。（ ）

2. 发现前期不重要的会计差错应调整期初留存收益以及财务报表其他相关项目的期初数。（ ）

3. 本期发生的交易或事项与以前相比具有本质差别而采用新的会计政策属于会计政策变更。（ ）

4. 对初次发生的或不重要的交易或事项采用新的会计政策，不属于会计政策变更。（ ）

5. 由于经济环境、客观情况的改变而变更会计政策，以便提供企业财务状况、经营成果和现金流量等更可靠、更相关的会计信息，则应采用追溯调整法进行会计处理。（ ）

6. 如果会计政策变更的累积影响数不能合理确定，无论属于什么情况，均采用未来适用法进行会计处理。（ ）

7. 对于发生的重要的前期差错，如影响损益，应以其对损益的影响数调整发现当期的期初留存收益，至于财务报表其他相关项目的期初数就不必调整了。（ ）

8. 具体会计处理方法是指企业在会计核算过程中在诸多可选择的会计处理方法中所选择的、适合于本企业的会计处理方法。（ ）

9. 企业选择存货计价方法属于会计政策。（ ）

10. 坏账损失的核算采用直接核销法还是备抵法属于会计估计。（ ）

四、案例分析题

1. 甲公司2024年5月发现2023年重复登记了一项管理用固定资产的折旧费用600 000元，所得税申报中扣除了这部分折旧费，该公司适用的所得税税率为25%，所得税核算采用资产负债表债务法。该公司按净利润的15%提取法定盈余公积。

要求：

（1）做出对该会计差错进行更正的账务处理。

（2）调整财务报表有关项目的数字并填入表8-6中。

表8-6 调整财务报表

项目	上年金额		年初余额	
	调增	调减	调增	调减
固定资产	×	×		
应交税费	×	×		
盈余公积	×	×		
未分配利润	×	×		
管理费用			×	×
所得税费用			×	×
净利润			×	×
盈余公积			×	×

2. 乙股份有限公司（以下简称乙公司）2024 年度实现净利润 1 000 万元，使用的所得税税率为 25%，按净利润的 15% 提取盈余公积，该公司的所得税采用资产负债表债务法核算。有关事项如下：

（1）考虑到技术进步因素，自 2024 年 1 月 1 日起将一台管理用设备的使用年限改为 5 年。该台设备为 2021 年 12 月 28 日购入并投入使用的，原价为 61 万元，预计使用年限为 8 年，预计净残值为 1 万元（同税法规定），采用直线法计提折旧。按税法的规定，该台设备的使用年限为 8 年，并按直线法计提折旧。

（2）2024 年年底发现如下差错：

①将 2024 年 2 月购入的一批管理用低值易耗品（价款为 6 000 元）误记为固定资产，截至年底已提折旧 600 元并计入管理费用。乙公司对低值易耗品采用领用时一次摊销的方法，截至年底该批低值易耗品已被管理部门领用 40%。

②2024 年 1 月 3 日购入的一项专利权，价款为 18 000 元，会计和税法规定的摊销期均为 15 年，但 2024 年未予摊销。

③2023 年 11 月 3 日销售的一批产品，符合销售收入确认条件，因还没有收到款项，所以未确认收入 30 万元。但销售成本 25 万元已结转，在计算 2023 年度应纳税所得额时也未包括该项销售收入。

要求：

（1）计算 2024 年该管理用设备应计提的折旧额，以及上述会计变更对 2024 年度所得税费用和净利润的影响额，并列出计算过程。

（2）编制上述会计差错更正相关的会计分录。

3. 丙公司为 2024 年年末成立的股份有限公司，对所得税采用资产负债表债务法核算，假定适用的所得税税率为 25%，计提的各项资产减值准备均会产生暂时性差异，当期发生的可抵扣暂时性差异预计能够在 3 年内转回。每年按净利润的 15% 计提盈余公积。

（1）丙公司 2024 年 12 月购入生产设备，原价为 6 000 万元，预计使用年限为 10 年，预计净残值为 0，采用直线法计提折旧。2025 年年末，丙公司对该项生产设备进行的减值测试表明其可收回金额为 4 500 万元。2026 年年末，丙公司对该项设备进行的减值测试表明其可收回金额仍为 4 500 万元。2026 年度用上述生产设备生产的 A 产品全部对外销售；A 产品年初、年末的在产品成本均为 0（假定上述生产设备只用于生产 A 产品），丙公司对该固定资产采用的折旧方法、预计使用年限等均与税法规定一致。假定经过上述减值测试后，该设备的预计使用年限、预计净残值等均不变。

（2）丙公司于 2025 年年末对某项管理用固定资产进行的减值测试表明其可收回金额为 3 500 万元，预计尚可使用年限为 4 年，净残值为 0，该固定资产的原价为 4 800 万元，已计提折旧 960 万元，原预计使用年限为 5 年，按直线法计提折旧，预计净残值为 0。但丙公司 2025 年年末仅计提了 200 万元的固定资产减值准备。丙公司于 2026 年年初发现该差错并予以更正。丙公司对该固定资产采用的折旧方法、预计使用年限等均与税法一致。

（3）丙公司 2025 年 1 月购入一项专利权，实际成本为 3 000 万元，预计使用年限为 6 年（与税法规定相同）。2025 年年末，市场上出现新的专利更受消费者青睐，对丙公司用其购入的专利生产的产品的销售产生重大不利影响，经减值测试，其可收回金额为 2 000 万元。2026 年丙公司经市场调查发现，市场上用新专利生产的产品性能不稳定，部分客户仍然喜爱用丙公司生产的产品，原估计的该项专利权可收回金额有部分转回，2026 年年末其可收回金额为 2 200 万元。

（4）2026 年年末，存货总成本为 7 000 万元。其中，完工 A 产品为 10 000 台，单位成本为 0.6 万元，库存原材料总成本为 1 000 万元。完工 A 产品中有 8 000 台签订了不可撤销的销售合同。2026 年年末，该公司不可撤销的销售合同确定的每台销售价格为 0.75 万元，其余 A 产品每台销售价格为 0.5 万元；估计销售每台 A 产品将发生销售费用及税金 0.1 万元。由于产品更新速度加快，市场需求变化较大，丙公司计划自 2027 年 1 月起生产性能更好的 B 产品，因此，丙公司拟将库存原材料全部出售。经过合理估计，该库存原材料的市场价格总额为 1 200 万元，有关销售费用及税金总额为 100 万元。

（5）丙公司 2026 年度实现利润总额 12 000 万元。其中，国债利息收入为 50 万元；转回的坏账准备为 105 万元，其中 5 万元已从 2025 年度的应纳税所得额中扣除；实际发生的业务招待费为 110 万元，按税法规定允许抵扣的金额为 60 万元。

除上述所列事项外，无其他纳税调整事项。

要求：

（1）计算丙公司 2026 年度应计提的生产设备折旧和应计提的固定资产减值准备（金额单位用万元表示，下同）。

（2）对丙公司管理用固定资产计提减值准备的差错予以更正，并计算 2026 年管理用固定资产的折旧额。

（3）计算丙公司 2026 年度专利权的摊销额和应计提的无形资产减值准备。

（4）计算丙公司 2026 年度库存 A 产品和库存原材料的年末账面价值及应计提的存货跌价准备，并编制相关会计分录。

（5）计算 2026 年度上述暂时性差异所产生的所得税影响金额。

（6）计算 2026 年度的所得税费用和应交所得税，并编制有关会计分录。

第九章

资产负债表日后事项

第一节 资产负债表日后事项概述

一、资产负债表日后事项的概念

资产负债表日后事项是指资产负债表日至财务报告批准报出日之间发生的有利或不利事项。要理解这一概念，需要注意以下三个方面：

（一）资产负债表日

资产负债表日是指会计年度末和会计中期期末。其中，年度资产负债表日是指公历12月31日；会计中期是指短于一个完整的会计年度的报告期间，通常包括半年度、季度和月度，会计中期期末相应地是指公历半年末、季末和月末。

（二）财务报告批准报出日

财务报告批准报出日是指董事会或类似机构批准财务报告报出的日期，通常是指对财务报告的内容负有法律责任的单位或个人批准财务报告对外公布的日期。

财务报告的批准者包括所有者、所有者中的多数以及董事会或类似的管理单位、部门和个人。根据《中华人民共和国公司法》规定，公司制企业的董事会有权批准对外公布财务报告，因此，公司制企业财务报告批准报出日是指董事会批准财务报告报出的日期，不是股东大会审议批准的日期，也不是注册会计师出具审计报告的日期。对于非公司制企业，财务报告批准报出日是指经理（厂长）会议或类似机构批准财务报告报出的日期。

（三）有利或不利事项

资产负债表日后事项概念中所称的"有利或不利事项"，是指资产负债表日后事项肯定对企业财务状况和经营成果具有一定影响（既包括有利影响也包括不利影响）。如果某些事项的发生对企业并无任何影响，那么，这些事项既不是有利事项也不是不利事项，就不属于这里所说的资产负债表日后事项。

二、资产负债表日后事项涵盖的期间

资产负债表日后事项涵盖的期间是自资产负债表日次日起至财务报告批准报出日止的一段时间。具体是指:

(1) 报告年度次年的 1 月 1 日或报告期下一期间的第一天至董事会或类似机构批准财务报告对外公布的日期。

(2) 财务报告批准报出以后、实际报出之前又发生与资产负债表日后事项有关的事项,并由此影响财务报告对外公布日期的,应以董事会或类似机构再次批准财务报告对外公布的日期为截止日期。

通常而言,审计报告日期不应早于被审计单位管理当局签署财务报告的日期,实际对外公布日通常不早于董事会批准财务报告对外公布的日期。

【例 9-1】 某上市公司 2024 年的年度财务报告于 2025 年 2 月 20 日编制完成,注册会计师完成年度财务报表审计工作并签署审计报告的日期为 2025 年 4 月 16 日,董事会批准财务报告对外公布的日期为 2025 年 4 月 17 日,财务报告实际对外公布的日期为 2025 年 4 月 23 日,股东大会召开的日期为 2025 年 5 月 10 日。

分析:根据资产负债表日后事项涵盖期间的规定,本例中,该公司 2024 年年报资产负债表日后事项涵盖的期间为 2025 年 1 月 1 日至 4 月 17 日。如果在 4 月 17 日至 23 日之间发生了重大事项,需要调整财务报表相关项目的数字或需要在财务报表附注中披露;经调整或说明后的财务报告再经董事会批准报出的日期为 2025 年 4 月 25 日,实际报出的日期为 2025 年 4 月 30 日,则资产负债表日后事项涵盖的期间为 2025 年 1 月 1 日至 4 月 25 日。

三、资产负债表日后事项的内容

资产负债表日后事项包括资产负债表日后调整事项(以下简称调整事项)和资产负债表日后非调整事项(以下简称非调整事项)两类。

(一) 调整事项

资产负债表日后调整事项,是指对资产负债表日已经存在的情况提供了新的或进一步证据的事项。如果资产负债表日及所属会计期间已经存在某种情况,但当时并不知道其存在或者不能知道确切结果,而资产负债表日后发生的事项能够证实该情况的存在或者确切结果的,则该事项属于资产负债表日后事项中的调整事项。如果资产负债表日后的事项对资产负债表日的情况提供了进一步的证据,证据表明的情况与原来的估计和判断不完全一致,则需要对原来的会计处理进行调整。

因此,调整事项有两个特点:一是在资产负债表日或以前已经存在,资产负债表日后得以证实;二是对按资产负债表日存在状况编制的财务报表产生重大影响。

企业发生的调整事项通常包括:

(1) 资产负债表日后诉讼案件结案,法院判决证实了企业在资产负债表日已经存在现时义务,需要调整原先确认的与该诉讼案件相关的预计负债,或确认一项新负债。

(2) 资产负债表日后取得确凿证据,表明某项资产在资产负债表日发生了减值或者需要调整该项资产原先确认的减值金额。

(3) 资产负债表日后进一步确定了资产负债表日前购入资产的成本或售出资产的收入。

(4) 资产负债表日后发现了财务报表的舞弊或差错。

【例 9-2】 甲公司因专利侵权被起诉。2024 年 12 月 31 日法院尚未判决，根据公司律师对此案件诉讼结果可能性的评估和判断，甲公司确认了 500 万元的预计负债。2025 年 2 月 21 日，在甲公司 2024 年度财务报告批准报出之前，法院做出判决，要求甲公司支付赔偿款 700 万元。

分析：甲公司在 2024 年 12 月 31 日结账时已经知晓对方胜诉的可能性较大，但不能确定法院判决的确切结果，因此，甲公司确认了 500 万元的预计负债。2025 年 2 月 21 日法院判决结果为甲公司预计负债的存在提供了进一步的证据。此时，按照 2024 年 12 月 31 日存在状况编制的财务报表所提供的信息已不能真实反映企业的实际情况，甲公司应据此对财务报表相关项目的数字进行调整。

（二）非调整事项

资产负债表日后非调整事项，是指表明资产负债表日后发生的情况的事项。非调整事项的发生不影响资产负债表日企业的财务报表数字，只说明资产负债表日后发生了某些情况，但可能影响资产负债表日以后的财务状况和经营成果，不加以说明将会影响财务报告使用者做出正确的估计和决策，所以应在附注中适当披露。

非调整事项的特点：第一，资产负债表日并未发生或存在，完全是期后才发生的；第二，对理解和分析财务报告有重大影响。

企业发生的非调整事项通常包括：

(1) 资产负债表日后发生重大诉讼、仲裁、承诺。

(2) 资产负债表日后资产价格、税收政策、外汇汇率发生重大变化。

(3) 资产负债表日后因自然灾害导致资产发生重大损失。

(4) 资产负债表日后发行股票和债券及其他巨额举债。

(5) 资产负债表日后资本公积转增资本。

(6) 资产负债表日后发生巨额亏损。

(7) 资产负债表日后发生企业合并或处置子公司。

(8) 资产负债表日后，企业利润分配方案中拟分配的及经审议批准宣告发放的股利或利润。

【例 9-3】 甲公司应收乙公司一笔货款，2024 年 12 月 31 日乙公司财务状况良好，甲公司预计应收账款可按时收回；一个月后乙公司发生重大火灾，导致甲公司 60% 的应收账款无法收回。

分析：导致甲公司 2024 年度应收账款损失的因素是乙公司发生重大火灾，应收账款发生损失这一事实在资产负债表日以后才发生，与资产负债表日存在状况无关，但由于事情重大，如果不加以披露会影响财务报表使用者做出正确的估计和决策。因此乙公司发生重大火灾导致甲公司应收款项发生坏账的事项属于非调整事项。

（三）调整事项和非调整事项的异同

调整事项和非调整事项的区别在于：调整事项存在于资产负债表日或以前，资产负债表日后提供的证据可以对以前已存在的事项做进一步的说明；而非调整事项在资产负债表日尚未存在，但在财务报告批准报出日之前发生或存在。

这两类事项的共同点在于：调整事项和非调整事项都是在资产负债表日后至财务报告批准报出

日之间发生或存在的，对报告年度的财务报告所反映的财务状况、经营成果都将产生重大影响。

如何确定资产负债表日后发生的某一事项是调整事项还是非调整事项，是运用资产负债表日后事项准则的关键。这取决于该事项表明的情况在资产负债表日或资产负债表日以前是否已经存在。若该情况在资产负债表日或之前已经存在，属于调整事项；反之，则属于非调整事项。

第二节 资产负债表日后调整事项

一、资产负债表日后调整事项的处理原则

企业发生资产负债表日后调整事项，应当视同资产负债表所属期间发生的事项，做出相关账务处理，并调整资产负债表日已编制的财务报表。对于年度财务报表而言，由于资产负债表日后事项发生在报告年度的次年，报告年度的有关账目已经结转，特别是损益类科目在结账后已无余额。因此，对年度资产负债表日后发生的调整事项，应当区分以下情况进行处理：

（1）涉及损益的事项，通过"以前年度损益调整"科目核算。调整增加以前年度利润或调整减少以前年度亏损的事项，贷记"以前年度损益调整"科目；反之，借记"以前年度损益调整"科目。

需要注意的是，涉及损益的调整事项，如果发生在资产负债表日所属年度（即报告年度）所得税汇算清缴前，应调整报告年度应纳税所得额和应纳所得税税额；如果发生在报告年度所得税汇算清缴后，应调整本年度（即报告年度的次年）应纳税所得额和应纳所得税税额。

（2）涉及利润分配调整的事项，直接在"利润分配——未分配利润"科目中核算。

（3）不涉及损益以及利润分配的事项，调整相关科目。

（4）进行上述账务处理后，还应同时调整财务报表相关项目的数字，具体包括：①资产负债表日编制的财务报表相关项目的期末数或本年发生数；②当期编制的财务报表相关项目的期初数或上年数；③经过上述调整后，如果涉及财务报表附注的内容的，还应当调整报表附注相关项目的数字。

二、资产负债表日后调整事项的具体会计处理方法

为简化处理，如无特殊说明，本章所有的例子均假定如下：财务报告批准报出日是次年4月30日，所得税税率为25%，按净利润的10%提取法定盈余公积，提取法定盈余公积后不再做其他分配；调整事项按税法规定均可调整应缴纳所得税；涉及递延所得税资产的，均假定在未来期间很可能取得用来抵扣暂时性差异的应纳税所得额；不考虑报表附注中有关现金流量表项目的数字。

（1）资产负债表日后诉讼案件结案，法院判决证实了企业在资产负债表日已经存在现时义务，需要调整原先确认的与该诉讼案件相关的预计负债，或确认一项新负债。

这一事项是指导致诉讼的事项在资产负债表日已经发生，但尚不具备确认负债的条件而未确认，资产负债表日后至财务报告批准报出日之间获得了新的或进一步的证据（法院判决结果），表明符合负债的确认条件，因此，应在财务报告中确认为一项新负债；或者在资产负债表日虽已确

认，但需要根据判决结果对已确认的负债金额进行调整。

【例9-4】 甲公司与乙公司签订了一项销售合同，合同约定甲公司应在2024年9月销售给乙公司一批物资。甲公司因违约于2024年12月被乙公司告上法庭，乙公司要求甲公司赔偿450万元。2024年12月31日法院尚未判决，甲公司按或有事项准则对该诉讼事项确认预计负债300万元。2025年2月20日，经法院判决甲公司应赔偿乙公司400万元。甲、乙双方均服从判决。判决当日，甲公司向乙公司支付赔偿款400万元。甲、乙两公司2024年所得税汇算清缴在2025年3月20日完成（假定该项预计负债产生的损失不允许在预计时税前抵扣，只有在损失实际发生时才允许税前抵扣）。

分析：本例中，2025年2月20日的判决证实了甲、乙两公司在资产负债表日（即2024年12月31日）分别存在现时赔偿义务和获赔权利。因此两公司都应将"法院判决"这一事项作为调整事项进行处理。甲公司和乙公司2024年所得税汇算清缴均在2025年3月20日完成。因此，应根据法院判决结果调整报告年度应纳税所得额和应纳所得税税额。

（1）甲公司的账务处理如下：

①2025年2月20日，记录支付的赔款，并调整递延所得税资产。

借：以前年度损益调整——营业外支出　　　　　　　　　　1 000 000
　　贷：其他应付款——乙公司　　　　　　　　　　　　　　　　1 000 000
借：应交税费——应交所得税（4 000 000×25%）　　　　　100 000
　　贷：以前年度损益调整——所得税费用　　　　　　　　　　　　100 000
借：以前年度损益调整——所得税费用　　　　　　　　　　750 000
　　贷：递延所得税资产　　　　　　　　　　　　　　　　　　　　750 000
借：预计负债——未决诉讼　　　　　　　　　　　　　　　3 000 000
　　贷：其他应付款——乙公司　　　　　　　　　　　　　　　　3 000 000
借：其他应付款——乙公司　　　　　　　　　　　　　　　4 000 000
　　贷：银行存款　　　　　　　　　　　　　　　　　　　　　　　4 000 000

注：如果资产负债表日后事项涉及现金收支项目，均不调整报告年度资产负债表的货币资金项目和现金流量表各项目数字。

2024年年末因确认预计负债300万元时已确认相应的递延所得税资产，资产负债表日后事项发生后，递延所得税资产不复存在，故应冲销相应记录。

②将"以前年度损益调整"科目余额转入未分配利润。

借：利润分配——未分配利润　　　　　　　　　　　　　　750 000
　　贷：以前年度损益调整——本年利润　　　　　　　　　　　　　750 000

③因净利润变动调整盈余公积。

借：盈余公积（750 000×10%）　　　　　　　　　　　　　75 000
　　贷：利润分配——未分配利润　　　　　　　　　　　　　　　　75 000

④调整报告年度财务报表相关项目的数字（财务报表此处从略）。

资产负债表项目的年末数调整：调减递延所得税资产75万元；调增其他应付款400万元，调减应交税费100万元，调减预计负债300万元；调减盈余公积7.5万元，调减未分配利润67.5万元。

利润表项目的调整：调增营业外支出 100 万元，调减所得税费用 25 万元，调减净利润 75 万元。

所有者权益变动表项目的调整：调减净利润 75 万元，提取盈余公积项目中"盈余公积"一栏调减 7.5 万元，"未分配利润"一栏调减 67.5 万元。

（2）乙公司的账务处理如下：

①2025 年 2 月 20 日，记录收到的赔款，并调整应交所得税。

借：其他应收款——甲公司　　　　　　　　　　　　　　　　　　　　4 000 000
　　贷：以前年度损益调整——营业外收入　　　　　　　　　　　　　　4 000 000
借：以前年度损益调整（4 000 000×25%）——所得税费用　　　　　　1 000 000
　　贷：应交税费——应交所得税　　　　　　　　　　　　　　　　　　1 000 000
借：银行存款　　　　　　　　　　　　　　　　　　　　　　　　　　4 000 000
　　贷：其他应收款　　　　　　　　　　　　　　　　　　　　　　　　4 000 000

注：借记"银行存款"、贷记"其他应收款"这笔分录由于涉及现金，因此不需要调整报告年度的财务报表项目。

②将"以前年度损益调整"科目余额转入未分配利润。

借：以前年度损益调整——本年利润　　　　　　　　　　　　　　　　3 000 000
　　贷：利润分配——未分配利润　　　　　　　　　　　　　　　　　　3 000 000

③因净利润增加，补提盈余公积。

借：利润分配——未分配利润　　　　　　　　　　　　　　　　　　　　300 000
　　贷：盈余公积（3 000 000×10%）　　　　　　　　　　　　　　　　　300 000

④调整报告年度财务报表相关项目的数字（财务报表此处从略）。

资产负债表项目的年末数调整：调增其他应收款 400 万元，调增应交税费 100 万元；调增盈余公积 30 万元，调增未分配利润 270 万元。

利润表项目的调整：调增营业外收入 400 万元，调增所得税费用 100 万元，调增净利润 300 万元。

所有者权益变动表项目的调整：调增净利润 300 万元，提取盈余公积项目中"盈余公积"一栏调增 30 万元，"未分配利润"一栏调增 270 万元。

（2）资产负债表日后取得确凿证据，表明某项资产在资产负债表日发生了减值或者需要调整该项资产原先确认的减值金额。

这一事项是指在资产负债表日根据当时的资料判断某项资产可能发生了损失或减值，但没有最后确定是否会发生，因而按照当时的最佳估计金额反映在财务报表中；但在资产负债表日至财务报告批准报出日之间所取得的确凿证据能证明该事项成立，即某项资产已经发生了损失或减值，则应对资产负债表日所做的估计予以修正。

【例 9-5】　2024 年 8 月，甲公司销售给乙公司一批物资，货款为 300 万元（含增值税），乙公司于 9 月收到所购物资并验收入库。按合同规定，乙公司应于收到所购物资后一个月内付款。由于乙公司财务状况不佳，到 2024 年 12 月 31 日仍未付款。甲公司于 2024 年 12 月 31 日编制 2024 年度财务报表时，已为该项应收账款提取坏账准备 20 万元。2024 年 12 月 31 日资产负债表上"应收账款"项目的金额为 500 万元，其中 280 万元为该项应收账款。甲公司于 2025 年 2 月 2 日（所得税汇算清缴前）收到法院通知，乙公司已宣告破产清算，无力偿还所欠部分货款。甲公司预计可收回应收账款的 40%。

分析：本例中，甲公司在收到法院通知后，首先判断该事项属于资产负债表日后调整事项，其次根据调整事项的处理原则进行处理。具体账务处理如下：

（1）补提坏账准备。

应补提的坏账准备 = 300×60% − 20 = 160（万元）

借：以前年度损益调整——信用减值损失　　　　　　　　　　　　　1 600 000
　　贷：坏账准备　　　　　　　　　　　　　　　　　　　　　　　1 600 000

（2）调整递延所得税资产。

借：递延所得税资产（1 600 000×25%）　　　　　　　　　　　　　400 000
　　贷：以前年度损益调整——所得税费用　　　　　　　　　　　　400 000

（3）将"以前年度损益调整"科目的余额转入未分配利润。

借：利润分配——未分配利润　　　　　　　　　　　　　　　　　1 200 000
　　贷：以前年度损益调整——本年利润（1 600 000 − 400 000）　　1 200 000

（4）调整盈余公积。

借：盈余公积——提取法定盈余公积（1 200 000×10%）　　　　　　120 000
　　贷：利润分配——未分配利润　　　　　　　　　　　　　　　　120 000

（5）调整报告年度财务报表相关项目的数字（财务报表略）。

资产负债表项目的调整：调减应收账款 160 万元，调增递延所得税资产 40 万元；调减盈余公积 12 万元，调减未分配利润 108 万元。

利润表项目的调整：调增信用减值损失 160 万元，调减所得税费用 40 万元，调减净利润 120 万元。

所有者权益变动表项目的调整：调减净利润 120 万元，提取盈余公积项目中"盈余公积"一栏调减 12 万元，"未分配利润"一栏调减 108 万元。

（3）资产负债表日后进一步确定了资产负债表日前购入资产的成本或售出资产的收入。

这一类调整事项包括：

① 资产负债表日前购买的资产已经按暂估金额入账，资产负债表日后获得证据，可以进一步确定该资产的成本，对已入账的资产成本进行调整。

② 资产负债表日已根据收入确认条件确认资产销售收入，但资产负债表日后获得关于资产收入的进一步证据，如发生销售退回等，此时也应调整财务报表相关项目的金额。

需要说明的是，资产负债表日后发生的销售退回，既包括报告年度销售的商品在资产负债表日后发生的销售退回，也包括以前期间销售的商品在资产负债表日后发生的销售退回。同时，发生在资产负债表日后至财务报告批准报出日之间的销售退回，可能发生于该企业年度所得税汇算清缴之前，也可能发生于该企业年度所得税汇算清缴之后，其会计处理是不同的。

【例 9-6】　2024 年 10 月 18 日，甲公司销售一批商品给乙公司，取得收入 160 万元（不含税，增值税税率 13%）。甲公司发出商品后，按照正常情况已确认收入，并结转成本 120 万元。2024 年 12 月 31 日，该笔货款尚未收到，甲公司未对应收账款计提坏账准备。2025 年 1 月 23 日，由于产品质量问题，本批货物被退回。甲公司于 2025 年 2 月 28 日完成 2024 年所得税汇算清缴。

分析：本例中，销售退回业务发生在资产负债表日后事项涵盖期间内，属于资产负债表日后调整事项。由于销售退回发生在甲公司报告年度所得税汇算清缴之前，因此在所得税汇算清缴时，应扣除该部分销售退回所实现的应纳税所得额。甲公司的账务处理如下：

①2025 年 1 月 23 日，调整销售收入。

借：以前年度损益调整——主营业务收入　　　　　　　　　　　1 600 000
　　应交税费——应交增值税（销项税额）　　　　　　　　　　208 000
　　贷：应收账款——乙公司　　　　　　　　　　　　　　　　　1 808 000

②调整销售成本。

借：库存商品　　　　　　　　　　　　　　　　　　　　　　　1 200 000
　　贷：以前年度损益调整——主营业务成本　　　　　　　　　　1 200 000

③调整应缴纳所得税。

应缴纳所得税 =（1 600 000 − 1 200 000）× 25% = 100 000（元）

借：应交税费——应交所得税　　　　　　　　　　　　　　　　100 000
　　贷：以前年度损益调整——所得税费用　　　　　　　　　　　100 000

④将"以前年度损益调整"科目的余额转入未分配利润。

借：利润分配——未分配利润　　　　　　　　　　　　　　　　300 000
　　贷：以前年度损益调整——本年利润　　　　　　　　　　　　300 000

⑤调整盈余公积。

借：盈余公积——提取法定盈余公积（300 000 × 10%）　　　　　30 000
　　贷：利润分配——未分配利润　　　　　　　　　　　　　　　30 000

⑥调整相关财务报表（略）。

（4）资产负债表日后发现财务报表舞弊或差错事项。这一事项是指资产负债表日后发现报告期以前期间存在的财务报表舞弊或差错。企业发生这一事项后，应当将其作为资产负债表日后调整事项，调整报告期间的财务报告中相关的数字。具体会计处理参见本教材第八章"会计政策、会计估计变更和差错更正"。

第三节　资产负债表日后非调整事项

一、资产负债表日后非调整事项的处理原则

资产负债表日后发生的非调整事项，是表明资产负债表日后发生的情况的事项，与资产负债表日的存在状况无关，不应当调整资产负债表日的财务报表。但有的非调整事项对财务报告使用者具有重大影响，如不加以说明，将不利于财务报告使用者做出正确估计和决策，因此，企业应在财务报表附注中进行披露。

二、资产负债表日后非调整事项的具体会计处理方法

对于资产负债表日后发生的非调整事项，企业不必调整资产负债表日编制的年度财务报表中已确认的金额，但需要在财务报表附注中披露每项重要的资产负债表日后非调整事项的性质、内容，及其对财务状况和经营成果的影响。无法做出估计的，应当说明原因。

资产负债表日后非调整事项主要有：

（1）资产负债表日后发生重大诉讼、仲裁、承诺。资产负债表日后发生的重大诉讼等事项对企业影响较大，为防止误导投资者及其他财务报告使用者，应当在报表附注中进行相关披露。

（2）资产负债表日后资产价格、税收政策、外汇汇率发生重大变化。资产负债表日后资产价格、税收政策、外汇汇率发生的重大变化，虽然不会影响资产负债表日财务报表相关项目的数据，但对企业资产负债表日后期间的财务状况和经营成果有重大影响，应当在报表附注中进行相关披露。

（3）资产负债表日后因自然灾害导致资产发生重大损失。资产负债表日后因自然灾害导致资产发生重大损失，对企业资产负债表日后财务状况的影响较大，如果不加以披露，有可能使财务报告使用者做出错误决策，应当在报表附注中进行相关披露。

（4）资产负债表日后发行股票和债券以及其他巨额举债。企业发行股票、债券以及向银行或非银行金融机构举借巨额债务都是比较重大的事项，虽然这一事项与企业在资产负债表日的状况无关，但这一事项的披露能使财务报告使用者了解与此有关的情况及可能带来的影响，故应当在报表附注中进行相关披露。

（5）资产负债表日后资本公积转增资本。企业以资本公积转增资本将会改变企业的资本（或股本）结构，影响较大，需要在报表附注中进行披露。

（6）资产负债表日后发生巨额亏损。企业资产负债表日后发生巨额亏损将会对企业报告期以后的财务状况和经营成果产生重大影响，应当在报表附注中及时披露该事项，以便为投资者或其他财务报告使用者做出正确决策提供信息。

（7）资产负债表日后发生企业合并或处置子公司。企业合并或者处置子公司的行为会影响股权结构、经营范围等，对企业未来生产经营活动可能产生重大影响，因此企业应在附注中披露企业合并或处置子公司的信息。

（8）资产负债表日后，企业利润分配方案中拟分配以及经审议批准宣告发放股利或利润的行为。资产负债表日后，企业制订利润分配方案，拟分配或经审议批准宣告发放股利或利润的行为，并不会致使企业在资产负债表日形成现时义务，因此虽然发生该事项可能导致企业负有支付股利或利润的义务，但支付义务在资产负债表日尚不存在，不应该调整资产负债表日的财务报告，所以，该事项为非调整事项。但由于该事项对企业资产负债表日后的财务状况有较大影响，可能导致现金较大规模流出、企业股权结构变动等，为便于财务报告使用者更充分了解相关信息，企业需要在财务报告附注中适当披露该信息。

章节练习题

一、单项选择题

1. 甲公司 2024 年度财务报告于 2025 年 2 月 24 日编制完成，注册会计师完成审计及签署审计报告日是 2025 年 4 月 15 日，经董事会批准报表对外公布日是 2025 年 4 月 22 日，实际对外公布日期是 2025 年 4 月 26 日。2025 年 4 月 24 日，上年末的一项未决诉讼结案，法院判决该公司支付赔偿 300 万元。董事会再次批准报表对外公布日为 2025 年 4 月 28 日。不考虑其他因素，则该公司 2024 年度资产负债表日后事项涵盖的期间是(   )。

  A. 2025 年 1 月 1 日至 4 月 15 日　　　　B. 2025 年 1 月 1 日至 4 月 22 日
  C. 2025 年 1 月 1 日至 4 月 26 日　　　　D. 2025 年 1 月 1 日至 4 月 28 日

2. 调整事项和非调整事项最主要的区别是(   )。

  A. 调整事项不需要披露　　　　　　　　B. 非调整事项不需要调整
  C. 该事项的金额是否重大　　　　　　　D. 该事项在资产负债表日或之前是否存在

3. 下列属于资产负债表日后调整事项的是(   )。

  A. 资产负债表日后发生的重大诉讼　　　B. 上年售出的商品发生退回
  C. 自然灾害导致资产损失　　　　　　　D. 董事会提出现金股利分配方案

4. 下列属于资产负债表日后非调整事项的是(   )。

  A. 外汇汇率发生较大变动　　　　　　　B. 日后期间发现财务报表舞弊
  C. 已证实某项资产发生了减损　　　　　D. 日后期间发现会计差错

5. 甲公司 2025 年 1 月 18 日向乙公司销售一批商品并确认收入。2025 年 2 月 10 日，乙公司因产品质量原因将上述商品退回。甲公司 2024 年财务报告批准报出日为 2025 年 4 月 30 日。甲公司对此项退货业务正确的处理方法是(   )。

  A. 冲减 2025 年 1 月份收入、成本和税金等相关项目
  B. 冲减 2025 年 2 月份收入、成本和税金等相关项目
  C. 作为 2024 年资产负债表日后事项中的调整事项处理
  D. 作为 2024 年资产负债表日后事项中的非调整事项处理

6. 甲公司 2024 年度财务报告批准报出日为 2025 年 4 月 30 日。公司在 2025 年 1 月 1 日至 4 月 25 日发生的下列事项中，属于资产负债表日后调整事项的是(   )。

  A. 公司支付 2024 年度财务报告审计费 60 万元
  B. 因遭受火灾上年购入的存货发生毁损 260 万元
  C. 对报告年度的工程完工进度做了修改，增加主营业务收入 48 万元
  D. 因税收优惠退回报告年度以前所得税 120 万元

7. 甲公司 2024 年度的财务会计报告于 2025 年 4 月 15 日批准报出，2025 年 1 月 15 日，因产品质量原因，客户将 2024 年 11 月 28 日购入的一大批大额商品退回。下列说法中正确的是(   )。

  A. 不做会计处理
  B. 冲减 2024 年度会计报表主营业务收入等相关项目
  C. 冲减 2025 年度会计报表主营业务收入等相关项目

D. 在2024年度会计报告报出时，冲减利润表主营业务收入项目的上年数等相关项目

8. 2025年1月2日，甲公司发现2023年3月购入的固定资产一直未提折旧，甲公司开始按照规定计提固定资产折旧，并且进行追溯调整。在2024年度财务会计报告批准报出前，应调整甲公司2024年会计报表的(　　)。

A. 2024年资产负债表期末数、利润表及利润分配表本年实际数相关项目数字

B. 2024年会计报表期末数和本年累计数及本年实际数

C. 2024年资产负债表期初数和期末数、利润表及利润分配表上年数和本年实际相关项目数字

D. 2024年资产负债表期初数、利润表及利润分配表上年数相关项目的数字

9. 在"以前年度损益调整"科目的借方反映的是(　　)。

A. 调整以前年度损益而需调增的管理费用

B. 调增本期管理费用

C. 调整以前年度损益而相应减少的所得税费用

D. 调整以前年度损益而相应增加的主营业务收入

10. 2024年9月12日，甲公司向乙公司销售一批商品，含税价款为452万元，销售成本为350万元，截至2024年12月31日尚未收到上述款项，甲公司按其余额的5%计提了坏账准备。2025年2月25日，乙公司以产品质量不符合合同标准为由将上述商品退回。甲公司2024年财务报告批准报出日为2025年4月30日，2024年度所得税汇算清缴日为2025年5月20日，所得税适用税率为25%。甲公司对此项退货业务不正确的处理是(　　)。

A. 冲减2024年度的收入、成本等项目

B. 递延所得税资产减少6.65万元

C. 递延所得税资产减少5.65万元，应交所得税减少12.5万元

D. 作为资产负债表日后事项中的调整事项处理

二、多项选择题

1. 下列关于资产负债表日后事项的说法中，不正确的有(　　)。

A. 资产负债表日后事项涵盖的期间是从资产负债表次日至财务报告实际报出日

B. 资产负债表日后事项分为有利事项和不利事项

C. 当或有事项确定下来成为资产负债表日后事项时，依据资产负债表日后事项准则做出相应处理

D. 资产负债表日后事项必须对资产负债表日的报表予以调整

2. 资产负债表日后调整事项的特点为(　　)。

A. 在资产负债表日或以前已经存在

B. 在资产负债表日并未发生或存在

C. 资产负债表日后得以证实

D. 期后发生的事项

3. 以下属于资产负债表日后非调整事项的有(　　)。

A. 上年售出的产品发生退回　　　　B. 资本公积转增资本

C. 企业合并　　　　　　　　　　　D. 发生巨额举债

4. 甲公司因违约于2024年12月被乙公司起诉，该项诉讼在2024年12月31日尚未判决，甲公司认为有可能败诉并赔偿。2025年2月10日财务报告批准报出之前，法院判决甲公司需要偿付乙公司的经济损失，甲公司不再上诉并支付了赔偿款项。作为资产负债表日后调整事项，甲公司应做的会计处理包括(   )。

A. 调整2024年12月31日资产负债表相关项目

B. 调整2024年度利润表相关项目

C. 调整2024年度现金流量表正表相关项目

D. 调整2024年12月31日所有者权益变动表相关项目

5. 2024年甲公司为乙公司的300万元债务提供60%的担保，乙公司因到期无力偿还债务被起诉，2024年12月31日，法院尚未做出判决，甲公司根据有关情况预计很可能承担部分担保责任，承担金额为100万元。2025年2月16日，甲公司财务报告批准报出日之前法院做出判决，甲公司承担全部担保责任，需为乙公司偿还债务的60%，甲公司已执行，以下甲公司正确的处理有(   )。

A. 2025年2月16日按照资产负债表日后调整事项处理，调整2024年财务报表相关项目

B. 2024年12月31日按照100万元确认预计负债

C. 2024年12月31日对此或有负债做出披露

D. 2024年12月31日对此预计负债做出披露

6. 甲公司2024年度财务报告经董事会批准对外公布的日期为2025年4月30日，该公司2025年1月1日至4月30日之间发生的下列各事项中，属于非调整事项的有(   )。

A. 因债务人2025年3月遭受重大冰冻灾害，导致甲公司500万元应收账款无法收回

B. 2025年2月3日，甲公司处置了一家子企业

C. 2025年3月1日，甲公司发行股票

D. 2025年3月28日，发现新证据表明一批存货在2024年12月31日的可变现净值已低于其成本

7. 下列项目中，在"以前年度损益调整"科目的贷方反映的有(   )。

A. 调减本期管理费用   B. 调增以前年度确认的主营业务收入

C. 调整以前年度损益而相应减少的所得税费用

D. 调整以前年度损益而需调增的管理费用

8. 对于所得税汇算清缴之前，资产负债表日后期间发生的报告期销售商品的退回，在所得税采用资产负债表债务法核算时，可能涉及的调整项目包括(   )。

A. 主营业务收入   B. 所得税费用

C. 递延所得税资产   D. 主营业务成本

9. 甲公司2024年度财务报告经董事会批准对外公布的日期为2025年3月31日，实际对外公布的日期为2025年4月10日。该公司2025年1月1日至4月10日发生的下列事项中，应当作为资产负债表日后调整事项的有(   )。

A. 2月11日，发现2024年10月接受捐赠获得的一项固定资产尚未入账

B. 3月12日，临时股东大会决议购买乙公司53%的股权并于4月3日执行完毕

C. 2月8日，与丁公司签订的债务重组协议执行完毕，该债务重组协议系甲公司于2025年1月8日与丁公司签订的

D. 3月15日，甲公司被法院判决败诉并要求支付赔款900万元，对此项诉讼甲公司已于2024年末确认预计负债700万元

10. 资产负债表日后非调整事项应在会计报表附注中披露(　　)。

A. 非调整事项的内容　　　　　　B. 非调整事项可能对财务状况的影响

C. 非调整事项可能对经营成果的影响　　D. 非调整事项在报告年度以后可能的调整

三、判断题

1. 资产负债表日后事项是指资产负债表日至财务报告批准报出日之间发生的有利事项。(　　)

2. 资产负债表日后期间的非调整事项是指资产负债表日或以前已经存在，但对编制财务报告没有影响的事项。(　　)

3. 根据谨慎性原则，资产负债表日后事项如果属于非调整事项，只需要对不利事项在财务报告附注中进行披露，对有利事项不需要进行披露。(　　)

4. 资产负债表日后期间涉及的诉讼，属于资产负债表日后调整事项。(　　)

5. 资产负债表日后事项涵盖期间股利的分配可以作为日后调整事项进行处理。(　　)

6. 调增以前年度主营业务成本贷记以前年度损益调整科目。(　　)

7. 资产负债表日后发生的调整事项如涉及现金收支项目，既不需要调整报告年度现金流量表正表，也不需要调整报告年度资产负债表的货币资金项目。(　　)

8. 资产负债表日前已符合收入确认条件的商品销售，在日后期间发生销售折让的，应该调整报告年度财务报表相关项目的金额。(　　)

9. 交易性金融资产在资产负债表日后期间市价严重下跌，公司应将其视为资产负债表日后非调整事项。(　　)

10. 对年度资产负债表日后发生的调整事项，涉及损益的事项，通过"以前年度损益调整"科目核算，然后将"以前年度损益调整"的余额转入"本年利润"科目。(　　)

四、案例分析题

1. 甲公司是一家上市公司，属于增值税一般纳税企业，适用的增值税税率为13%，适用的所得税税率为25%，所得税采用资产负债表债务法核算。根据税法规定，计提的坏账准备不允许在税前抵扣。不考虑除增值税、所得税以外的其他相关税费。甲公司按当年实现净利润的10%提取法定盈余公积。

甲公司2024年度所得税汇算清缴于2025年2月28日完成，在此之前发生的2024年度纳税调整事项，均可进行纳税调整。甲公司2024年度财务报告于2025年4月30日经董事会批准对外报出。

2025年1月1日至4月30日，甲公司发生如下交易或事项：

（1）1月28日，甲公司收到乙公司退回的2024年12月15日从其购入的一批商品，以及税务机关开具的进货退出证明单。当日，甲公司向乙公司开具红字增值税专用发票。该批商品的销售价格（不含增值税）为300万元，增值税为39万元，销售成本为265万元，假定甲公司销售该批商

品时，销售价格是公允的，也符合收入确认条件。截至2025年1月28日，该批商品的应收账款尚未收回。

（2）2月10日，甲公司办公楼因电线短路引发火灾，造成办公楼严重损坏，直接经济损失180万元。

（3）2月15日，甲公司获知丙公司被法院依法宣告破产，预计应收丙公司账款150万元（含增值税）收回的可能性极小，应按全额计提坏账准备。甲公司在2024年12月31日已被告知丙公司资金周转困难无法按期偿还债务，因而按应收丙公司账款余额的60%计提了坏账准备。

（4）2月23日，甲公司发现2024年度漏记某项生产设备折旧费用210万元，金额较大。至2024年12月31日，该生产设备生产的已完工产品尚未对外销售。

（5）3月12日，甲公司决定以3 000万元收购丁上市公司股权。该项股权收购完成后，甲公司将拥有丁上市公司有表决权股份的20%。

（6）3月28日，甲公司董事会提议的利润分配方案为：分配现金股利300万元。

要求：

（1）判断甲公司发生的上述事项，哪些属于调整事项。

（2）对于甲公司的调整事项，编制有关调整会计分录。

（3）填列甲公司2024年12月31日资产负债表相关项目调整表中各项目的调整金额（调增数以"+"表示，调减数以"-"表示）（"应交税费"科目要求写出明细科目及专栏名称，"利润分配"科目要求写出明细科目）。

2. 甲公司为股份有限公司，适用的增值税税率为13%，销售价格中均不含增值税额；适用的所得税税率为25%（不考虑其他税费，并假设除下列各项外，无其他纳税调整事项），所得税采用资产负债表债务法核算。2024年度的财务报告于2025年4月20日批准报出（2024年度所得税汇算清缴于2025年3月20日完成）。该公司2025年度发生的一些交易和事项及其会计处理如下：

（1）在2024年度的财务报告批准报出后，甲公司发现2023年度购入的一项专利权尚未入账，累积影响利润数1.5万元，该公司将该项累积影响数记入了2025年度利润表的"管理费用"科目。

（2）甲公司从2025年1月1日起将发出存货的计价方法由先进先出法改为加权平均法（符合会计政策变更条件），因该项变更的累积影响数难以确定，甲公司对此项变更采用未来适用法，未采用追溯调整法。

（3）2025年2月6日，因产品质量原因，金泰公司收到退回2024年度销售的甲商品（销售时已收到现金存入银行），并收到税务部门开具的进货退出证明单。该批商品原销售价格1 500万元。该公司按资产负债表日后调整事项调整了2024年度财务报表相关项目的数字。

（4）甲公司于2025年2月28日经营事会审议通过了2024年利润分配方案，决定分派股票股利2 000万股，该公司按每股1元的价格调减了2025年年初未分配利润，并调增了2025年年初的股本金额。

（5）甲公司与乙公司在2024年12月3日签订了一份供销合同，合同中约定甲公司在2024年12月供应一批物资给乙公司。甲公司未能按照合同发货，致使乙公司发生重大经济损失。乙公司通过法律途径要求甲公司赔偿经济损失400万元。该诉讼案件在2024年12月31日尚未判决，甲公司根据律师的意见，认为很可能赔偿乙公司260万元。因此，甲公司记录了260万元的其他应付款，并反映在2024年12月31日的财务报表上。

（6）2024年12月8日与丙公司发生经济诉讼事项，经咨询有关法律顾问，估计很可能支付450万元的赔偿款。经与丙公司协商，在2025年4月15日双方达成协议，由该公司支付给丙公司450万元赔偿款，丙公司撤回起诉。赔偿款已于当日支付。该公司在编制2024年度财务报告时，将很可能支付的赔偿款450万元计入了利润表，并在资产负债表上作为预计负债处理。在对外公布的2024年度的财务报告中，以实际支付的赔偿款调整了2024年度资产负债表的货币资金及相关负债项目的年末数，并在现金流量表正表中调增了经营活动的现金流出450万元（假设税法允许此项赔偿款在应纳税所得额中扣除）。

（7）2025年3月18日，甲公司发现2024年行政管理部门使用的固定资产少计提折旧20万元（金额较大）。该公司针对此项差错调整了2025年度财务报表相关项目的数字。

要求：

（1）说明甲公司上述交易和事项的会计处理哪些是正确的，哪些是不正确的［只需注明上述资料的序号即可，如事项（1）处理正确，或事项（1）处理不正确］。

（2）对上述交易和事项不正确的会计处理，简要说明不正确的理由并简述正确的会计处理方法。

第十章 公允价值计量

第一节 公允价值计量概述

一、公允价值的定义

公允价值是指市场参与者在计量日发生的有序交易中，出售一项资产所能收到或者转移一项负债所需支付的价格。

二、适用范围

（1）以公允价值进行后续计量的投资性房地产。
（2）《企业会计准则第 8 号——资产减值》中规范的使用公允价值确定可收回金额的资产（不包括预计未来现金流量现值）。
（3）以非货币性资产形式取得的政府补助。
（4）《企业会计准则第 20 号——企业合并》中规范的非同一控制下企业合并中取得的可辨认资产和负债以及作为合并对价发行的权益工具。
（5）以公允价值计量的金融资产和金融负债等。

三、适用其他相关会计准则计量或披露的相关业务

（一）计量和披露适用其他相关会计准则

（1）与公允价值类似的其他计量属性的计量和披露，如《企业会计准则第 1 号——存货》规范的可变现净值、《企业会计准则第 8 号——资产减值》规范的预计未来现金流量现值。
（2）股份支付及租赁业务相关的计量和披露。

（二）披露适用其他相关会计准则

（1）以公允价值减去处置费用后的净额确定可收回金额的资产的披露，适用《企业会计准则第

8号——资产减值》。

（2）以公允价值计量的职工离职后福利计划资产的披露，适用《企业会计准则第9号——职工薪酬》。

（3）以公允价值计量的企业年金基金投资的披露，适用《企业会计准则第10号——企业年金基金》。

第二节　公允价值计量的基本概念及一般应用

一、相关资产或负债

（一）相关资产或负债的特征

相关资产或负债的特征是指市场参与者在计量日对该资产或负债进行定价时考虑的特征。包括资产状况及所在位置、对资产出售或者使用的限制等。

在对资产出售或使用时，针对相关资产本身需要考虑该限制对资产公允价值的影响；但针对资产的持有者则不应考虑该限制对资产公允价值的影响。

（二）相关资产或负债的计量单元

1. 计量单元的定义

计量单元是指相关资产或负债以单独或者组合方式进行计量的最小单位。

2. 计量单元适用的相关资产或负债类型

以公允价值计量的相关资产或负债可以是单项资产或负债（如一项金融工具、一项非金融资产等），也可以是资产组合、负债组合或者资产和负债的组合，如《企业会计准则第8号——资产减值》规范的资产组、《企业会计准则第20号——企业合并》规范的业务等。

企业是以单项还是以组合的方式对相关资产或负债进行公允价值计量，取决于该资产或负债的计量单元。

二、有序交易和市场

企业以公允价值计量相关资产或负债，应当假定市场参与者在计量日出售资产或者转移负债的交易是在当前市场条件下的有序交易。

（一）有序交易的定义

有序交易是指在计量日前一段时期内相关资产或负债具有惯常市场活动的交易。清算等被迫交易不属于有序交易。

（二）主要市场和最有利市场

1. 主要市场和最有利市场的定义

主要市场是指相关资产或负债交易量最大和交易活跃程度最高的市场。最有利市场是指在考虑交易费用和运输费用后,能够以最高金额出售相关资产或者以最低金额转移相关负债的市场。

2. 交易费用和运输费用的定义

交易费用是指在相关资产或负债的主要市场(或最有利市场)中,发生的可直接归属于资产出售或者负债转移的费用。交易费用是直接由交易引起的、交易所必需的,而且不出售资产或者不转移负债就不会发生的费用。

运输费用是指将资产从当前位置运抵主要市场(或最有利市场)发生的费用。

企业以公允价值计量相关资产或负债,应当假定出售资产或者转移负债的有序交易在相关资产或负债的主要市场进行。不存在主要市场的,企业应当假定该交易在相关资产或负债的最有利市场进行。

3. 市场的识别

通常情况下,企业在识别主要市场(或最有利市场)时,应当考虑所有可合理取得的信息,即正常进行资产出售或者负债转移的市场可以视为主要市场(或最有利市场),但没有必要考察所有市场。

主要市场(或最有利市场)应当是企业在计量日能够进入的交易市场,但不要求企业于计量日在该市场上实际出售资产或者转移负债。

需要注意的是,由于不同企业可以进入的市场不同,对于不同企业,相同资产或负债可能具有不同的主要市场(或最有利市场)。

4. 市场的运用及公允价值的计量

企业应当以主要市场的价格计量相关资产或负债的公允价值。不存在主要市场的,企业应当以最有利市场的价格计量相关资产或负债的公允价值。

企业不应当因交易费用对该价格进行调整。交易费用不属于相关资产或负债的特征,只与特定交易有关。注意:交易费用不包括运输费用。

【例10-1】 甲公司在非同一控制下的企业合并业务中获得500吨原材料。在购买日,甲公司应当以公允价值计量这批存货,根据市场交易情况,该原材料有A市场和B市场两个活跃的交易市场,交易量分别为2 000万吨和40万吨,交易价格分别为24万元/吨和26万元/吨。甲公司在A市场出售这批存货需要支付1 300万元相关税费,将这批存货运抵A市场的成本为100万元;在B市场出售这批存货需要支付1 500万元相关税费,将这批存货运抵B市场的成本为200万元。计算甲公司该批存货的公允价值。

甲公司在估计这批存货的公允价值时,应首先确定主要市场,由于A市场拥有最大交易量、交易活跃程度最高,判断A市场为甲公司销售该原材料的主要市场。

该批存货的公允价值为:12 000(24×500)万元 - 运输成本100万元 = 11 900万元。

三、市场参与者

企业以公允价值计量相关资产或负债,应当采用市场参与者在对该资产或负债定价时为实现其经济利益最大化所使用的假设。

(一) 市场参与者的定义及特征

市场参与者是指在相关资产或负债的主要市场（或最有利市场）中，同时具备下列特征的买方和卖方：

（1）市场参与者应当相互独立，不存在《企业会计准则第 36 号——关联方披露》所述的关联方关系。

（2）市场参与者应当熟悉情况，能够根据可取得的信息对相关资产或负债以及交易具备合理认知。

（3）市场参与者应当有能力并自愿进行相关资产或负债的交易。

（二）市场参与者的确定

企业在确定市场参与者时，应当考虑所计量的相关资产或负债、该资产或负债的主要市场（或最有利市场）以及在该市场上与企业进行交易的市场参与者等因素，从总体上识别市场参与者。

四、公允价值初始计量

企业应当根据交易性质和相关资产或负债的特征等，判断初始确认时的公允价值是否与其交易价格相等。

（一）交易价格和公允价值

企业取得资产或者承担负债的交易中，交易价格是取得该项资产所支付或者承担该项负债所收到的价格（即进入价格）。

企业取得资产或者承担负债的交易中，公允价值是出售该项资产所能收到或者转移该项负债所需支付的价格（即脱手价格）。

相关资产或负债在初始确认时的公允价值通常与其交易价格相等。

（二）公允价值与交易价格不相等的特殊情况

（1）交易发生在关联方之间，但企业有证据表明该关联方交易是在市场条件下进行的除外。

（2）交易是被迫的。

（3）交易价格所代表的计量单元与按照《企业会计准则第 39 号——公告价值计量》第七条确定的计量单元不同。

（4）交易市场不是相关资产或负债的主要市场（或最有利市场）。

在核算时，其他相关会计准则要求或者允许企业以公允价值对相关资产或负债进行初始计量，且其交易价格与公允价值不相等的，企业应当将相关利得或损失计入当期损益，但其他相关会计准则另有规定的除外。

五、估值技术

企业以公允价值计量相关资产或负债，应当采用在当前情况下适用并且有足够可利用数据和其他信息支持的估值技术。企业使用估值技术，是为了估计在计量日当前市场条件下，市场参与者在有序交易中出售一项资产或者转移一项负债的价格。

（一）企业以公允价值计量相关资产或负债，使用的估值技术主要包括市场法、收益法和成本法

市场法是利用相同或类似的资产、负债或资产和负债组合的价格以及其他相关市场交易信息进行估值的技术。

收益法是将未来金额转换成单一现值的估值技术。

成本法是反映当前要求重置相关资产服务能力所需金额（通常指现行重置成本）的估值技术。

（二）估值技术变更

公允价值计量使用的估值技术一经确定，不得随意变更，但变更估值技术或其应用能使计量结果在当前情况下同样或者更能代表公允价值的情况除外，包括但不限于以下情况：

（1）出现新的市场。

（2）可以取得新的信息。

（3）无法再取得以前使用的信息。

（4）改进了估值技术。

（5）市场状况发生变化。

企业变更估值技术或其应用的，应当按照《企业会计准则第28号——会计政策、会计估计变更和差错更正》的规定作为会计估计变更，并根据《企业会计准则第39号——公告价值计量》的披露要求对估值技术及其应用的变更进行披露，而不需要按照《企业会计准则第28号——会计政策、会计估计变更和差错更正》的规定对相关会计估计变更进行披露。

六、输入值

输入值是指市场参与者在给相关资产或负债定价时所使用的假设，包括可观察输入值和不可观察输入值。

（1）可观察输入值。

可观察输入值是指能够从市场数据中取得的输入值。该输入值反映了市场参与者在对相关资产或负债定价时所使用的假设。

（2）不可观察输入值。

不可观察输入值是指不能从市场数据中取得的输入值。该输入值应当根据可获得的市场参与者在对相关资产或负债定价时所使用假设的最佳信息确定。

企业在估值技术的应用中，应当优先使用相关可观察输入值，只有在相关可观察输入值无法取得或取得不切实可行的情况下，才可以使用不可观察输入值。

（3）出价和要价。

以公允价值计量的相关资产或负债存在出价和要价的，企业应当以在出价和要价之间最能代表当前情况下公允价值的价格确定该资产或负债的公允价值。企业可以使用出价计量资产头寸、使用要价计量负债头寸。

七、公允价值层次

公允价值层次是指将公允价值计量所使用的输入值划分为三个层次，并按照一定的顺序使用这

些输入值来确定资产的公允价值。首先使用第一层次输入值,其次使用第二层次输入值,最后使用第三层次输入值。

(一) 公允价值各层次的定义

第一层次输入值是在计量日能够取得的相同资产或负债在活跃市场上未经调整的报价。活跃市场,是指相关资产或负债的交易量和交易频率足以持续提供定价信息的市场。

第二层次输入值是除第一层次输入值外相关资产或负债直接或间接可观察的输入值。

第三层次输入值是相关资产或负债的不可观察输入值。

公允价值计量结果所属的层次,由对公允价值计量整体而言具有重要意义的输入值所属的最低层次决定。企业应当在考虑相关资产或负债特征的基础上判断所使用的输入值是否重要。公允价值计量结果所属的层次,取决于估值技术的输入值,而不是估值技术本身。

(二) 第一层次

在所有情况下,企业只要能够获得相同资产或负债在活跃市场上的报价,就应当将该报价不加调整地应用于该资产或负债的公允价值计量。但以下情况除外:

(1) 企业持有大量类似但不相同的以公允价值计量的资产或负债,这些资产或负债存在活跃市场报价,但难以获得每项资产或负债在计量日单独的定价信息。在这种情况下,企业可以采用不单纯依赖报价的其他估值模型。

(2) 活跃市场报价未能代表计量日的公允价值,如因发生影响公允价值计量的重大事件等导致活跃市场的报价未能代表计量日的公允价值。

企业因上述情况对相同资产或负债在活跃市场上的报价进行调整的,公允价值计量结果应当划分为较低层次。

(三) 第二层次

企业在使用第二层次输入值对相关资产或负债进行公允价值计量时,应当根据该资产或负债的特征对第二层次输入值进行调整,包括资产状况或所在位置、输入值与类似资产或负债的相关程度、可观察输入值所在市场的交易量和活跃程度等。注意:对于具有合同期限等具体期限的相关资产或负债,第二层次输入值应当在几乎整个期限内是可观察的。

第二层次输入值包括:

(1) 活跃市场中类似资产或负债的报价。

(2) 非活跃市场中相同或类似资产或负债的报价。

(3) 除报价以外的其他可观察输入值,包括在正常报价间隔期间可观察的利率和收益率曲线、隐含波动率和信用利差等。

(4) 市场验证的输入值等。市场验证的输入值,是指通过相关性分析或其他手段获得的主要来源于可观察市场数据或者经过可观察市场数据验证的输入值。

需要注意的是,企业使用重要的不可观察输入值对第二层次输入值进行调整,且该调整对公允价值计量整体而言是重要的,公允价值计量结果应当划分为第三层次。

(四) 第三层次

企业只有在相关资产或负债不存在市场活动或者市场活动很少导致相关可观察输入值无法取得

或取得不切实可行的情况下，才能使用第三层次输入值，即不可观察输入值。

不可观察输入值应当反映市场参与者对相关资产或负债定价时所使用的假设，包括有关风险的假设，如特定估值技术的固有风险和估值技术输入值的固有风险等。

企业在确定不可观察输入值时，应当使用在当前情况下可合理取得的最佳信息，包括所有可合理取得的市场参与者假设。

企业可以使用内部数据作为不可观察输入值，但如果有证据表明其他市场参与者将使用不同于企业内部数据的其他数据，或者这些企业内部数据是企业特定数据、其他市场参与者不具备企业相关特征时，企业应当对其内部数据做出相应调整。

第三节 非金融资产、负债和企业自身权益工具的公允价值计量

一、非金融资产的公允价值计量

（一）非金融资产的最佳用途

1. 最佳用途的定义

企业以公允价值计量非金融资产，应当考虑市场参与者将该资产用于最佳用途产生经济利益的能力，或者将该资产出售给能够用于最佳用途的其他市场参与者产生经济利益的能力。

最佳用途是指市场参与者实现一项非金融资产或其所属的资产和负债组合的价值最大化时该非金融资产的用途。

2. 最佳用途的确定

企业确定非金融资产的最佳用途，应当考虑法律上是否允许、实物上是否可能以及财务上是否可行等因素。

（1）企业判断非金融资产的用途在法律上是否允许，应当考虑市场参与者在对该资产定价时考虑的资产使用在法律上的限制。

（2）企业判断非金融资产的用途在实物上是否可能，应当考虑市场参与者在对该资产定价时考虑的资产实物特征。

（3）企业判断非金融资产的用途在财务上是否可行，应当考虑在法律上允许且实物上可能的情况下，使用该资产能否产生足够的收益或现金流量，从而在补偿使资产用于该用途所发生的成本后，仍然能够满足市场参与者所要求的投资回报。

通常情况下，企业对非金融资产的现行用途可以视为最佳用途，除非市场因素或者其他因素表明市场参与者按照其他用途使用该资产可以实现价值最大化。

【例10-2】 甲公司为上市公司，2024年12月1日在非同一控制下的吸收合并中取得一块土地的使用权。该土地在合并前被作为工业用地，一直用于出租。甲公司取得该土地使用权后，仍将其用于出租。甲公司以公允价值计量其拥有的投资性房地产。2025年3月31日，邻近的一块土地被开发用于建造住宅，作为高层公寓大楼的住宅用地使用。由于本地区的区域规划自2025年1月1

日以来已经做出调整，甲公司确定，在履行相关手续后，可将该土地的用途从工业用地变更为住宅用地。如何确定该土地的公允价值？

分析：市场参与者在对该土地进行定价时，应考虑该土地可作为住宅用地进行开发的可能性。该土地的最佳用途将通过比较以下两项确定：

（1）该土地仍用于工业用途（即该土地与厂房结合使用）的价值。

（2）该土地作为用于建造住宅的空置土地的价值，同时应考虑为将该土地变为空置土地而必须发生的拆除厂房成本及其他成本。

该土地的最佳用途应根据上述两个价值的较高者来确定。

（二）非金融资产的估值前提

企业应当从市场参与者的角度判断该资产的最佳用途是单独使用、与其他资产组合使用，还是与其他资产和负债组合使用。基于最佳用途确定以下估值前提：

（1）市场参与者单独使用一项非金融资产产生最大价值的，该非金融资产的公允价值应当是将其出售给同样单独使用该资产的市场参与者的当前交易价格。

（2）市场参与者将一项非金融资产与其他资产（或者其他资产或负债的组合）组合使用产生最大价值的，该非金融资产的公允价值应当是将其出售给以同样组合方式使用该资产的市场参与者的当前交易价格，并且该市场参与者可以取得组合中的其他资产和负债。其中，负债包括企业为筹集营运资金产生的负债，但不包括企业为组合之外的资产筹集资金所产生的负债。最佳用途的假定应当一致地应用于组合中所有与最佳用途相关的资产。

【例10-3】 2024年9月16日（购买日），甲公司在非同一控制下的企业合并中获得一台数控机床。甲公司取得该数控机床后对其进行了小范围的特定配置，将其用于生产经营。按照相关要求，甲公司需要估计该资产在2024年9月16日的公允价值。如何确定其公允价值？

分析：甲公司最初通过外购取得该数控机床，并对其进行了特定配置，配置后与其他资产结合使用来为甲公司提供最大价值，并且没有证据表明该数控机床的当前用途不是最佳用途。因此，该数控机床的最佳用途是与其他资产相结合的当前用途。

二、负债和企业自身权益工具的公允价值计量

企业以公允价值计量负债，应当假定在计量日将该负债转移给其他市场参与者，而且该负债在转移后继续存在，并由作为受让方的市场参与者履行义务。企业以公允价值计量自身权益工具，应当假定在计量日将该自身权益工具转移给其他市场参与者，而且该自身权益工具在转移后继续存在，并由作为受让方的市场参与者取得与该工具相关的权利、承担相应的义务。

（一）确定负债或企业自身权益工具公允价值的方法

1. 具有可观察市场报价的相同或类似负债或企业自身权益工具

如果存在相同或类似负债或企业自身权益工具可观察市场报价，企业应当以该报价为基础确定负债或企业自身权益工具的公允价值。

但在很多情况下，由于法律限制或企业未打算转移负债或企业自身权益工具等原因，企业可能无法获得转移相同或类似负债或企业自身权益工具的公开报价。

在上述情形下，企业应当确定该负债或自身权益工具是否被其他方作为资产持有。相关负债或企业自身权益工具被其他方作为资产持有的，企业应当在计量日从持有对应资产的市场参与者角度，以对应资产的公允价值为基础，确定该负债或企业自身权益工具的公允价值；相关负债或企业自身权益工具没有被其他方作为资产持有的，企业应当从承担负债或者发行权益工具的市场参与者角度，采用估值技术确定该负债或企业自身权益工具的公允价值。

2. 被其他方作为资产持有的负债或企业自身权益工具

对于不存在相同或类似负债或企业自身权益工具报价但其他方将其作为资产持有的负债或企业自身权益工具，企业应当根据以下方法估计其公允价值：

（1）如果对应资产存在活跃市场的报价，并且企业能够获得该报价，企业应当以对应资产的报价为基础确定该负债或企业自身权益工具的公允价值。

（2）不存在相同或类似负债或企业自身权益工具可观察市场报价，但其他方将其作为资产持有的，企业应当在计量日从持有该资产的市场参与者角度，以该资产的公允价值为基础确定该负债或自身权益工具的公允价值。

当该资产的某些特征不适用于所计量的负债或企业自身权益工具时，企业应当根据该资产的公允价值进行调整，以调整后的价值确定负债或企业自身权益工具的公允价值。这些特征包括资产出售受到限制、资产与所计量负债或企业自身权益工具类似但不相同、资产的计量单元与负债或企业自身权益工具的计量单元不完全相同等。

3. 未被其他方作为资产持有的负债或企业自身权益工具

不存在相同或类似负债或企业自身权益工具可观察市场报价，并且其他方未将其作为资产持有的，企业应当从承担负债或者发行权益工具的市场参与者角度，采用估值技术确定该负债或企业自身权益工具的公允价值。

【例10-4】 2024年3月5日，甲公司发行了面值总额为1 000万元的AA级15年期固定利率债券，面值为100元，票面年利率为10%。甲公司将该金融负债指定为以公允价值计量且其变动计入当期损益的金融负债。如何确定其公允价值？

分析：该债券在中国银行间债券市场大量交易。2024年12月31日，每百元面值在考虑应计利息付款额后的交易价格为92.5元。甲公司使用该债券的活跃市场报价估计其负债的公允价值。

甲公司在确定该债券的活跃市场报价是否代表负债的公允价值时，应当评估债券的报价是否包含不适用于负债公允价值计量的因素的影响。甲公司确定无须对资产的报价进行任何调整。据此，甲公司认为，该负债在2024年12月31日的公允价值为925［1 000 ×（92.5 ÷ 100）］万元。

（二）不履约风险

企业以公允价值计量相关负债，应当考虑不履约风险，并假定不履约风险在负债转移前后保持不变。

不履约风险是指企业不履行义务的风险，包括但不限于企业自身信用风险。

（三）负债或企业自身权益工具转移受限

企业以公允价值计量负债或自身权益工具，并且该负债或自身权益工具存在限制转移因素的，如果公允价值计量的输入值中已经考虑了该因素，企业不应当再单独设置相关输入值，也不应当对其他输入值进行相关调整。

(四) 具有可随时要求偿还特征的金融负债

企业以公允价值计量活期存款等具有可随时要求偿还特征的金融负债的,该金融负债的公允价值不应当低于债权人随时要求偿还时的应付金额,即从债权人可要求偿还的第一天起折现的现值。

章节练习题

一、单项选择题

1. 关于计量单元,下列说法中正确的是( )。
   A. 是指相关资产单独进行计量的最小单位
   B. 是指相关负债单独进行计量的最小单位
   C. 是指相关资产和负债单独进行计量的最小单位
   D. 是指相关资产或负债单独进行计量的最小单位

2. 下列关于估值方法的表述中,不正确的是( )。
   A. 估值技术通常包括市场法、收益法和成本法
   B. 相关资产或负债存在活跃市场公开报价的,企业应当优先使用市场法确定资产或负债的公允价值
   C. 企业使用的收益法包括现金流量折现法、市场乘数法、期权定价模型等估值方法
   D. 成本法通常是指现行重置成本

3. 下列项目中,不属于估值技术的是( )。
   A. 市场法 B. 收益法
   C. 成本法 D. 售价法

4. 关于相关资产或负债的特征,下列说法中错误的是( )。
   A. 如果该限制是针对资产持有者的,那么此类限制并不是该资产的特征
   B. 如果该限制是针对相关资产本身的,那么此类限制是该资产具有的一项特征
   C. 交易费用是资产的特征
   D. 资产的状况及所在位置是资产的特征

5. 下列关于输入值的表述中,不正确的是( )。
   A. 输入值是市场参与者所使用的假设,分为可观察输入值和不可观察输入值
   B. 企业使用估值技术时,应同时使用可观察输入值和不可观察输入值
   C. 企业应当考虑选择与市场参与者在相关资产或负债上的特征一致的输入值
   D. 企业不应考虑与要求或允许公允价值计量的其他相关会计准则中规定的计量单元不一致的溢价或折价

6. 下列关于公允价值层次的说法中错误的是( )。
   A. 企业应最优先使用第一层次输入值,最后使用第三层次输入值
   B. 公允价值计量结果所属的层次,由对公允价值计量整体而言重要的输入值所属的最低层次决定
   C. 公允价值计量结果所属的层次取决于估值技术

D. 企业只有在相关资产或负债几乎很少存在市场交易活动，导致相关可观察输入值无法取得或取得不切实可行的情况下，才能使用第三层次输入值

7. 下列关于主要市场或最有利市场的说法中，不正确的是(　　)。

A. 最有利市场就是主要市场

B. 通常情况下，如果不存在相反的证据，企业正常进行资产出售或者负债转移的市场可以视为主要市场或最有利市场

C. 对相同资产或负债而言，不同企业可能具有不同的主要市场

D. 企业应当以主要市场上相关资产或负债的价格为基础，计量该资产或负债的公允价值

8. 2024年7月30日，甲公司自公开市场购入乙上市公司100万股普通股股票，购买价款为每股5元，另支付手续费5万元，甲公司将其作为交易性金融资产核算。2024年12月31日，甲公司按照市场法确定对乙上市公司股票的公允价值。2024年12月31日，乙上市公司的股票收盘价为每股6元。2024年12月31日，甲公司该项交易性金融资产的公允价值为(　　)。

A. 500万元　　　　B. 505万元　　　　C. 600万元　　　　D. 无法确定

9. 2024年1月1日，甲企业在非同一控制下的企业合并中获得一台可辨认的机器，需要估计该资产在合并日的公允价值。被合并方最初通过外购取得该机器，并对该机器进行了特定配置，以适用于自身经营。甲企业自取得该机器后将其用于生产经营。假定甲企业可获得运用市场法和成本法计量公允价值的充分数据，下列说法中错误的是(　　)。

A. 该资产的最佳用途是与其他资产相结合的当前用途

B. 计量该机器的公允价值时，应以市场法优先

C. 企业以公允价值计量非金融资产，应当在最佳用途的基础上确定非金融资产的估值前提

D. 估值技术反映非金融资产通过组合实现最佳用途的估值前提

10. 按照公允价值计量的基本要求，下列各项表述中正确的是(　　)。

A. 甲公司向其母公司以80万元出售一台设备，该设备的市场售价为350万元，该交易价格可以作为市场价格

B. 乙公司陷入财务困境被迫出售价值50万元固定资产，该出售价格50万元可以作为公允价值

C. 丙公司向其联营企业以48万元出售一项固定资产，等于其市场价格，该交易价格可以作为公允价值进行计量

D. 某商业银行是银行间债券市场的做市商，既可以与其他做市商在银行间债券市场进行交易，也可以与客户在交易所市场进行交易

二、多项选择题

1. 下列各项关于市场参与者的说法中，正确的有(　　)。

A. 市场参与者应相互独立，不存在关联方关系

B. 市场参与者应当熟悉情况，根据可获得的信息对相关资产和负债以及交易具备合理认知

C. 企业以公允价值计量相关资产或负债，应当基于市场参与者之间的交易确定该资产或负债的公允价值

D. 企业在确定市场参与者时应考虑所计量的相关资产或负债

2. 关于公允价值计量，下列说法中正确的有(　　)。

A. 企业在确定最有利市场时，应当考虑交易费用

B. 交易费用属于相关资产或负债的特征，在确定公允价值时应予考虑

C. 第三层次输入值是企业在计量日能够取得的相同资产或负债在活跃市场上未经调整的报价

D. 以公允价值计量非金融资产，应当在最佳用途的基础上确定该非金融资产的估值前提

3. 下列项目中，适用公允价值计量准则确定其公允价值的有（　　）。

A. 采用公允价值进行后续计量的生物资产

B. 采用公允价值模式进行后续计量的投资性房地产

C. 非同一控制下企业合并中取得的可辨认资产和负债以及作为合并对价发行的权益工具

D. 存货准则中规范的可变现净值

4. 下列关于公允价值计量的相关表述中，不正确的有（　　）。

A. 企业以公允价值计量相关资产或负债，该资产或负债只能是单项资产或负债、资产组合、负债组合

B. 公允价值是指市场参与者在计量日发生的有序交易中，出售一项资产所能收到或者转移一项负债所需支付的价格

C. 企业不仅应当从市场参与者角度计量相关资产或负债的公允价值，而且应当考虑企业自身持有资产、清偿或者以其他方式履行负债的意图和能力

D. 企业应用于相关资产或负债公允价值计量的有序交易，是在计量日前一段时期内该资产或负债具有惯常市场活动的交易，包括被迫清算和抛售

5. 甲公司 2024 年 4 月 7 日以吸收合并的方式取得乙公司全部净资产。其中有一批存货无法确定主要市场，可以在 A 市场出售，也可以在 B 市场出售。若在 A 市场出售，销售价格为 95 万元，交易费用为 2 万元，运输费用为 4 万元；若在 B 市场出售，销售价格为 110 万元，交易费用为 10 万元，运输费用为 7 万元。下列说法或会计处理中正确的有（　　）。

A. A 市场为最有利市场　　　　　　B. B 市场为最有利市场

C. 该批存货的公允价值为 91 万元　　D. 该批存货的公允价值为 103 万元

6. 下列关于非金融资产公允计量的表述中，不正确的有（　　）。

A. 企业应当从自身角度确定非金融资产的最佳用途

B. 企业应当从市场参与者的角度确定非金融资产的最佳用途

C. 最佳用途是指市场参与者实现一项非金融资产或其所属的一组资产和负债的价值最小化时该非金融资产的用途

D. 通常情况下，企业对非金融资产的当前用途可视为最佳用途，除非市场因素或者其他因素表明市场参与者按照其他用途使用该非金融资产可以实现价值最大化

7. 关于市场风险或信用风险可抵销的金融资产和金融负债的公允价值计量，下列说法正确的有（　　）。

A. 通常情况下，企业是通过"出售"金融资产或"转移"金融负债来管理其面临的市场风险及信用风险敞口的

B. 企业与以公允价值基于特定市场风险的净敞口管理的金融资产和金融负债，金融资产和金融负债应当具有实质上相同的特定市场风险敞口和特定市场风险的期限，企业应当使用出价和要价

价差内最能代表当前市场环境下公允价值的价格作为公允价值

C. 因期限不同而导致在一段时期市场风险未被抵销的，企业应当分别计量其市场风险被抵销的时期的市场风险净敞口，以及在市场风险未被抵销的时期的市场风险总敞口

D. 通常情况下，企业不是通过"出售"金融资产或"转移"金融负债来管理其面临的市场风险及信用风险敞口的，而是基于一个或多个特定市场风险或特定交易对手信用风险的净敞口管理这些金融工具

8. 下列项目中，相关资产或负债的交易活动通常不应作为有序交易的有(　　)。

A. 资产出售方为满足法律或者监管规定而被要求出售资产，即被迫出售

B. 资产出售方或负债转移方处于或者接近于破产或托管状态，即资产出售方或负债转移方已陷入财务困境

C. 与相同或类似资产或负债近期发生的其他交易相比，出售资产或转移负债的价格是一个异常值

D. 在当前市场情况下，市场在计量日之前一段时间内不存在相关资产或负债的惯常市场交易活动

9. 下列各项中，不应将交易价格作为该资产或负债的公允价值的有(　　)。

A. 资产出售方或负债转移方正处在财务困境

B. 资产出售方或负债转移方为满足监管或法律的要求而被迫出售资产或转移负债

C. 母子公司之间的货物销售，交易价格显著高于市价

D. 交易价格与公允价值计量的相关计量单元不同

10. 下列关于非金融资产公允价值计量的说法中，正确的有(　　)。

A. 企业以公允价值计量非金融资产，应当考虑市场参与者通过直接将该资产用于最佳用途产生经济利益的能力，或者通过将该资产出售给能够用于最佳用途的其他市场参与者产生经济利益的能力

B. 通常情况下，企业对非金融资产的当前用途可视为最佳用途，除非市场因素或者其他因素表明市场参与者按照其他用途使用该非金融资产可以实现价值最大化。

C. 企业应从市场参与者的角度确定非金融资产的最佳用途，即使企业已经或者计划将非金融资产用于不同市场参与者的用途。

D. 企业判定非金融资产的最佳用途，应当考虑该用途是否为法律上允许、实物上可能以及财务上可行的使用方式

三、判断题

1. 企业应当根据交易性质和相关资产或负债的特征等，判断初始确认时的公允价值是否与其交易价格相等。　　　　　　　　　　　　　　　　　　　　　　　　(　　)

2. 企业以公允价值计量相关资产或负债，应当假定市场参与者在计量日出售资产或者转移负债的交易，是在当前市场条件下的有序交易。　　　　　　　　　　　　(　　)

3. 以公允价值计量的相关资产或负债可以是单项资产或负债，也可以是资产组合、负债组合，但资产和负债的组合不适用。　　　　　　　　　　　　　　　　　(　　)

4. 主要市场，就是企业以公允价值计量相关资产或负债时，最有利的市场。　(　　)

5. 企业在识别主要市场（或最有利市场）时，出于谨慎性考虑，应当考虑所有可合理取得的

信息，需要考察所有市场。（　　）

6. 企业以公允价值计量相关资产或负债，应当采用市场参与者在对该资产或负债定价时为实现其经济利益最大化所使用的假设。（　　）

7. 企业在估值技术的应用中，应当优先使用相关可观察输入值，只有在相关可观察输入值无法取得或取得不切实可行的情况下，才可以使用不可观察输入值。（　　）

8. 企业只有在相关资产或负债不存在市场活动或者市场活动很少，导致相关可观察输入值无法取得或取得不切实可行的情况下，才能使用第三层次输入值。（　　）

9. 企业应当从市场参与者的角度确定非金融资产的最佳用途。（　　）

10. 企业以公允价值计量负债，应当假定在计量日将该负债转移给其他市场参与者，而且该负债在转移后继续存在，并由作为出让方的市场参与者履行义务。（　　）

四、案例分析题

甲公司为房地产开发企业，对投资性房地产采用公允价值模式进行后续计量。

（1）2024年1月1日，甲公司以30 000万元总价款购买了一栋已达到预定可使用状态的公寓。该公寓总面积为1万平方米，每平方米单价为3万元，预计使用寿命为50年，预计净残值为零。甲公司计划将该公寓用于对外出租。

（2）2024年，甲公司出租上述公寓实现租金收入750万元，发生费用支出（不含折旧）150万元。由于市场发生变化，甲公司出售了部分公寓，出售面积占总面积的20%，取得收入6 300万元，所出售公寓于2024年12月31日办理了房产过户手续。2024年12月31日，该公寓的公允价值为每平方米3.15万元。

其他资料：

甲公司所有收入与支出均以银行存款结算。

根据税法规定，在计算当期应纳所得税时，持有的投资性房地产可以按照其购买成本、根据预计使用寿命50年按照年限平均法自购买日起至处置时止计算的折旧额在税前扣除，持有期间公允价值的变动不计入应纳税所得额；在实际处置时，处置取得的价款扣除其历史成本减去按照税法规定计提折旧后的差额计入处置或结算期间的应纳税所得额，甲公司适用的所得税税率为25%。

甲公司当期不存在其他收入或成本费用，当期所发生的150万元费用支出可以全部在税前扣除，不存在未弥补亏损或其他暂时性差异。

不考虑除所得税外其他相关税费。

要求：

（1）编制甲公司2024年1月1日、12月31日与投资性房地产的购买、公允价值变动、出租、出售相关的会计分录。

（2）计算投资性房地产2024年12月31日的账面价值、计税基础及暂时性差异。